有氧健身操教练员养成手册

王浩 / 著

中国纺织出版社有限公司

图书在版编目（CIP）数据

有氧健身操教练员养成手册 / 王浩著 . -- 北京：
中国纺织出版社有限公司 , 2022.7（2025.9 重印）
　　ISBN 978-7-5180-9614-5

　　Ⅰ . ①有… Ⅱ . ①王… Ⅲ . ①气体代谢（运动生理）—
健身运动—教练员—手册 Ⅳ . ① G883-62

　　中国版本图书馆 CIP 数据核字（2022）第 102345 号

责任编辑：郭　婷　　责任校对：王蕙莹　　责任印制：储志伟

中国纺织出版社有限公司出版发行
地址：北京市朝阳区百子湾东里 A407 号楼　邮政编码：100124
销售电话：010—67004422　传真：010—87155801
http://www.c-textilep.com
官方微博 http://weibo.com/2119887771
北京虎彩文化传播有限公司印刷　各地新华书店经销
2022 年 7 月第 1 版　　2025 年 9 月第 4 次印刷
开本：710×1000　1/16　印张：15.75
字数：220 千字　定价：58.00 元

凡购本书，如有缺页、倒页、脱页，由本社图书营销中心调换

序

  《有氧健身操教练员养成手册》是一本针对有氧健身操运动的工具书，行文之初，当敲下本书第一个字之时，内心并无太大涟漪，并未期待这些文字最终能够形成一本书籍，仅是想将自己多年在有氧健身操这项运动上的一点理解及心得记录下来而已，直至随着所思、所想的不断丰满，思绪不断推动着字数一天天的增多，望着这些被记录下的文字不禁让我回到了2008年沈阳的那个寒冬，想起了那个站在"门外"即将要迈入健身行业大门的自己。很难忘记第一次上课前，备课备到久久不能入睡，无数次地回忆着第二天登台后要教授的动作，甚至于做梦都是被上课的场景所萦绕。凭借着初生牛犊不怕虎的冲劲，第二天的课上我拼尽全力尽可能地展示着我准备的所有课程内容，但效果并不如意，现实给了我一记响亮的耳光，内心的委屈溢于言表。课后，攥着那节课时费并被俱乐部委婉拒绝的我心情没落地走在沈阳满天飞雪的街头，那种心情至今回味起来感慨颇多。现在想想，这样的经历非但不是一件坏事，它甚至成了我从事健身行业路上不可多得的宝贵财富，不断激励我，鞭策我。此后多年，通过不断学习，我的从业经验不断积累，面对学员已然从容许多，应对各种突发情况也逐渐形成了一套行之有效的方案，同时，自己的身份也在悄然发生着变化，从健身教练到团操管理者，再从一线教学者转型成为一名培训师，角色和身份的不断转换让我有机会接触和学习到更多知识。

  某天我在为新教练培训时突然发现，有氧健身操教练员培训为何仅只是技能培训？这种短期的"填鸭式"培训就从业后的效果来看，容易造成教练员未能对有氧健身操形成较为全面认知，因而导致在授课经验及技能欠缺加之理论知识的严重缺乏的情况下，受到学员的质疑，加大了新教练员自信心受挫的可能性，与其他同行交流后让我对这个问题更加的确定。看着这些面带稚气的新教练，再想起那时的自己，我决定把我对有氧健身操的所见、所闻、所思、所想进行系统的归类和整理，这大概就是我为此书的成文产生的萌芽想法吧。"非学无以广才，非志无以成学"，大致意思是不学习就难以增长才干，不立志就难以学有所

成。三国时期诸葛亮在《诫子书》中的这句话加速了我思想萌芽的成长，于是乎2021 年我开始为此书进行尽可能详细和全面的材料搜集，此后一年多的时间里我在不断学习前人经验基础上立志为中国有氧健身操的发展贡献一点绵薄之力。这样的心路历程成为我执笔此书的强大推动力。

本书的成稿对我个人意义非凡，自大学起至今，我从事健身团操相关工作已有十余年的时间，在这段时间里我有幸见证了中国健身行业的起起伏伏，更有幸跟随众多名师学习、积累。记得那时的自己就像一个永不停歇的陀螺，无论是在大雪纷飞的东北，还是酷热难耐的南方，许多城市都留下过我求学的足迹。那时，我对未来充满了无限的憧憬，盼望着能够在健身行业中打拼出属于自己的一片天空，时光荏苒，当自己进入而立之年之时，这本书也算是对自己所见、所闻、所学、所思、所想的一点点总结。每每想起那段记忆犹新的求学经历时，总是伴随些许遗憾，之所以会有这样的感触是由于当时信息获取渠道的受限导致众多知识只能通过记忆还原的方式形成文字，这种片段式的学习不利于编织相对完善的"知识网络"。希望以上种种过往不再成为大家学习有氧健身操路上的羁绊。

有氧健身操传入我国不过几十年的时间，归根到底属于一种外来文化，但随着人们健康意识的不断增强，该运动已然被广大人民群众所接受，与此形成鲜明对比的是，目前对于有氧健身操的理论性研究滞后于其发展速度，特别是在已问世的众多相关书籍中较难找到一本与有氧健身操相关的专门性丛书，我认为专门性研究的滞后势必会对有氧健身操的发展带来阻碍，这也成为了本人撰写此书的重要初衷之一。

当然，本人对有氧健身操的理解还未达到非常深入的层次，自身的才疏学浅可能会导致在整理此书过程中出现知识的偏差和纰漏，望请各位读者海涵并批评指正，我愿随时与各位相互交流、相互学习。若此书能让更多人关注和了解到有氧健身操这项运动，我更将深感荣幸。我也必然会一以贯之地将有氧健身操作为自己毕生所追求的事业，努力地去探索和开拓。

时至今日，望此书能够成为我与您交流的"桥梁"，共同并肩前行！

王浩

2022 年 5 月 5 日

前言

随着全民健身在国内热度的不断增加，参与健身的人群比例较之前也有了大幅度的提升。同时，新冠肺炎疫情的暴发使得人们更加认识到了"身体健康"的重要性，这次"黑天鹅"事件促进了人们对于健康的重新认识，人们为了自身健康而主动去选择运用各类手段将成为常态，在众多手段当中尤以"健身"手段最为常见，就结果和效率层面来讲也是性价比最高的方式之一。因此笔者认为这将为我国继 2008 年奥运会之后再一次掀起全民健身的热潮，在可预见的发展当中体育产业将得到迅速的发展，产业规模也随之进一步扩大，消费者需求量规模的扩大将会造成对所购买商品质量和售后的高要求，因而导致行业对从业人员的技术水平和就业门槛也将提高，势必发起对行业现有从业者的新一轮洗牌，也对新晋行业从业者提出了更高的"入门"要求。

在此背景下，本书将从健身行业中健身团操教练员的视角出发，结合笔者十余年从事健身团操一线教学、管理及培训的经验，对如何从一名行业小白成长为一名合格的健身团操教练员进行尽可能详尽的阐述，主要围绕团操教练员必备技能开展讲解。

本书将以文字结合视频及图片的形式对有氧健身操课教练员的必备素质和综合强化素质两大板块进行讲解，在必备素质中包括有氧健身操概述、基本理论、创编、教学、音乐制作与剪辑五大板块，综合强化素质包括综合能力培养、职业发展、团操管理三大板块。

本书的初衷是为健身俱乐部中的团操教练员、高校体育相关教师及有氧健身操爱好者提供一份尽可能详细的指导资料，将关于健身团操及有氧健身操相关碎片知识理论结合实际操作方法整理成册，填补国内目前对于健身团操板块只有技术教学视频，没有系统结合文字总结阐述的空白，同时为今后我国健身团操发展留存文字依据。

目　录

第一章 有氧健身操概述

当下我们接触到的有氧健身操其实是从健美操中逐渐发展演变而来的，可以看作是健美操发展的一个分支。从某种角度上来看，健美操和有氧健身操是一个整体，二者存在天然联系，不能割裂开来。而健美操的形成源自于人们对于"美"的追求，在不同的时代，人们对于美的追求有所不同，从人类对美的追求过程中也能够看到人类社会的不断发展和进步。随着对美的追求层次的不断提升，人类创造和挖掘出了很多能够将脑海中的美物化成为现实生活中某一方面的具体所指，这既可以是一种具体形式，也可以是一种客观存在的真实物体。而健美操的产生就是人类在发展过程中对于美的追求的一种具体物化形式。本章将从健美操的起源和发展开始，对健美操进行概括性的讲述，其目的在于使读者了解健美操发展并能够对有氧健身操有更加深刻的认识。

第一节 健美操发展史

健美操，英文为"Aerobic"，是指在音乐的伴奏下，通过徒手或手持轻器械进行的以身体练习为基本手段，以有氧运动为基础的一项体育运动。

一、健美操的雏形

健美操的发展要追溯到古希腊时期，当时的古希腊人对于美的崇尚达到了举世闻名的程度，同时，他们认为在所有万物之美中尤其以人体的美首当其冲，古希腊人把人体的美归纳为五个"最"——最匀称、最和谐、最庄重、最有生气、最完美。

在我国，大教育家孔子主张"尽善尽美"，他所倡导的身体姿态要端正，上车时"必正立，执绥"[绥（suí）：指上车时扶手用的索带]，睡眠时"寝不尸"。到战国时期健美观得到了进一步发展，这得益于赵国著名的教育家思想家荀子，

他将身体的健美和精神的高尚相互融合贯通。古印度的瑜伽也是将人、身、心之美融为一体的代表，它是把姿势、呼吸和意念紧密结合在了一起，通过对肌体的自我调节以达到健身、健心、延年益寿的目的。

通过上文可以看到，随着人类的发展和进步，在人们脑海中形成了对美的初步认识，这种认识随着时代的变迁逐渐形成了人类早期的"健美观"，健美观的形成是健美操起源的根本，而健美操也是人类健美观的一种具体表现形式。

二、健美操的发展

随着社会的快速发展和科技进步，人们逐渐提高了对于自我身体改善的意识，因此健身作为一项运动迅速风靡全球。

美国对于现代健美操的发展起着非常重要的作用，对促进世界健美操运动的发展同样有着非常重要的贡献，同时也是现代健美操的发源地。早在 1968 年，美国著名博士、素有"有氧运动之父"之称的肯尼斯·库珀（Kenneth Cooper）为美国太空总署的太空人员设计了一套体能训练的内容，肯尼斯·库珀博士将自己设计的一些动作融合了音乐的伴奏，并为此配合服装，形成了具有独特风格的运动。这也是健美操以一种锻炼形式被正式创造出来，十几年之后的七十年代末期，健美操运动逐渐受到了大众的追捧。八十年代初期，美国著名健身、影视明星简·方达在总结自身健身经验的基础上对有氧健美操运动进行了大力推广，由她编写出版的《简·方达健身术》一时间轰动全球，被译成 20 多种语言在全世界 30 多个国家发行。也正是在她的影响下，健美操才真正意义上在世界各地得以发展普及，依托于这股热潮，加之各类健身俱乐部和健美操中心的蓬勃发展，这些都对健美操运动在世界范围内的迅速流行起到了积极的推动作用。

健美操正式作为一项竞技运动比赛是在 1983 年，当年在美国举办了首届健美操比赛，两年之后美国正式开始举办一年一届的健美操锦标赛，并为此制定了相关的竞赛规则，使得健美操运动正式成为一项竞技运动项目。

值得一提的是，我们的近邻日本早在 1984 年就首次举办远东地区健美操大赛，并于三年后的 1987 年正式成立健美操协会，因此日本健美操的发展要先于我国。

三、健美操在国内的发展

1. 社会

随着 20 世纪我国实行改革开放政策以后，国外优秀文化相继被引入我国，与我国传统文化交融并进，使得广大人民群众的业余文化生活得到了前所未有的丰富。在这一时期，人民群众的体育文化生活也得以充盈。八十年代初期，一种在音乐伴奏下运用肢体动作进行情感表达的一种运动方式传入我国，这在一定程度上也满足了大众对于丰富自身业余文化生活的需求，同时可以达到强身健体的目的。这种运动方式的名字在初期有多种叫法，如"韵律操""健美操""健康舞""有氧操"等。直到后来报纸杂志开始对其的报道增多，引起人们关注的同时提升了人们的认识，之后依据其所给人带来的健与美的功效，"健美操"一词开始被广大体育工作者和大众所接受，这也为后期"有氧健身操"的出现奠定了良好基础。

近年来，随着"健康中国"和全民健身战略的提出和深入实施，大众的健身热情被再次点燃，同时也伴随我国体育事业和体育产业的快速发展，大众对于健康的需求和意识也有了前所未有的提升，在这样的时代大背景下，有氧健身操这种在健美操基础上发展而来的大众健身方式得以不断完善，形成了今天我们所看到的有氧健身操运动，这项运动因其具有显著的运动效果且经济性较强，同时对于器材和场地的要求较低，以及锻炼过程中充满乐趣等特点，受到越来越多人的喜爱，如今在各大健身俱乐部、户外健身广场等场所经常能看到进行各类有氧健身操锻炼的人群，这不仅为我国居民身体素质的提升和体质健康的促进带来好处，也能够对维护社会和谐稳定起到积极作用。通过有氧健身操运动的项目优势来增加我国体育人口数量是对早日实现健康中国和全民健身两大国家战略的重要贡献。

2. 高校

在我国高校中，有氧健身操的发展也是依托于健美操发展而来的。1984 年北京体育学院（今北京体育大学）及上海体育学院先后成立健美操教研室，这两所高校是国内率先开展健美操选修课及专修课的高校。最初健美操在高校中的受众较小，从服装到动作都不大被学生们所接受，这也是受制于我国传统保守思想的影响所致。对于健美操，很多学生认为仅仅适合女生练习，因此在健美操的选

修课堂中很少能看到男学生的身影。近些年,随着健美操运动在高校的普及开展,更多的男生参与到了这项运动当中,尤其是健美操被纳入体育高考之后,越来越多的学生把这项运动当成自己圆梦大学的一座桥梁,这也反映出了我国高校对于健美操运动发展的重视程度在不断加强,也从侧面肯定了健美操运动能够对学生进行良好的体育教育功能。项目的广泛普及和推广让开始练习健美操的学生数量不断增加,参与年龄朝低龄化的趋势发展,各类中小学健美操比赛应运而生,健美操特色学校也遍及全国,这对于健美操运动的开展将会起到重要的推动作用。

如今,健美操运动被大多数学生所接受、认可并喜爱,这也得益于这项运动所能够给学生带来的运动价值是不可代替的。而有氧健身操作为健美操运动发展的衍生品,更加适合大多数学生练习,更能满足大多数学生的运动需求,正因如此,从小学到大学的各类健美操比赛中经常能够看到有氧健身操作为竞赛项目出现,在比赛中更多采取集体参赛的形式,这不仅能够培养学生积极的进取心,也能够增强学生的团队协作意识。可喜的是,随着高校教学改革的不断推进,目前在各类师范院校和体育类高校中对健美操和体育舞蹈等相关专业学生的人才培养方案中已开始加入有氧健身操教练员指导方面的课程内容,学生通过在校内系统性地学习相关知识为今后从事有氧健身操方面的教学工作打好基础,这能够为我国有氧健身操运动的发展储备优秀人才,同时更加有利于推动有氧健身操运动在广大人民群众中的广泛开展。

3. 健身俱乐部

1987 年国内首家健美操健身中心——利生健身城开门营业,这也是我国最早开设团体健身课程的健身俱乐部之一,多位影响我国健身团操行业发展的领军人物都曾在这里授课。在我国最早一批开设团体健身课程的健身俱乐部中,最先开设并受到众多会员喜欢的课程就是健美操,究其原因在于其简单的动作、欢快的音乐、显著的锻炼效果以及热烈的课堂气氛感染着每一位学员,自此,在健身俱乐部中,健美操课程已成为团体健身课程中最不可或缺的课程之一。

随着时代的变迁和社会的发展,健身俱乐部会员的需求也在发生潜移默化的变化,从早期的普遍需求逐渐朝着个性化需求转变,主要体现在对同种类课程的不同需求以及对不同种类课程的需求,如对健美操课程已不再仅仅满足于简单的动作,而逐渐分化为两类群体,一类是以追求动作的简单、运动的效果为目的的会员，而另一类群体在前者基础上则更加对动作的变化和复杂程度感兴趣。最初的健美操动作已不能满足会员们的健身需求，取而代之的是有氧健身操课程的出现。有氧健身操在动作元素的采用上较健美操更加多元化，动作更符合现代大众的审美，动作组合也较健美操的动作更加有个性，内容上更具有创造性，难度上更为复杂，这样的变化随之带来的是在教学方法上与之前健美操的教学教法有所不同，健美操所采用的"线性"教学法已不再受用于全部有氧健身操的教学，对于动作拆分的新式教学法层出不穷，如"叠加法""金字塔法"等，这在很大程度上也加速了有氧健身操在健身俱乐部中的发展。

时至今日，全国各地健身俱乐部如雨后春笋般地快速发展，俱乐部会员的需求存在诸多差异，有氧健身操的形式也在悄然发生变化。为满足更多会员的个性化需求，有氧健身操课程内容上从整堂课教授一套 8 个八拍以上的动作组合逐渐发展成为以单个段落为切分的"预置套路"课程（后面会有详细介绍），课程内容编排上从最初的由教练员自己编排变成了由权威团操教练团队科学编排而成的课程，二者最明显的编排区别在于前者对动作的编排更自由、开放，动作更换的频率由教练员自行掌握，而后者的动作编排更为固定、科学，且课程内容也会以一个固定的周期进行更换，通常为两到三个月，但在动作教授上二者区别不大。这两种类型的有氧健身操课程在目前的健身俱乐部中都有属于"自己"的拥趸。具备有氧健身操特点的"预置套路"课程中，根据练习者运动需求、锻炼目的和兴趣的不同，课程也逐渐细化，比较具有代表性的是新西兰莱美公司（Les Mills）研发的 Body Attack、Shbam 和 Body Jam 课程，以上三种课程内容中的舞蹈动作元素和动作难度依次递增，三种课程所强调的运动表现是不同的，练习者所能达到的运动目的也不同。可以看出，有氧健身操课程发展到今天已越发朝向细分领域发展，满足不同会员的不同需求，未来有氧健身操在健身俱乐部中将会朝着百花齐放、百家争鸣的方向继续发展，更多能够满足不同会员个性化运动需求的课程也将会陆续被研发出来。

总结来看，健美操课程从最初的单一形式发展为适合比赛、观赏性高的竞技健美操和适合大众强身健体、普及推广的大众健美操，而大众健美操逐渐延伸成为有氧健身操。时代的发展导致人们审美观念在不同历史时期会呈现出不同的变化，人们对于健美操的理解也在诸多方面发生着种种变化。

4. 政策与管理

管理上，1998 年国家体育总局将健美操项目归属于国家体育总局体操运动管理中心管理，这也开启了我国健美操运动与世界的接轨，在这之后我国健美操项目在体育总局体操运动管理中心的带领下与其他健美操项目会员国一道，在国际体操联合会（FIG）的指导下为该项目在全球范围的推广和发展做出贡献，共同努力推动健美操成为奥运会正式比赛项目。我国健美操的发展更加注重追求动作的复杂性和技巧的难度性，以这两点为参照将该运动划分为一种是以竞技比赛为目的，具备一定观赏性的竞技健美操；另一种是以大众健身，提升国民身体素质为目的的大众健美操。在规则上，为使大众健美操在我国能够更好地得到普及和开展，2007 年中国健美操协会对健身健美操竞赛规则做出了较大幅度的改革，在全国比赛中加大了大众健身组别的数量和规模，扩大了参赛人员数量。

在 2008 年奥运会后，我国的体育战略重心开始进行调整，《全民健身条例》的颁布给大众健美操的发展带来了难得的契机。中国健美操协会也随之加大了对于大众健美操的宣传和推广力度，并且在《全国健美操大众锻炼标准（2009）》的基础上陆续推出《全国普及性健美操全民推广套路（2010）》和《全国普及性健美操全民推广套路（2011）》。2011 年 11 月，中国健美操协会报请国家体育总局体操运动管理中批准，将"普及健美操"正式更名为"全民健身操"。从这个角度来看，全民健身操与目前在健身俱乐部中常见的有氧健身操从健身效果以及健身目的上来看，二者存在一致性，但是要将全民健身操作为有氧健身操的上位词来理解，二者也具有包含与被包含的意思。

第二节　有氧健身操与健美操的区别

上一章节提到，健美操随着时代的发展产生了不同的分支，在具体区分上业内还存在着一些分歧，我们将最主流的两种分类方式进行罗列。根据健美操表现形式、目的和作用不同，目前有两种分类方式，一种是二分类法（见图 1-1），分为健身健美操和竞技健美操；另一种是三分类法（见图 1-2），分为健身健美操、竞技健美操和表演性健美操。

```
                        健美操
          ┌───────────────┴───────────────┐
      健身健美操                      竞技健美操
  ┌───────┬───────┬───────┐      ┌──────────────┐
徒手    轻器械    特殊场地          男子单人
健美操   健美操    健美操           女子单人
                                混合单人
                                3人操
                                6人操

传统有氧健身操   踏板操      水中健美操
形体健美操      哑铃操      功率自行车操
搏击健美操      花球操      联合器械操
拉丁健美操      皮筋操      垫上健美操
瑜伽健美操      健身球操
迪斯科健美操
街舞
```

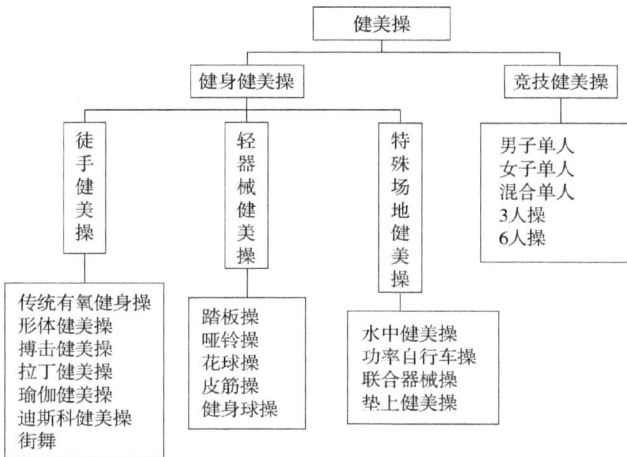

图1-1　健美操二分类法

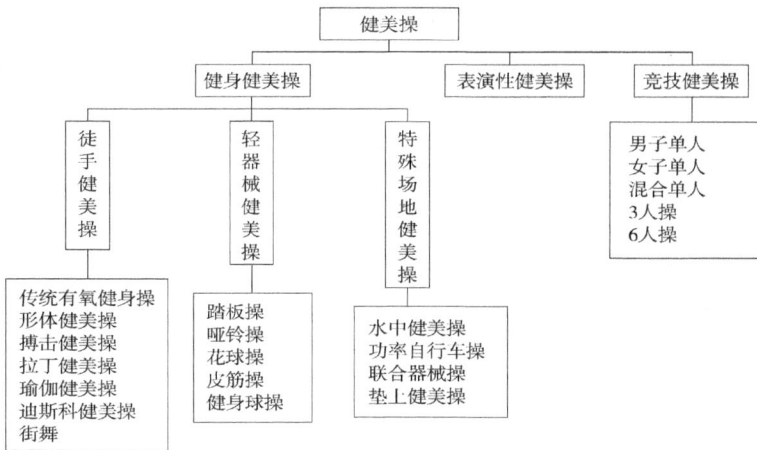

```
                        健美操
          ┌──────────────┬──────────────┐
      健身健美操       表演性健美操      竞技健美操
  ┌───────┬───────┬───────┐          ┌──────────────┐
徒手    轻器械    特殊场地              男子单人
健美操   健美操    健美操               女子单人
                                    混合单人
                                    3人操
                                    6人操

传统有氧健身操   踏板操      水中健美操
形体健美操      哑铃操      功率自行车操
搏击健美操      花球操      联合器械操
拉丁健美操      皮筋操      垫上健美操
瑜伽健美操      健身球操
迪斯科健美操
街舞
```

图1-2　健美操三分类法

笔者认为"三类法"中的表演性健美操重点在于展示，也就是其需要具备一定的观赏性，可以引起观看者视觉上的舒适性，因此表演性健美操在不同场合或地点面对不同观众时所需展示的内容风格也不尽相同，这其中或许涵盖竞技健美操特有的运动技巧、运动难度的观赏性，也或许包含健身健美操的整齐规律性、运动目的性等，这里不展开详细叙述。本书只针对"二类法"中的大众健美操和"三类法"中的健身健美操展开讨论，为给读者提供更为清晰的思路，下文将统

一用"大众健美操"一词进行对以上两类的统称。

这里我们要明确大众健美操的特点，它是一种通过肢体动作组合，配合音乐完成的，在一定时间范围内的，具有一定健身性的有氧运动，其功效主要在于提升练习者的心肺功能、审美能力、肢体协调性，以达到塑身减脂的目的。从以上大众健美操所具备的特点中不难看出，它与有氧健身操几乎有着完全相同的功效，形式上也几乎类似。但从历史沿革上来看，大众健美操的出现要早于有氧健身操，因此可以将有氧健身操看作为大众健美操发展变化过程的产物，可以将有氧健身操看作是大众健美操的"子项目"。

那我们该如何区分二者存在的异同？第一，从动作选择上，大众健美操动作中更多选择的是健美操中的基本动作，动作相对"规矩"，而有氧健身操在动作选择上更为灵活多变，选择动作不拘泥于健美操的基本动作，还包含了其他风格的舞蹈动作，如街舞、啦啦操等。第二，在服装的选择上，大众健美操更多选择为修身紧身的服饰，服装颜色艳丽鲜亮，下身通常为长裤、上身为半袖装，鞋子通常以白色健美操运动鞋为主（图1-3），有氧健身操服饰选择更为多样，打扮更为随意，常见以时尚运动装及运动鞋为主。第三，参与人群及参与目的不同，大众健美操的参与人群通常以在校大中小学生群体、社会体育组织、各机关单位人员为主，其特点主要以短暂或长期性的聚集练习为主，大部分以参加各类演出、展示、比赛为主要目的；有氧健身操常见参与人群主要以25岁以上的女性上班族为主，其特点主要为临时性的聚集练习，更多是以强身健体、提升生活质量和生命质量为主要目的，聚集场所大部分在各类健身场馆及健身俱乐部等。第四，练习形式和音乐选择不同，大众健美操就其目的来看，练习更多采用的是间断性的动作练习，强调动作完成质量，群体项目时也强调团队的配合完成度，运动持续性具有间断性，不追求运动强度，音乐选择通常为2分30秒至4分30秒的一首完整歌曲或音乐，音乐速度（又称音乐节拍，英文全称Beats Per Minute，缩写BPM，指每分钟音乐的节拍数，如音乐速度为130 BPM，其含义表示每分钟130个节拍的音乐）选择在125～140 BPM；有氧健身操的练习更多为持续性的，动作上常见以单节课程为节点进行练习，每节课程之间并无明显的动作延续性，更多强调的是运动强度的保障，运动强度根据课程难度的分类而有所不同，通常保持在最大心率（计算公式：方法一，$208.754 - 0.734 \times$ 年龄；方法二，男性为 $220 -$ 年龄，女性为 $226 -$ 年龄）的 $65\% \sim 85\%$ 为最佳，运动时间通常保持在 30 分钟及以上，音乐选择连续且不间断的音乐，速度选择区间为 125 ~ 145 BPM。

通过以上四点区别，我们可以更好地界定大众健美操与有氧健身操之间的区别。

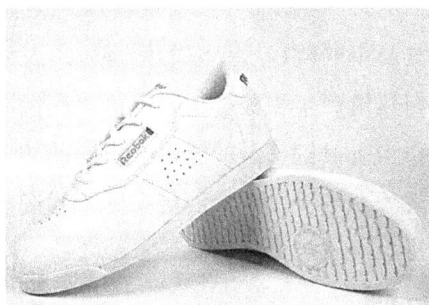

图1-3　标准的健美操鞋

一、有氧健身操分类与特点

1. 有氧健身操分类

这里主要以适合大众锻炼的有氧健身操进行分类（图1-4）。

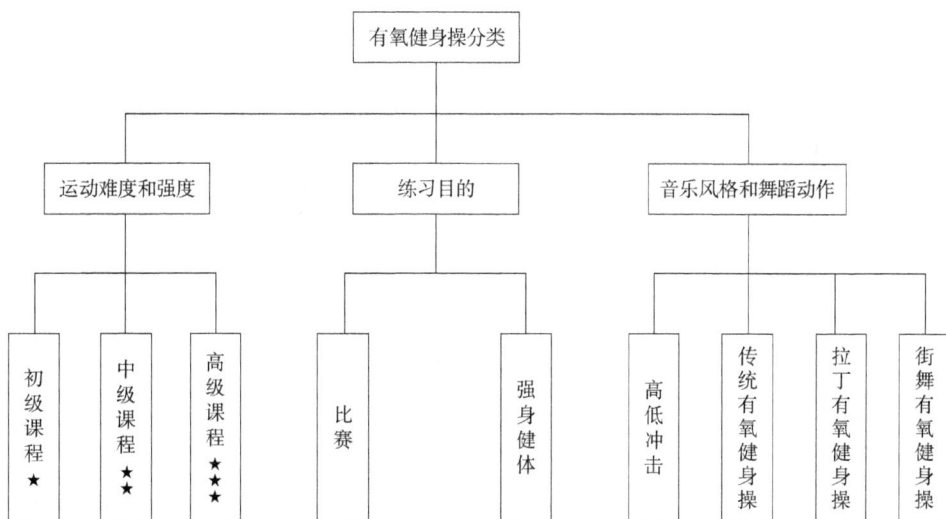

图1-4　有氧健身操分类

健美操自 20 世纪 80 年代传入我国之后，之所以能够得到迅速发展，媒体在这其中的推广显得十分重要。进入 80 年代末期到 90 年代初期，电视机已经逐渐

在我国普通家庭得到普及，在此时，中央电视台体育频道 CCTV5 推出了一档关于健身健美的节目，也就是后来迅速得到广大健身健美爱好者喜爱的《健美五分钟》，该栏目在当时对人民大众的健身思想和健身意识的启蒙起到不可磨灭的重要作用。

当时大众健美操以其简单的舞步、良好的锻炼效果及教练员健美的身躯无时无刻不对普罗大众的参与热情产生积极影响，从这里我们可以看到初期有氧健身操的影子，大众健美操作为有氧健身操的雏形，在此前的章节中笔者已从几个角度进行了对比，我们了解大众健美操的发展更有助于我们学习和了解有氧健身操的相关知识。

2. 有氧健身操课程分类

目前有氧健身操的分类常见以三种形式进行划分，一是以运动难度和运动强度进行区分，其目的在于使不同级别的参与者明确知晓自己应该参与的课程，通常将有氧健身操以"初级""中级""高级"或"★""★★""★★★"划分（见表 1-1）。

初级课程（★）：参与人群通常为新学员/会员，大部分没有任何舞蹈基础，该课程的主要目的是为参与者提供一堂简单有趣，可以增强参与者参与兴趣的课程，以此来鼓励参与者可以在这之后持续参与课程，在此基础之上需要尽可能地让每位参与者都能够达到其个人的锻炼目的，这就需要教练员对课程内容以及课程强度进行设计和把控。在课程最后的展示环节，给予参与者适当展示时间，尽可能将展示时间与课程主题融为一体，建议为 3 分钟左右。

中级课程（★★）：参与者通常为具备持续 3 个月（每周参与两次或以上课时数）或在 6 个月内参与课程数量在 24 节及以上课时量的学员/会员，此时大部分学员/会员已对有氧健身操基本步伐、教练员授课时的口令手势有所熟悉，在课程进行的过程中已经可以迅速将个体动作熟记，并能够将课程中具备一定难度的动作进行组合记忆，同时能将单节课所学动作组合在没有教练员带领的情况下进行表演展示。课程中需要教练员在课程设计过程中预留出给会员的表演展示时间，通常设计在课程放松拉伸部分之前，35 ~ 45 分钟为最佳（以 50 分钟课程为例），时间保持在 4 ~ 6 分钟为宜。

高级课程（★★★）：参与者须为具备至少 9 个月及以上，每周参与不少于一节的中级课程经验的学员/会员，参与此课程的学员/会员已具备该项课程动作组合学习的能力，能够领会理解教练员的所有动作口令及手势，并且是乐于对自我进行挑战的学员/会员。教练员须清楚参与此类课程的学员/会员的参与目的，尽可能满足其挑战自我、超越自我、展示自我的运动诉求，因此在课程动作编排中更多融入挑战类动作，通过编排半拍动作（其他章节会进行详细讲解）来提升动作难度，拉长学员/会员的表演展示时间，保持在7～10分钟为宜，为提升参与者不断挑战自我的需求，教练员在表演展示过程中通过音乐BPM的改变来提升挑战难度，并且能够进一步提升参与者的参与乐趣。

表1-1 有氧健身操课程分类

课程难度	动作选择	整节课教授组合拍节	展示时间	目的	其他
初级课程（★）	单个基础动作	无	3分钟左右	培养参与者参与课程的兴趣	背面示范为主，口令采用长口令，动作手势清晰到位
中级课程（★★）	动作组合，转身类动作	6～8个八拍	4～6分钟	提升参与者对课程的自信	镜背面示范结合，口令采用长短口令结合，动作手势可用口令进行替代一部分
高级课程（★★★）	动作组合，半拍动作，手脚配合类动作及其他提升运动难度的动作	8个八拍以上（根据所教授会员情况，建议不超过16个八拍）	7～10分钟	帮助、推动参与者勇敢展示自我	多采用镜面示范，口令采用短口令，多采用口令替代手势

二是以练习目的进行划分，一种是以比赛为主要目的的开展，另一种是以强身健身为主要目的的开展。以比赛为目的进行的有氧健身操多数情况下以群体聚集性练习为主，在有针对、有计划的周期性训练之后，参与各类比赛，以获取优异成绩为主，目前在各高校、中小学中较为常见；而以强身健体为目的的有氧健身操多在各健身俱乐部中开展，同样是以群体聚集性的练习为主，不同的是组织形式较为随意、松散，具有一定的临时性，参与者的参与目的是以个体对自我身体健康的需求为主，以此来提升自身的生活质量和生命质量。

三是以音乐风格和舞蹈动作进行划分，较为常见的有氧健身操风格包括高低冲击（High & Low）、传统有氧健身操（Aerobic Dance）、拉丁有氧健身操（Latin

Aerobic Dance）、街舞有氧健身操（Hip-hop Aerobic Dance）等。对以上几种常见有氧健身操种类通常以音乐风格进行区分，编排者根据音乐风格的不同在动作中加入该类音乐风格的专属动作来完成课程的编排。分别来看，高低冲击课程所选用的音乐速度较快，节奏较鲜明且固定，一般选取当下流行的英文 DJ 歌曲，其动作选择基本在健美操动作的基础上进行创编，课程强度在所有有氧健身操课程中最大，鲜明的节奏配合简单的动作是高低冲击课程的显著特点；传统有氧健身操所选音乐较高低冲击课程速度略慢，动作组合较为丰富，在动作编排上会融入一些舞蹈动作元素来提升课程的难度，使课程在保证效果的同时变得更具有挑战性；拉丁有氧健身操在音乐曲风上更多选用拉丁音乐，且无论是动作还是音乐都具有浓郁的拉丁特色，该课程动作是在拉丁舞蹈基础动作之上与有氧健身操基本动作相结合，主要以髋部及下肢运动为主，更加强调动作的整体协调性；街舞有氧健身操的音乐主要选用嘻哈流行音乐，曲风选择较为多元化，如 Hip-hop、雷鬼等，音乐速度较为缓慢，动作主要选择较为常见的舞种基本动作，如 Hip-hop、爵士等，将其动作简单化并融合有氧健身操动作元素。

二、有氧健身操运动特点

有氧健身操从运动形式上划分属于有氧运动的范畴，有氧运动以其对身体机能的改善为主要特征。提到有氧运动，我们首先想到的最常见的有氧运动就是跑步。有氧运动因在运动过程中人体不断与外界进行气体的交换，因此对于人体心肺功能可以起到很好的促进作用，这也是为什么有氧运动会受到人们长期喜爱的原因。再者，由于个体的有氧代谢能力取决于他的最大摄氧量，而最大摄氧量又取决于人体吸入、运送和利用氧气的能力，所以凡是可以提高以上三方面能力的运动都是可以提高人体有氧耐力的。在有氧运动的过程中通常采用强度较低、持续时间较长的练习方式，心率控制在 110 ~ 150 次 / 分。在运动频次上，每周建议 3 ~ 4 次。总结来看，一次有效的有氧运动应具备如下几个特征：①持续的运动时间；②一定的运动强度；③以某一项或某几项体育运动项目或肢体运动动作为手段进行的练习；④能够起到提升心肺功能、促进新陈代谢的作用；⑤以身体的动态参与为主；⑥具有减少身体脂肪的功效。因此，从以上几点来看，有氧健身操属于有氧运动。

此外，有氧健身操还具备三个基本特点：

（1）健身性。从有氧健身操的名称上不难看出，"健身"是其最本质特征，其中"健"是指健全和强健，"身"则指的是身材和身体，因此有氧健身操不但可以增强身体力量，还能够提升身体协调性，增加身体耐力，从而达到强身健体的目的。狭义上看，练习者能够通过参与有氧健身操运动达到提升自身身体水平和提高自身运动能力的目的。在练习过程中练习者通过科学的方法和合理的强度，最大限度地强健其身心，这也是该运动区别于其他运动的最本质特点之一，也是该项运动的魅力所在。

（2）科学性。如今，随着人们物质生活水平的不断提升，人们的健康意识也随之加强，在运动过程中更多的参与者逐渐主动学习科学的健身知识，并在实践中加以积累和丰富，越来越多的参与者能够依据自身身体状况和个体的预期效果通过科学的方法进行锻炼，而不是一味地模仿他人或是依据个人喜好进行练习。现有科学研究已证实，不合理的动作不但较难达到预期锻炼效果，更会适得其反，对身体造成不必要的损伤。有氧健身操的科学性不仅体现在练习者参与运动的过程中，更能在运动前练习者对自身身体状况的监督上以及对周围环境的检查上得以体现。在进行练习的过程中练习者需要保持清晰的头脑和良好的状态，遵循科学的锻炼方法，是参与有氧健身操运动的基本原则。

（3）广泛性。有氧健身操的广泛性体现在参与人群不受年龄的限制，任何年龄段都可以通过不同类型和不同强度的有氧健身操来达到健身的目的；不受性别的限制，无论男女都适合参与该项运动；不受运动水平差异化的限制，有氧健身操的不同分类涵盖了所有运动水平的参与者，任何人的参与不会受制于运动水平的高低；不受运动场地的限制，在任何地点，只要具备音乐播放条件且不影响他人的情况下都可以开展有氧健身操锻炼。可以看出，有氧健身操是一项包容性较强的体育运动，可以囊括不同人群参与其中，享受运动的乐趣，这种广泛性也为该运动在人民群众中迅速推广和传播创造了有利条件，推动了全民健身事业的发展速度，对社会的和谐、稳定发展具有促进作用。

有氧健身操的其他特点还包括：第一，有氧健身操通常是在音乐的伴随下完成的一项体育运动；第二，大部分有氧健身操的练习过程是在教练员的指导和带领下完成的，这其中包含了教练员的现场指导教学和以视频、DVD 等形式远程的指导教学；第三，有氧健身操的基础动作在大众健美操基础动作之上进行了加

工和改良，使其动作元素更加丰富，多元化；第四，多数情况下，有氧健身操运动是一项集体性运动，同时具备一定社交属性；第五，通常情况下，有氧健身操的练习不需要借助外在工具，而是在徒手的状态下进行。

第三节　有氧健身操的功能价值

任何一项运动的价值高低取决于该运动在多大程度上改变了人们现有的生活方式和生活习惯，而价值的体现往往离不开功能所起到的效果，因此二者可以成为一个有机整体，缺一不可。有氧健身操运动自起源至今，其功能与价值随着人们对该项运动的不断实践与深入了解也随之发生着变化，这种变化反过来也推动着该运动的不断发展，对于个体来讲，功能与价值被不断深挖有助于参与者更好地参与到这项运动中来。

有氧健身操是一项参与度广泛的有氧运动，以逐渐得到越来越多人的认可，作为一项体育运动对改善人体机能状况、提高生活质量有着不可忽视的重要作用，具体来看有氧健身操具备以下几个主要功能：

一、对人体主要系统机能水平的提升

1. 提升呼吸系统的机能

（1）基本原理。呼吸系统包括呼吸道和肺泡。上呼吸道由鼻、咽、喉组成，下呼吸道由气管及各级支气管组成。呼吸系统是维持人正常机体运转的重要系统之一，人体的新陈代谢、营养输送、能量转移都是通过摄取体外氧气、排出体内二氧化碳、氧化体内营养物质来实现的。肺本身无平滑肌，但具有丰富的弹性纤维，肺泡也有一定的表面张力，主要靠呼吸肌帮助其扩大与收缩。在年龄、性别、体表面积、胸廓等个体条件差异不大的情况下，呼吸肌的发达程度直接决定肺活量（肺一次通气的最大能力）的大小，呼吸肌的机能强，是人体呼吸系统状况良好的表现，标志着人体肺功能的强大。

（2）有氧健身操对呼吸系统的影响作用。一堂完整的有氧健身操课程通常按照"单波峰""双波峰"或"多波峰"的运动强度来安排课程的内容，在整节课程的练习过程中以持续性、不间断的运动方式开展来保证运动效果。（图1-5）

随着课程的开展，通过音乐速度及动作幅度的变化来达到预设运动强度，开始阶段利用相对较慢的音乐节奏结合小幅度的动作来让参与者逐渐进入运动状态当中，在这个过程中呼吸道与外界的气体交换频率缓慢增加，为后续运动强度的增加做好"预热"；中间阶段的运动强度较开始阶段有所提升，这时人体的呼吸频率逐渐加快，呼吸深度和力度也随之增强，肺泡的更新和产生速度也同样加快；在课程进阶到中高强度时，呼吸深度加深，速度也到达峰值，肺泡通气量得到进一步提高。长期练习有氧健身操对呼吸系统的机能有良好的影响，它能够使呼吸肌变得强壮有力，促进机体肺器官血流量的增加，提高体内与外界的气体交换能力，提升机体的摄氧能力，同时可以让人体在安静的时候呼吸加深，呼吸次数减少，运动时吸氧量增大，因此对于参与者来讲，科学参与有氧健身操运动有助于提高机体的有氧代谢能力，达到帮助自身肺活量水平提升的效果。

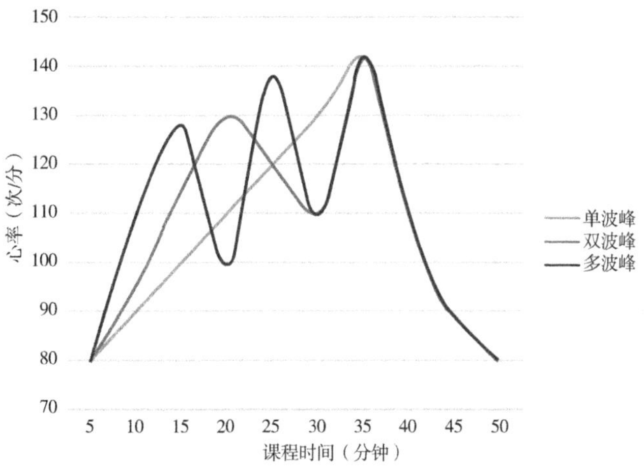

图1-5　有氧健身操运动强度波峰示意

（注：以30岁静态心率为80次／分的男性，运动强度按最大心率的75%计算为例）

2. 提升血液循环系统机能

（1）基本原理。血液循环系统由心脏和血管组成，其主要功能就是完成体内物质的运输，保持机体的正常运转，维持内环境的稳定。心脏的跳动是维持血液循环流动的推动力，通过血液的流动向身体各脏器输送营养物质及氧气，同时带走细胞的代谢产物，如二氧化碳、尿酸等，此外许多激素和物质也通过血液运输抵达相应器官，协调机体功能，因此血液循环系统的正常运转是机体得以生存的

必要保障。

（2）有氧健身操对血液循环系统的影响作用。有氧健身操的大部分运动过程因其需要在氧气供应充足的条件下才能够得以完成的特征，所以属于一项具有显著特点的有氧运动，具体体现在中低强度的练习当中。在参与者进行练习的过程中，需要通过克服自身重力来完成各类动作组合，并且要求练习者随音乐节奏的变化来保持动作的速度和频率，这就需要调动肌肉力量克服阻力来完成，整个过程中需为肌肉提供充足的氧气来保证骨骼肌完成一系列动作，而氧气来源于血液循环系统的供能。血液循环系统还帮助机体将体内的代谢产物排出体外，如二氧化碳和尿酸等。有氧健身操的运动过程中体内代谢产物较平时有所增加，同时对能量和氧气的需求也增加，这也导致机体的循环系统工作效率的提升。整个运动过程中强度和速度的不断变化使心跳速率加快，心肌收缩频率和强度增加，促使心脏泵血功能被动增强，以维持血液循环系统的高速运转。例如在运动开始阶段的动作往往幅度较小且较为简单，但在进行过程中动作的幅度加大且难度增加，纵观整个过程是一个动态的波动变化过程，因此机体对于氧气和能量的需求存在阶段性变化，并非持续性保持在一个水平上，心肌通过这种张弛有度、循环交替的调节，避免了因持续高度紧张所带来的机体疲劳。正因如此，有氧健身操运动能够增强心肌力量，带动提升整个血液循环系统机能。

3. 提升运动系统的功能

（1）基本原理。人体的运动系统由骨、关节和骨骼肌组成，运动系统于机体起着运动、支持和保护的作用，顾名思义，运动系统首先要满足机体运动的需求。在运动过程中，起着杠杆作用的是骨骼，关节是运动的枢纽，骨骼肌则是动力器官。骨骼肌收缩，牵拉其所附着的骨骼，并以骨联结也就是关节为枢纽，进行杠杆运动，从而实现机体的运动需求。其次运动系统对于人体形态姿势、内部器官等起着支持作用。在人体保持一定姿势时，如坐姿、站姿，这其中除了骨和关节起到支架作用外，还需要靠肌肉来维持，通过肌肉自身的紧张与放松，以及各个肌群的协同与拮抗作用，维持人体姿势的稳定性。最后运动系统对人体的重要脏器起到了保作用。人体通过骨骼结构形成了不同的体腔，如胸腔，腹腔，胸腔内含有心、肺等脏器，腹腔内含有肝、肾、胰、脾等脏器。骨和关节构成了全部或大部分的腔壁，而肌肉通过参与部分腔壁的构成或环绕在骨性腔壁周围，如胸廓的肋间隙等，形成了具有弹性和韧性的保护结构，当受到外力冲击时，发挥缓冲和减震的作用。

（2）有氧健身操对运动系统的影响作用。在进行有氧健身操运动的过程中，骨骼肌需要完成向心收缩、离心收缩和等长收缩，如进行前后步（Easy walk）的练习时，当右腿向前迈步时，下肢股四头肌在做向心收缩，而它的对抗肌，股二头肌在做离心收缩，此时躯干则需要维持身体平衡，保持站立姿势，从而腹直肌及背阔肌等肌肉则在做等长收缩。当练习者在进行跳跃、旋转等较高强度动作时势必会对体内脏器造成一定的冲击，这时骨性体腔及保护结构就发挥出其伸缩、舒展的作用，减少和降低外界冲击力对身体脏器官带来的运动伤害。有氧健身操运动通过不同角度、不同幅度、不同方向的动作组合使人体运动系统技能得到提升，而运动系统也是进行有氧健身操运动不可缺少的必要条件。有氧健身操运动能够使全身大部分肌肉和关节参与到整个运动过程当中，长期且规律的练习对于参与者肌肉力量及关节稳定性的增强具有显著效果，从而使整体身材发生变化，并且提升各主要关节的稳定性和灵活性。

4. 提升神经系统的机能

（1）基本原理。人体中把不同细胞、组织和器官活动统一协调在一起的整套机构是神经系统，神经系统由脑、脊髓以及与它们相连并遍布全身各处的周围神经所组成。人体是一个综合运行的有机体，体内各系统的不同细胞、组织和器官都在各自进行着不同的机能活动。在神经系统的整体调节和控制下，这些活动相互关联且在时空上严密配合，共同完成人体的生理功能。当内外环境出现变化时，神经系统则通过迅速的适应性调节，使各系统器官功能做出相应调整，从而使机体适应环境的变化。

（2）有氧健身操对神经系统的影响作用。在进行有氧健身操练习时需要机体多个系统相互配合、协作来共同完成。身体感受器支配视觉来获取练习动作及教练员的示范，听觉来完成接收动作指令及配合音乐节拍的工作，这些信息分别受到视觉神经和听觉神经持续不断的"信号提醒"后传递到脑和脊髓，随之脑和脊髓对所接收到的信息进行分析和处理后发出下一步指令，以此来完成整个动作练习过程。例如，周围神经在接到"信号"后反馈至人体运动系统，随后骨骼肌接到指令带动收缩躯干来开展运动。有氧健身操区别于其他运动的是，当神经系统

传至身体感受器时，后者对于信息的捕捉以及脑和脊髓对信息的分析及整理后发出的指令传导至末端神经这整个过程的时间长短，对练习者的动作完成效率和质量具有直接影响作用。有氧健身操的练习通常以动作和方向的多样化为特征，这就会使得神经系统的传导通路不断受到刺激，促使机体的敏捷性提升。

5.其他功能

（1）长期且规律的练习有氧健身操可以降低血脂，使血液中胆固醇含量下降，增加高密度脂蛋白含量。

（2）长期且规律地练习有氧健身操能够增加血管弹性，预防动脉硬化，降低心血管疾病的发病率。

（3）长期且规律地练习有氧健身操能够增加肌肉中蛋白质及糖原的储备量，使肌纤维变粗壮且坚韧有力，提高肌肉动作的速度、耐力、灵活性和准确性。

（4）长期且规律地练习有氧健身操能够加强骨骼的血液循环及代谢功能，使骨密度增高，坚韧性及弹性增大，延缓骨质疏松、脱钙等老化过程，同时也可增强关节的灵活性。

（5）长期且规律地练习有氧健身操能够调节大脑神经细胞的兴奋和抑制过程，使大脑反应敏捷、准确，不易疲劳，从而使机体保持较好的机能状态。

（6）长期且规律地练习有氧健身操能够促进体内物质代谢，提高细胞内酶的活性，使合成代谢和分解代谢趋向平衡，并提高排除代谢废物的能力。

（7）长期且规律地练习有氧健身操能够提高机体的防病能力，延缓中枢免疫器官——胸腺的萎缩，增加免疫细胞的数量，提高机体的免疫力。

（8）长期且规律地练习有氧健身操能够提高机体抗衰老的能力，增强抗氧化酶的活性，消除体内过多的自由基，降低过氧化脂质的生成。

（9）长期且规律地进行有氧健身操运动对于一些慢性疾病的预防和治疗也有一定的作用。已有研究显示，有氧运动不仅对关节炎、癌症、冠心病、高血压、抑郁症等疾病有一定的预防作用，对关节炎、癌症、冠心病、高血压、抑郁症及慢性阻塞性肺疾病等还有一定的治疗作用，使相应症状得到改善，提高患者的生活质量，延长寿命。

（10）长期且规律地练习有氧健身操能够提高消化系统的机能，由于在有氧健身操的练习过程中髋部的全方位活动较多，因此，这能够有效地刺激胃肠蠕动，增强消化机能，有助于营养物质的吸收和利用，从而提高对疾病的抵抗能力。

（11）有氧健身操的运动特点为全身性的有氧运动，在运动过程中全身大部分肌肉都会参与运动，上肢动作的练习对于胸部及背部肌肉起到锻炼效果，吸腿抬腿类动作、弯腰类动作及髋部扭动等动作可以帮助消除腰腹部沉积的多余脂肪，改善身体线条。

（12）由于有氧健身操是一项在音乐伴奏下完成的体育运动，轻松愉悦的环境能够使人在运动的过程中体内分泌多巴胺（一种神经传导物质，用来帮助细胞传送脉冲的化学物质），在运动之后促使人脑分泌内酚酞（也称安多芬，是人体脑垂体生成的一种纯天然的镇痛剂，可以使人产生类似吗啡、鸦片所带来的镇痛作用和快感）❶，因此参与者能够在欢乐的气氛中进行锻炼，使参与者不仅心情愉悦，并且能够暂时忘却烦恼，进入"短暂性快乐"（心理学家研究发现，运动后可改善负面情绪，称为"短暂性快乐"），长期规律练习能让人的精神面貌得到改善和提高。

（13）有氧健身操作为一项群体运动，在锻炼的过程中使参与者能够体会到个人与集体的关系，把"我"置于"我们"之中，就这一运动而言，这种运动行为是建立在此群体间有着相同或相似的目标愿景基础之上的，因此彼此间更容易产生交际和交流。有氧健身操的练习如同是一座桥梁，而参与者因为有着共同的爱好所以容易产生更多共鸣和话题，社交的功能属性就此发生。

二、对五项运动素质的辅助提升功能

这里所说的运动素质可以理解为我们日常所说的体能，即人体一切基础运动能力的统称，是人体的本质属性，它支撑着日常生活工作的需要，也支撑着运动员技战术的表现。学界对于运动素质的划分至今仍存在争议，这里我们选用最为常见且接受度较高的"五大运动素质"为参照，分别是速度素质、耐力素质、力量素质、灵敏素质和柔韧素质。以下将简单介绍有氧健身操运动对于这五项运动素质的辅助提升功能。

---

❶　关于内酚酞与多巴胺，二者具有类似之处，医学界对此进行了一些界定，简单来说内酚酞属于"先苦后甜"型物质，当人体经历痛苦后而产生的；而当人的需求得到满足时的那一刻多巴胺开始分泌。

1. 有氧健身操对于速度素质的辅助提升

速度素质是指人体快速移动的能力，其主要包括移动速度、动作速度和反应速度三个方面。现有科学已证实，速度素质是可以通过大量训练刺激得以提升的，这就需要在日常的专项训练中进行多次且重复的练习。有氧健身操在练习过程中具备动作多元、空间变化多样的特点，这就要求练习者在单个动作的衔接过程中快速完成转换，这也对速度素质提出了较高的要求，具体表现在当教练员发出动作指令后练习者需要在尽可能短的时间内进行动作执行，且在整堂课程中单个动作的不断组合形成较复杂的动作组合，这对于个体速度素质本身就是一种挑战。此外，不同于其他运动项目的是，有氧健身操的速度素质练习还体现在该项目不但要在尽可能短的时间内完成动作执行，还需要配合上合适的音乐节奏，因此，长期且有规律性地进行有氧健身操运动符合速度素质提升过程中多次且重复练习的要求，所以有氧健身操对于个体速度素质的提升具有辅助作用。

2. 有氧健身操对于力量素质的辅助提升

力量素质是指人体的产力能力。从生理学角度来看，力量是肌肉收缩对抗外界阻力的能力，其主要包括最大力量、快速力量（俗称爆发力）和力量耐力三个方面。其中最大力量还可分为绝对力量和相对力量；快速力量还可分为起动力量、爆发力和反应力量。有氧健身操的练习通常情况下是在无器械或轻器械状态下开展的，因此练习过程中对于最大力量的辅助提升效果并不十分明显，但在整个运动过程中对快速力量和力量耐力的辅助提升效果相对显著，例如有氧健身操中的跳跃类动作，此时身体瞬间腾空，除需要克服自身体重外还需要对抗地心引力，这对于快速力量的提升具有辅助促进作用。同理，一节完整的有氧健身操课程具备一定的运动时间，通常为 50 ~ 60 分钟，在动作组合中时常出现上肢的举、推、拽、甩等动作，下肢常见动作中包含蹲、跳、跨、转体等动作，持续性练习这些动作对于机体肌肉力量耐力的提升势必存在一定辅助作用。

3. 有氧健身操对于耐力素质的辅助提升

耐力素质指人体持续运动的能力。这里所说的耐力素质指的是心肺耐力，耐力素质大致可以分为有氧耐力和无氧耐力。简而言之就是能够运动多久和能够运动多快。有氧健身操本身属于有氧运动的一种，因此无氧耐力得到锻炼的机会较少，其根本目的在于强身健体，正因如此，在运动过程中应更注重对运动负荷和运动强度的把控，保证练习者在安全、健康的范围内进行练习，对于运动负荷和运动强度的把控首先以本体感受为先导，也就是以练习者的自我监控为主，这也就需要练习者应具备一定的科学理论知识作为保障。在一节完整的有氧健身操课程中，课程的运动负荷和运动强度随着课程的进行形成一个逐渐提升到逐渐下降的过程，这两个过程都需要具备一定的时长。在运动负荷和运动强度逐渐提升至顶点时，对于练习者的心肺耐力会产生一定的挑战，此时也是对机体心血管机能最为有效和直接的锻炼，增加心肌的体积和力量，增加血管壁弹性，因此通过有氧健身操运动来辅助提升机体耐力素质是一种可行的方式。

4. 有氧健身操对于灵敏素质的辅助提升

灵敏素质是指我们随意支配自身的能力。具体来讲，当外界条件发生突然变化时自身瞬间的反应能力和适应能力主要分为移动灵敏、动作灵敏、反应灵敏和平衡能力四部分，而平衡能力又分为动态平衡和静态平衡。第一，对于有氧健身操运动来讲，练习过程中动作在可控范围内移动得越大越能够使移动灵敏性得以锻炼；第二，有氧健身操运动是将单个的动作进行组合，并且要求练习者在课程中不断进行重复练习，以便加强对动作的记忆，因此动作的连贯性、稳定性、准确性，以及力道和速度都是可以在练习过程中被提高的，而这些都属于动作灵敏的范畴；第三，在有氧健身操的练习过程中经常能够锻炼到反应灵敏，如教练员在给出动作口令指示时，练习者需要在配合音乐的前提下迅速做出动作执行，又如，在单个动作的衔接过程中，需要大脑快速地反应才能够使动作得以流畅和连贯，这些都是对反应灵敏的辅助提升；第四，前庭是人体最重要的平衡感知器官，其包括耳前庭和耳蜗两部分，前者负责保持人体的平衡和稳定，而后者通过声音来判断人或物的距离、方位和状态，有氧健身操的练习中多以动态平衡练习较为常见，如动作练习中经常会出现重心的瞬间转换和方向的改变，而长期且有规律地进行练习可以形成记忆痕迹，促进平衡能力的提升。

5. 有氧健身操对于柔韧素质的辅助提升

柔韧素质是指人体各关节活动的幅度范围以及肌肉、韧带、肌腱及软组织的伸展能力。需要指出的是，"柔韧"一词需要将其分开来看，所谓"柔"指的是被动关节的活动度，具体指肢体被动运动（包括他人帮助、其他肢体自我帮助、惯性、地心引力等）时能达到的最大范围，而"韧"则是指主动关节的活动度，

具体指肢体自身随意运动所达到的最大范围，是需要肌肉进行主动收缩后产生的关节运动，较前者来看，后者是一种自始至终的可控状态。在有氧健身操的练习过程中，柔韧素质的锻炼贯穿始终，课程开始初期，由于机体温度较低，各关节及肌肉没有得到活动，关节腔内滑液分泌较少，肌肉的黏滞性较大，韧带、肌腱及软组织的弹性较差，因此需要进行一个热身的过程，预防运动损伤的发生；在课程进行过程中，有氧健身操的各类动作通过在不同方向、不同角度、不同范围内、不同幅度的运动，促使各关节、肌肉、韧带、肌腱及软组织共同配合来完成动作，这种情况下机体的柔韧素质得以锻炼；在课程结束后，对各肌群的拉伸目的也在于提升机体的柔韧素质。以上说明，在有氧健身操的练习过程中，柔韧素质的锻炼贯穿全程，也证实了有氧健身操运动对机体柔韧素质能够起到辅助提升的效果。

第四节　有氧健身操国内外现状

一、国外有氧健身操的发展概况

因为有氧健身操目前在国内外的开展通常是以在健身俱乐部内开设线下课程和通过视频教学教授的线上课为主要的两种形式，因此我们要了解有氧健身操在国内外的开展现状，就需要从以下几个方面去进行：

（1）健身俱乐部数量及会员人数。

（2）健身俱乐部会员参与有氧健身操课程人数占比。

（3）有氧健身操主要代表人物视频光碟发行量。

（4）有氧健身操在各主要视频网站播放量。

（5）有氧健身操教练员培训机构。

目前对于世界各国的健身团操课程的相关数据较少，为方便读者更直观和便捷地了解到有氧健身操课程在国外的参与度，这里只将相关数据进行罗列，不进行具体分析。

以美国为例，2019 年美国有 6240 万人参与到健身俱乐部的消费当中，这也就意味着有五分之一的美国人属于健身俱乐部的消费者，这也是美国健身俱乐部会员人数连续增长的第五个年头，自 2010 年累计增长约 28%。

新西兰莱美公司是目前全球较为权威的集体健身管理体系，起源于新西兰，与全球 100 多个国家的两万多家健身俱乐部进行合作，拥有实名认证教练 14 多万名。该公司在 2021 年发布的全球健康报告中"有音乐的健身课程"排在了最受欢迎的健身俱乐部活动的首位，这也可以看出健身俱乐部的会员中大多数都较为喜欢参与集体健身课程。在影响会员选择课程的关键因素中，教练员授课能力和个人素质的高低成为会员选择的主要因素，排在了首位。在对健身俱乐部潜在会员的调查中发现，有 65 % 的受访者认为俱乐部的团操课程质量是他们决定是否入会的首要考量因素，而这一比例在我国达到 73 %，位居全球第一。

据现有资料显示，2000 年由 Marcus Irwin 发起，召集当时有氧健身界影响力最大的 20 名优秀导师拍摄的" EVOLUTION "系列教学 DVD 是迄今为止最早、最全面的有氧健身系列视频，我国众多的优秀有氧健身教练都或多或少地受到过此视频的影响，可见其在全球范围内的影响之广。

从表 1-2 数据中可以看出，健身已逐渐融入了世界各地人们的生活中，而选择来到健身俱乐部的人群中，多数人更喜欢参与健身集体课程，也就是团操课程，而有氧健身操练习门槛较低、课程内容丰富多变的特点势必将会吸引越来越多的人参与其中。

表1-2 全球主要国家相关健身数据

国家	健身俱乐部数量	会员人数	国家总人口	占比国家总人口数（%）
美国	39，570	62，465，000	328，000，000	19.04
英国	7，038	9，900，000	64，489，000	15.35
德国	9，343	11，090，000	约83，150，000	13.33
印度	3，813	约2，000，000	约135，300，000	1.48

注：数据截至2018年底，数据来源于《2019 IHRSA 全球健身俱乐部市场报告》。

二、国内有氧健身操的发展现状

自有氧健身操进入我国之后，其发展状况与我国健身行业的发展密切相关，这是由有氧健身操运动的特殊属性决定的。第一，有氧健身操是一项更适合在室内开展的运动；第二，多数情况下，进行有氧健身操运动是需要在教练员的引领下完成的；第三，有氧健身操具有一定的运动量，且由于其是近年来新兴的体育

锻炼方式，因此在受众上更容易被中青年人或具有年轻心态的中老年人所接受，笔者认为这是由于有氧健身操的动作中大多数是基于健美操的动作发展而来的，而对于健美操运动及动作的欣赏并不是全部国人可以接受的，其动作设计更贴近于欧美人的审美，因此该运动在大众的接受程度上与我国文化的交融需要一个漫长的过程。基于以上三点，笔者认为在了解我国目前有氧健身操的发展现状前，要对我国健身行业的发展进行大致的梳理。

我们现在所看到的健身俱乐部，大多为"商业性健身俱乐部"，在健身行业未被商业化运作之前的 20 世纪 90 年代初期，一些健身教练员出于热爱，自行寻找一些可以带领更多人进行锻炼的场所，直至 1995 年以后，一些参与健身的学员意识到其中的商机，开始有目的的投资健身场所，特别是在 1998 年之后，更多的人意识到了器械训练对于女性的重要性，这也为丰富女性在健身场所中的健身方式奠定了基础。直至 21 世纪初期，以公司形式的商业注资开始进入健身行业，逐渐发展成为目前我们所看到的"商业健身俱乐部"。商业健身的发展模式自 21 世纪初期进入我国至今，已有二十余年的发展时间，在此期间经历了数次的改革，其发展过程跌宕起伏，从行业觉醒到高速发展，从健身俱乐部不断被大众贴上"信誉问题"标签到如今新式健身品牌的不断崛起，在这二十多年的发展过程中，我国的健身行业经历着不断的洗牌和重塑，这也对我国形成中国特色的"健身产业生态圈"具有促进作用。

我国健身行业的发展要从我国健身俱乐部发展历史的角度来看。在 21 世纪初期，人们对健身俱乐部的印象还是属于"高端消费品"，不易被大众所接受，也离普通百姓的生活较远，动则上万元的会费让普通百姓遥不可及，随着更多投资人将投资目标锁定在健身行业后，健身俱乐部的市场化竞争加剧。在此期间，价格竞争是投资人常用的竞争手段之一，也是最为快速有效的手段。利用价格优势快速的招募会员入会，从而达到快速赢利的目的，之后再通过不断的店面扩张和布局，在某个特定区域内迅速占领市场份额，增加其品牌的影响力和市场竞争力。短期来看，这是一种非常有效的商业发展手段，但站在今天我国健身行业发展的角度反观十几年前时可以看出，以低价争夺市场份额的行为不利于整个健身行业的健康发展，也为后期健身俱乐部逐渐被大众贴上负面标签下隐患，这种"粗放式"的发展模式也导致了健身俱乐部的资金链非常"脆弱"，稍有闪失就会面临关店或倒闭的风险。

　　直至 2016 年，这一年被众多体育产业业内人士称为"中国体育产业发展元年"，国家层面出台了众多扶持政策，鼓励健身企业根据自身特色进行"细分式"的发展，这种发展目标的提出是建立在大众健身意识不断被提升的基础之上的，全民健身思想在全国范围内的不断普及，让大众的健身需求从十几年前的"粗放式"逐渐转变为"细分式"，简单来说，就是人们的健身意识在不断被提高后，更明确地知道并了解自身的健身诉求是什么，从而能够更加有针对性的进行健身产品的选择，消费者对于健身俱乐部所提供的产品需求也从曾经的"大而全"逐渐向"小而精"转变，因而在全国范围内涌现出了众多仅为某一特定群体提供健身服务的俱乐部或工作室。就团操而言，出现了专门为客户提供团体健身服务的健身品牌，如超级猩猩、港资高端连锁瑜伽馆 Pure Yoga 等，这也开启了我国健身行业的第二次快速发展。（见表 1–3）

　　总结来看，目前我国健身行业的发展具备以下几点特征：①付费模式的转变。由之前的"年付费制"逐渐向按次付费转变，打破了健身行业"预付费制"的传统，大大消除了健身俱乐部的不良资金沉淀，虽在一定程度上放慢了资金回笼的速度，但可以让经营者将更多精力投入到提升服务品质中去，有利于形成良好的品牌口碑。②健身产品的转变。传统健身俱乐部中为会员所提供的健身产品基本包含健身器材使用、团体健身课程及其他增值产品，如游泳、乒乓球、羽毛球等，而从目前发展来看，更多俱乐部逐渐专注于针对某类群体进行特殊的产品设计，如专门为团操爱好者提供丰富的团体健身课程，这样做可以很好地提升会员的体验感，增加会员与俱乐部的黏性，也有助于在某一细分领域树立更为专业的品牌形象。③健身时间的转变。传统健身俱乐部的营业时间较为固定，多为早 9 点至晚 9 点，而大多数会员会集中在晚 5 点之后进入俱乐部锻炼，也造成了俱乐部出现人员集中在某一时间段的情况，也对俱乐部在某一时间段内的服务品质提出了更高要求，无论从运营还是服务质量都不可能做到最好，而 24 小时俱乐部的出现，缓解了这一现象，使会员的锻炼时间可以更为自由和分散，在健身时间上给了会员更多的选择空间和自主决定权，这种权利的让渡恰恰能够提升会员与俱乐部的黏性，更容易让其形成健身习惯；而这一类俱乐部因其运营面积通常不大，所产生的运营负担较小，在成本上也较为容易控制和调控，这也是为何 24 小时营业的健身俱乐部越来越受到人们欢迎的重要原因，尤其是新一代的消费者更青睐此类健身产品。

表1-3　2019年中国健身行业相关数据

统计项目名称	数据
18个城市健身房行业市场规模	337亿元
18个城市健身房总数	2.8万个
18个城市健身房会员总数	879万个
18个城市健身房渗透率	3.9%
18个城市前十大健身房会员总数	152万人

注:18个城市为4个一线城市（北京、上海、广州、深圳）及14个新一线城市（沈阳、天津、青岛、济南、郑州、西安、南京、苏州、杭州、武汉、成都、重庆、长沙、昆明）

数据来源:IT桔子

有氧健身操运动目前在国内的发展主要依托于健身俱乐部平台，而该运动在各健身俱乐部的操课体系中早已是"重要一员"。纵观目前各健身俱乐部的操课课程表，课程安排时间主要集中在中午和晚上两个时间段，中午课程时间通常为12点左右，晚上则从5点以后开始，课程种类安排上一般以动态课程和静态课程交叉安排最为常见。有氧健身操课程的占比一般在10%～20%。由于有氧健身操较其他动态课程的发展更早，且内容相对简单有效，因此更容易被俱乐部会员所接受，课程安排数量上也较多。目前，有氧健身操课程更多的被融进针对于个体或某类特定群体的"减脂计划"当中，其常被当作是一种快速有效的燃脂有氧运动方式，如目前各健身俱乐部常会发起或组织"减肥训练营"，在整个减肥训练计划中，教练员会有针对性地制订减肥方案，这其中有氧健身操被看作是一种快速有效的减肥方式，深受参与者的追捧。但值得注意的是，有氧健身操虽然在运动效果上具有一定优势，但随着大众健身需求的不断变化，对于团体健身课程的要求和期望也在不断提升，目前市场上的动态健身团体课程种类繁多，在运动效果上同样可以达到与有氧健身操类似的功效，但运动乐趣更高，尤其是以音乐片段作为切割方式的课程，如尊巴课程、莱美课程中的Body jam等，这些课程虽借鉴了有氧健身操中的一些动作，但区别于传统的有氧健身操，因此就目前发展来看，有氧健身操在俱乐部中核心地位有被取代的趋势。作为有氧健身操教练员有义务推动这项运动的不断发展，因此在课程内容上教练员应多花心思潜心研究，创造出会员更为喜欢的有氧健身操课程。

目前，有氧健身操教练员培养的主要途径为各大健身教练员培训机构，多数教练员培训机构将有氧健身操课程的培训当作是团操教练员培训的基础课程。学员在参与培训时多数培训机构会将有氧健身操培训与其他团操课程培训进行打包。学员经过有氧健身操的培训后，在动作规范性、音乐理解、教学口令应用等方面有所提高，而这些也是其他动态团操课程中所必须具备的技能，学员在此基础上再进行其他动态团操课程的学时也更加容易。就市场接受度来看，目前团操市场对于新教练员的接受程度不足，主要原因在于，学员在经过短期培训后走进教学课堂，课程中容易出现紧张情绪、忘动作、动作编排不合理、授课方式死板等情况，而当因以上情形产生的意外情况发生时，新教练员没有更多处理经验，造成俱乐部会员的满意度下降，这与当下俱乐部经营者以提升对会员服务满意度的经营思路背道而驰，多数新教练员无法提升会员的满意度，达不到会员对课程的预期，因此新教练员需要有一段较长的时间才能够被会员所接纳，这个漫长的过程中容易致使新教练员的信心受挫，从而导致流失，这也是目前团操市场严重缺乏有氧健身操教练员的主要原因之一。总体来看，目前培训机构批量培训出的新教练员需要一个较为长久的市场接受过程，但这个过程中作为用人单位方是承担不起的，新教练员自身教学经验积累的过程不易被市场所接纳，导致有氧健身操教练员整体数量较少，优秀教练员更是凤毛麟角。

有氧健身操教练员课时费用方面与其他课程教练员差别不大，但目前来看，仅凭借教授有氧健身操一项课程拿到较高课时费用的教练员不多，但较为知名的优秀教练员拿到较高课时费是较为常见的。

总结来看，目前我国有氧健身运动的发展主要依托于商业健身俱乐部，而商业健身俱乐部的发展正在历经第二次的快速发展期，在此期间经营方式、经营思路都与之前存在较大变化，主要体现在付费模式的转变、健身产品的转变、健身时间的转变三个方面。而商业健身俱乐部目前的发展突破口主要在于如何提升自身的服务品质，但新教练员的培养需要一个较长的"实战"经验积累，市场对于教练员的这个积累过程明显耐心不足，导致新教练员的流失，后备人才的不足凸显了优秀教练员的稀缺性，因此优秀的有氧健身操教练员可以拿到较高的课时费用。目前健身俱乐部中将有氧健身操课程融进各类"减肥计划"当中，把其看作是一种快速减肥的有氧运动方式，就效果来看被接受程度较高。健身俱乐部中动态课程种类丰富，虽然其中多数课程借鉴了有氧健身操的一些动作元素，但以音乐为切割方式的片段式课程受会员欢迎程度逐渐提升，这与会员的健身需求提升

不无关系。

除此之外，业界较为知名的有氧健身操导师还有 Marcus Irwin(澳大利亚)、Gillopes(巴西)、Carlos(西班牙)、Giorgus(意大利) 等，他们长期在全球开展相关培训，并且将个人的教学心得和经验总结成相关文章和书籍公开发表，为有氧健身操在全球的推广做出了重要贡献。

第五节　有氧健身操运动发展趋势预测

一、后疫情时代，人们对于健康的需求将持续保持高涨

现如今，全球疫情还在蔓延，形成了人类与新冠肺炎病毒共存的局面，医学界普遍认为在今后较长一段时间内，人类要学会与病毒如何"共处"。而我国，虽然在党和国家的领导下疫情得到了有效的控制，但公众对于健康需求的增加已然成为事实，可以说，现如今人们对于健康的需求比以往任何一个时代都更为强烈，这势必也将会推动我国全民健身事业的发展速度。而北京冬奥会的成功举办，也将促使全民健康需求呈现井喷式的爆发。体育运动作为增强体魄、预防疾病的有效手段之一，会被更多人认可并参与进来。有氧健身操运动区别于其他运动的是对于场地条件、参与人数、周围环境及器材的要求较低，开展运动的局限性较少，同时，运动效果又较为显著，因此更容易被大众所接受。但需要注意的是，如何让大众了解并参与到这项运动当中是每一位有氧健身操教练员的使命和责任，在向大众推广这项运动时要将大众的需求与有氧健身操运动的项目特点相结合，努力做到在迎合大众需求的同时扩展有氧健身操运动在群众中的影响力。

二、大数据时代，数据的整合分析及精准推送将加速有氧健身操运动的发展

大数据技术诞生于美国，就其目前在全球发展来看，我们已然处在一个全新的大数据时代。大数据技术对于人类进步和发展的重要性从世界各国的重视程度来看已日益凸显，许多国家已将其纳入本国发展战略。联合国早在 2012 年明确定性人类已进入了大数据的时代（《大数据开发：机遇与挑战》白皮书）。我国也于 2015 年对大数据给出明确定义，并于 2012 年提出《大数据研究和发展计划》，

在此之后大数据在我国范围内得到了广泛应用和快速发展。大数据时代的特征就是随着科学网络技术的不断更迭和更新，所带来数据和信息资源"滚雪球"式的快速增长。大数据商业应用第一人，英国学者迈尔舍恩博格认为："大数据时代的到来是一场重大的时代革命。"可以预见的是，今后这一技术也将会在全民健身领域不断被广泛使用，大众的健身需求将能够被及时地挖掘并发现。依据大数据技术，每个人制定属于自己的个性化健身方案将成为现实，同时可以摆脱过高人力成本的束缚。当个体的健身需求被精准发现且得到满足后，大众的健身欲望也将随之变得更为强烈。对于有氧健身操运动来讲，其运动过程较其他项目更有乐趣，并不会显得十分枯燥，且不受年龄的限制，练习门槛低等优势将被发挥出来，加之该项目的目标人群更多为女性，而女性对身材的要求和对美的追求通过有氧健身操的练习是可以被满足的，因此，大数据技术在全民健身领域的应用将会推动有氧健身操运动的快速发展，建立更加坚实的群众基础。

三、全民网络直播时代，网红及明星效应是有氧健身操运动发展的关键

如今，互联网的飞速发展已为社会带来了翻天覆地的变革，同时对我们的生活也在发挥着重大影响作用，互联网技术加速了全社会的生产效率，在各行各业也得到了广泛的应用，一个全新的社会形态被塑造出来。网络直播是互联网快速发展的一种表现形式，我国全民直播时代的开端要追溯到2015年，随着4G技术的成熟应用，通过手机竖屏直播的互动方式走进了大众的生活，同时也拉进了人与人之间的距离。近些年，网络直播已成为一种潮流，新冠肺炎疫情也在一定程度上加速了网络直播的发展。随着人们健康意识的提升，网络健身直播也成为最受欢迎的直播类型之一，央视财经调查数据显示，2020年运动健身APP活跃用户同比增长93.3%，可以预见的是，在未来这一形式将会随着国家各项行业规范政策的出台和落实后得到更加快速且持续性的稳定发展，这也势必导致该领域成为商业竞争的红海。健身类网络直播更加注重在有限的环境中利用便捷的方式进行身体锻炼，而有氧健身操运动恰恰符合这一特征，并且全民直播时代更加注重"流量"的影响力，而网红或是明星在"流量"上要远高于普通人，因此在未来，通过网红及明星的影响力来传播有氧健身操运动将成为一种可能，这也更能促使

越来越多的人加入有氧健身操的锻炼中。

四、国家顶层战略设计的定型，促进体系化建设和规范化发展

以人民为中心是共产党立党为公、执政为民的具体体现，在党的十八大和十九大会议上，以习近平同志为核心的党中央将"一切为了人民"的执政理念深入贯彻到治理国家的方方面面，在此基础上"健康中国"和"全民健身"两大重要战略得以形成，两者对促进我国国民健康的提升至关重要，也对我国体育事业的发展具有重要指导意义，两大战略的提出是"健康中国 2030"目标顺利实现的有力保障。国家顶层战略设计的定性将对体育产业的发展带来契机，相关政策法规、法律也会不断得到完善，在具有保障的前提下，我国的体育产业发展速度和发展规模也将进入"快车道"。有氧健身操运动的发展同样离不开政策的保障，在这个基础上，未来应建立专业权威和管理规范的国际化运动组织和机构，这将对该项目的健康发展创造有利的外部环境。此外，还应明确规划有氧健身操运动的发展方向和发展目标，构建其核心价值体系，并且制定行业统一的从业标准，这些对于有氧健身操运动在今后的规范化发展将起到推动作用。

五、发展具有中国特色的有氧健身操将是弘扬中华优秀传统文化的必要形式

对一个国家或一个民族来讲，优秀传统文化是对祖先遗志的继承，并且需要将具有本民族特色的优秀传统文化进行传播并发扬光大，这不仅有利于增强国家或民族的凝聚力和自豪感，从而转化为推动社会生产力发展的不竭动力，还可以在此基础上提炼升华，创造出更高层次的优秀文化。中华民族是一个具有五千年光辉灿烂发展史的民族，这个过程凝聚了千千万万劳动人民的智慧和经验，这些优秀传统文化时至今日依然具有指导意义。习近平总书记多次强调，新时代要大力弘扬中华传统文化，更好地推进中国特色社会主义建设。就有氧健身操运动而言，归根到底属于舶来品，并不是在中华大地上发展起来的，因此如何将这项外来运动内化成具有民族特色的体育运动是非常重要的，这首先需要赋予这项运动鲜明的中国特色，具体而言，在动作表现形式上可借鉴我国各民族舞蹈中的经典动作，在不丧失有氧健身操运动自身特色的前提下加入更多适合我国实际情况、

贴近群众日常生活的动作；在音乐选择上，不仅可以选取能够展现积极向上，具有正能量的中文流行音乐外，还可以将我国优秀的民族乐曲进行二次加工，形成具有鲜明民族特色的有氧健身操乐曲。通过以上形式打造出适合中国人开展的、富有中国特色的有氧健身操运动，这不仅为有氧健身操运动在我国的发展带来全新动力，更能够为弘扬中华优秀传统文化创造有利条件。

第二章　运动健身基本理论

第一节　运动与健康的关系

一、健康的定义

世界卫生组织（WHO）对"健康"给出了较为权威的解释：健康不仅指身体没有缺陷和疾病，还要具备完整的生理和心理状态以及社会适应能力。这打破了我们传统对"健康"的认知，在大多数人的传统认知中对健康的理解较为狭隘，更多人认为身体没有疾病就是健康，但世卫组织对"健康"的解释中不仅包括了生理上的健康，还包含了心理健康以及社会的适应能力，这种全方位的健康才是真正的"健康"，这几方面彼此促进，相辅相成，相互影响，缺一不可。

世界卫生组织对健康的定义如下：

（1）有充沛的精力，能从容不迫地应付日常生活和工作压力而不感到过分的紧张。

（2）处事乐观，态度积极，乐于承担责任，事无巨细不挑剔。

（3）善于休息，睡眠良好。

（4）应变能力强，能适应外界环境的各种变化。

（5）能够抵抗一般性感冒和传染病。

（6）体重得当，身材均匀；站立时，头、肩、臂位置协调。

（7）眼睛明亮，反应敏锐，眼睑不易发炎。

（8）牙齿清洁，无空洞，无痛感，齿颜色正常，无出血现象。

（9）头发有光泽、无头屑。

（10）肌肉、皮肤有弹性，走路轻松有力。

二、"亚健康"的成因

随着社会节奏的加快和生活压力的增大，"亚健康"一词被我们逐渐熟知起来。现代医学认为，亚健康是指人体处在非病和非健康之间的状态，按照排序来讲，它排在"健康"之后，属于次等健康状态，可以将它理解为处在健康与疾病之间的一种身体状态，因此又称为"次健康"或"第三状态"。

就"亚健康"的整体发展阶段而言，可分为三个阶段，即"轻度心身失调""浅临床"状态和"前临床"状态，这三个阶段是一种递进关系。"轻度心身失调"通常表现为身体疲倦、睡眠质量低下、精神不振、食欲减退等症状，但这些症状可通过增加休息时间或进行自我调整来恢复，恢复后的身心状态与常人无异，全世界有 25 % ~ 28 % 的人存在"轻度心身失调"状态。如该状态不能得到及时的调整则可能进入"浅临床"状态，此时人体处在极易诱发某些疾病的高危时期，向某些疾病发展的可能性增大，世界范围内有超过 30 % 的人群处于这种状态，且尤以 40 岁以上人群为主。人在"浅临床"状态下的表现主要包括"轻度心身失调"所含所有症状 60 天以上，同时伴有感冒频繁、精神乏力、慢性咽喉痛等。可将具体表现归纳为活力、反应能力和适应能力的减退。"前临床"状态是指"浅临床"状态下没有得到有效医治而进阶发展成为在疾病之前的状态，该状态下身体已经发生病变，但因症状的不明显、重视程度的不足、病因暂时无法查出等原因未能开始进行有效医治，此阶段已逐渐超出"亚健康"的范畴，更接近于非健康的状态，这部分人群约占世界人口的 10 %。可以看出，处在"亚健康"状态的人群至少占到世界人口的一半以上。我们可以从以下几点了解人为何会容易处于"亚健康"状态。

（1）时至今日，快速的社会节奏已成为人们生活的一种常态，随之而来的是社会资源的分配不足导致激烈的社会竞争，也就造就了复杂的人际关系，这些都会容易让人思虑过度，产生焦虑的情绪，从而影响睡眠甚至是失眠，睡眠质量不高或睡眠时间较少会对人体的神经体液和内分泌的调节造成影响，致使人体生理功能发生紊乱。

（2）不同国家或地域人们的饮食习惯有所不同，但在世界多数国家，由于生活水平的提升、快节奏的生活导致的饮食不规律、油炸食物和高热量食物的摄入过多，或是由于各种原因导致的饮食结构单一、高营养食物摄入量不足等，都

会造成人体营养素的不均衡或缺失，肥胖或营养不良都会造成机体代谢功能的紊乱。

（3）当今世界各国面临的一个重要问题就是严重的环境问题，人类在享受着工业革命带来的各种生活便利的同时不得不承担着因此带来的影响。对于大多数人而言，因为城市发展较乡村更为迅速，接收新鲜资讯或是工作机会比乡村更多，造成了城市人口密度的增大，随之而来的车辆增多、生存空间被严重挤压、空气污染等现象愈发严重，人体呼入的空气中负氧离子含量较低，血液含氧量随之降低，组织细胞对氧气的利用效率也随之降低，这对于人体呼吸系统、心血管系统及神经系统都将会带来众多危害。

（4）现代人晚睡已成为普遍现象，"日出而作，日落而息"对于现代人来说成为一种奢望，这种打破人体生物钟的行为将会破坏人体正常的新陈代谢规律。

（5）现代人运动不足或运动不当也是使人体造成损害的元凶之一。对于缺乏运动的人来讲，不运动不但会造成体重的增加或肥胖，更会引发一系列慢性疾病，如加之不健康的生活习惯，身体各项生理功能不能正常运行，势必会造成对身体的伤害；此外不当的运动方式也会造成对人体健康的破坏，在运动过程中，每个人应根据自身当下的实际情况进行运动。

（6）习惯于依靠各类药物或营养品来达到快速医治病症的目的看似十分科学，但如果药物使用不当反而会适得其反，如感冒后大量服用抗菌素不但会破坏人体肠道内的肠道菌群，长此以往也会使机体产生耐药性，最终不得不通过增加剂量来达到好的效果。

（7）情绪的不稳定也是导致身体存在"亚健康"风险的原因之一，过喜、过悲、暴怒、忧伤、惶恐等情绪如时常存在或出现也容易对人体各器官造成伤害，长此以往不利于人体的健康。

第二节 体质评价标准

众所周知，通过参与体育锻炼能够增强人的体质健康，而参与有氧健身操练习是一种体育锻炼方式，因此有氧健身操对增强人体体质健康具有帮助。但何为"体质"？体质指的是人体自身的质量，是人进行生命活动和劳动工作能力的物质基础，衡量体质的标准应指人体在形态、生理、生化和行为上表现出相对稳定的特征。这里需要厘清一个概念，人体的"体质"和"健康"是两个不同的概念，健康人群中的个体体质是存在差异的，一个人体质的强弱要从以下几方面进行综合性的评价：

（1）身体形态评价，是指个体身体形态发育水平的高低，具体体现在体格、体型、营养状况及身体组成成分等方面；

（2）生理、生化功能评价，是指个体机体内的新陈代谢功能、各系统及器官的工作效能；

（3）身体素质和运动能力评价，身体素质评价是指个体在参与运动时所表现出的速度、力量、耐力、柔韧性和灵敏性等素质，运动能力评价则是指个体在参与运动过程中所展现出的走、跑、跳、投等能力；

（4）心理状态评价，包括本体感知能力、个体意志力和判断力；

（5）环境适应能力评价，是指当机体处在特殊条件下，如寒冷或闷热环境时身体的耐受能力，是否能够快速适应当下所处环境。

人体体质的强弱与多方面的因素存在联系，而遗传因素仅仅只为个体体质的状况和发展提供了前提条件，此外环境因素、营养补充和体育运动都或多或少对人体体质造成影响。因此可以看出，增强体质的主要手段是需要依靠后天通过各种方式来提升的，而通过开展有计划、有目的并且科学的运动方式来提升自身体质状况是最为可行的有效手段之一。

第三节 适度运动的重要性

世间万物的任何事都会有一个衡量和评价的标准，超过或未达到这个标准时，事物的发展和状态就不能达到我们预期的相对理想状态，这个相对理想的状态可以称为"度"，就如同一把尺子的功效。运动也一样，同样需要把握一个尺度，超出或未达到这个标准都将不会产生最好的锻炼效果，本节将对运动过程中的适度原则进行阐述。

最早提出"生命在于运动"的是法国著名思想家伏尔泰，这说明人类在进化和发展的过程中是需要通过运动来延长或维持生命的。运动能够帮助人延缓因年龄增长而带来的生理机能的减退，预防早衰现象的发生。而坚持适度的运动能够

使体内脂肪、糖分和蛋白质得到加速分解，提升心肺功能，同时降低体内外周血循环阻力，使心脏的工作负担得以减轻，对于心脑血管疾病的预防起到重要作用，各脏器的工作寿命也能得以适度延长。此外，适度的运动有助于人体体内释放"多巴胺"和"内酚酞"等让人产生快乐的物质，振奋人的精神，愉悦人的心情。而超负荷的过度运动会导致儿茶酚胺和促肾上腺皮质激素分泌增多，使 T 细胞受体功能减退，同时还可反馈性地使血液中的 T 淋巴细胞减少，并抑制 B 淋巴细胞的生物活性，使免疫功能降低。这也是为何人在超负荷运动后会感到身体较为疲劳，从而容易加重病患病情的原因。超量的运动不能为身体带来健康的同时还可能对身体造成危害。此外，很多人参与运动不规律，如仅在有时间或想去运动时才会参与运动，这种在某种特殊情况下进行的无规律性的运动方式不但不会对健康带来明显促进作用，反而使体内正常的新陈代谢被打乱，增加体内各器官磨损的风险，导致寿命缩短。

以上原理说明，参与运动时要遵循循序渐进的过程，这个过程包括运动量应由小到大，动作应由简单到复杂的自然过程，这个过程的发展不能呈现出"高低起伏"的状态。有氧健身操运动的过程正是遵循了这种"循序渐进"的方式，因此才会将课程按照运动强度和运动难度进行分级，并且在教学过程中也注重采取由易到难的教学方式。

一、过度运动的危害

1. 什么是运动过度

运动过度是指身体在运动过程中感到身体疲劳的状态下继续持续性地进行运动，此时肌肉和关节会因疲劳酸痛而造成不能很好地发挥出其本身所具有的功能。在这种身体超出本身所能承受的运动量的情况下继续持续性的运动，会因某部分功能的缺失造成受伤风险的增加，同时超量的过度运动也会降低身体免疫系统功能，使身体面临患病风险。运动对于参与运动的人群在某些情况下是极具诱惑力的，但在充满练习热情而又缺乏相关经验的情况下造成运动过度，反而会适得其反，不仅不能达到预期运动效果，还会对身体造成伤害。

现有实验证明了运动能够加速体内新陈代谢的速度，促进体内耗氧量的提升，使体内活性氧的数量增加，而该物质是造成人体衰老的重要物质之一，但也不能因此断定"活性氧"对于人体来说就是不好，首先它是维持身体正常运转的重要物质，是必不可少的；其次，它所具有的强大氧化能力和杀菌能力，能够杀死进入人体内的有害菌，在人体与外界进行气体交换时就可以产生活性氧，在某些情况下活性氧的数量会增加，如在运动过量时。激烈的运动会造成活性氧数量陡增的同时加速体内器官磨损以及某些生理功能的失调，从而出现身体的早衰。当持续较长时间的剧烈运动时，人体对氧气的需求加大，如氧气供应不足时会致使肌肉与大脑和各脏器"争夺"有限的氧气，加速新陈代谢和体内各器官组织的磨损，缩短体内细胞分裂周期，导致早逝。因此，过度的运动对人体的伤害是显而易见的，"增氧健身法"的发明者、健身专家库珀曾说过："动似乎有一个收益递减的极限，一旦超过了这个极限，免疫系统就会受到损害，并丧失抵御各种传染性疾病和非传染疾病的能力。"超出限度的训练量会抑制体内用来预防疾病的白细胞的生长。国外一项保险公司对已故运动员的调查显示，六千多名已故运动员的平均寿命仅为 50 岁，这其中的重要原因就是因为过量运动而导致的。

2. 过度运动的判定标准

过度运动对寿命缩短的影响已逐渐成为不争的事实，那么我们如何来判定运动量是否适度呢？可从以下几点进行评判：

（1）运动过程中或运动后持续出现肌肉酸痛。

（2）运动后导致身体疲劳，精神不济。

（3）运动过后出现心情沮丧等不良情绪。

（4）由于运动导致的急性身体伤害，如脚踝或膝关节扭伤（这需要与因为运动前热身不充分导致的运动损伤有所区分）。

（5）运动效果没有得到提升，甚至出现下降。

（6）运动后久久不能入睡。

（7）运动后感到精神紧张，坐立不安。

（8）运动后无进食欲望或食欲不振。

（9）在身体出现伤病后仍坚持参与运动。

（10）个人生活全部围绕着运动，忽视其他事物或人。

（11）在自己日常的非运动时间开始运动或因其他事导致不能运动时会产生不良情绪，如罪恶感和愤怒。

（12）运动过程中排汗量过大，持续时间过长。

（13）身体经常受到感冒等小疾病的侵扰，免疫系统功能衰弱。

当出现以上状况时，就要考虑是否由于运动过度而导致机体出现了各类不良反应。

二、缺乏运动的危害

当今社会，人们所从事的工作多以在封闭空间内的伏案工作为主，面对计算机或文字等成为年轻人工作生活中的主要部分，这也是现代社会进步的一种表现。但不可否认的是，现代人由于生活压力和社会竞争压力的加剧，有规律的运动逐渐成为奢望，或是仅有一小部分人群能够实现有规律并且有效果的参与运动，但部分人对参与运动的态度仅限在调节心情和缓解压力的层面，较少能从真正的运动效果上来制订自己的运动计划。曾几何时，在我国大部分人的传统认知中，身体不患病就可以称为是"健康"的，只要不去医院看病就能够证明自己身体是没问题的，参与运动只是为了调节生活的"非必需品"而已。可喜的是，随着全民健身和"健康中国"战略的深入实施，国人的健康意识得到了前所未有的提升，锻炼热情也随之提升，在这样的大背景下，我们更要对缺乏运动的危害进行了解，以便时刻保持自身参与运动的热情和对运动能够提升自身健康的清醒认识。

相关数据显示，运动缺乏的情况更多在发展中国家较为普遍，实际上，这早已成为一个世界性的公共健康问题。众所周知，运动是慢性病患者在病情稳定期有效的辅助治疗手段，但实际上，患者的运动量较常人少了很多。糖尿病作为一种常见病，在治疗方案中更加重视对患者饮食和运动的建议，这早已成为糖尿病患者治疗措施中的重要组成部分，科学合理的饮食和运动能够提升患者对于胰岛素的敏感性，降低药物的使用剂量。但在一项国外调查中，在1480例2型糖尿病患者中有接近40%的患者未能通过运动来达到健身的目的，36%的患者体重超重，46%的患者处在肥胖状态。

缺乏运动容易使人患上多种疾病，尤其对于久坐人群，其心脏病、糖尿病和高血压的发病率要高于经常参与运动人群至少30%，患病后的死亡率要高出后者三倍。缺乏运动的表现还会对日常生活造成影响，原因在于运动能够使人体肌肉力量和关节活动幅度保持在一个较好的水平，以此来应对生活中的各类突发情况，运动的缺乏会使这种水平降低，导致不能很好地完成生活中的一些动作。如当我们需要将一袋苹果从地上拿到桌子上时，又如当家里的灯泡坏了需要更换新灯泡时，这些看似很简单的动作，如果肌肉力量和关节活动幅度不能很好地支持你去完成这些动作就会导致腰部或颈部受伤。对于现代人来说，生活中长时间处在坐姿的情况下会造成颈部、肩部、腰部等局部肌肉的过度劳损，长此以往会转变成局部身体姿态偏离正常的范围，进而形成颈椎病、肩周炎和腰椎间盘突出等疾病。

三、如何做到适度运动

通过上文可以了解到，当人在参与运动时，过量的运动会对身体造成不必要的损伤，同时运动量不足也会造成运动效果的大打折扣，那么如何寻找到一种适中且合适的运动量才是运动效果得以实现的唯一方式。合适的运动量包含运动时长和运动强度两方面。

在运动时长的把控上要根据自身实际情况来制定，现有研究证明，低于 15 分钟的运动时长被视为"低效"的体育运动，而超过 2 小时的运动时长被看作是超负荷或过量运动的一种表现，当然这仅是在时间上的单一观测，实际情况中还需要结合运动强度来综合评判。

在运动强度的判定上可通常以下面三种方式进行：

（1）以人体最大摄氧量的百分比来衡量，也可以通过心率测试的方式来代替。"最大心率"是人体可接受的每分钟心跳频率的上限，每个人根据年龄的不同，最大心率的数值也有所差异，超过这个数值则意味着有发生生命危险的可能性。常见的计算方式有两种：方法一，208.754 − 0.734 × 年龄 = 最大心率；方法二，男性为 220 − 年龄 = 最大心率，女性为 226 − 年龄 = 最大心率，而适度且有效的运动量需要保持在最大心率的 65 % ~ 85 %。实践证明，通过这两种方式计算出的最大心率值较为准确。此外，也可以用每分钟脉搏跳动的次数来进行测试。测算时要在运动过程中或结束运动后进行，具体测算公式为 220 − 年龄 = 最大脉率，用最大脉率 ×（ 0.7 ~ 0.85 ）= 适度的运动脉率。通过公式可以发现，最大脉率的测试公式与第二种最大心率的测试公式一致，这也可以看出最大脉率与最大心率在同样的时间内跳动次数大体一致。

用每分钟最大心率数值和脉率数值来监控运动强度的同时，也不要忽视在运

动结束后对心率和脉率恢复时间的监控，这是指人体在结束运动后心率和脉率恢复至锻炼初期的状态所需要用的时长。通常情况下，人体在进行微量或少量的运动后 5 ~ 10 分钟即可恢复至日常状态，不会出现身体的疲劳感；在进行中等强度的运动后，30 ~ 60 分钟即可恢复至日常状态，且身体不会出现任何不良反映应，会感到体力充沛、精神饱满；大强度运动过后，需要数小时或以天数为计量单位的恢复才能够恢复至日常状态，并且伴随严重的身体疲劳感。

（2）利用静态心率来检测自身运动量是否过度。首先要对自己的静态心率进行周期性测试之后取平均值，具体为每天清晨起床前对自己的心率进行监测并记录，监测时间为 1 分钟。在进行锻炼后的第二天清晨，如心率数值与上一天或平均数值一致或相差不大，则证明身体能够适应上一天的运动量，如每分钟静态心率数值超出上一天 12 次以上，则证明运动量较大，机体并未有效恢复，应在此基础上减少或降低运动量，而身体同时出现食欲减退、睡眠质量差、盗汗等不适现象，则需要停止锻炼，严重时要及时就医。若清晨静态心率监测数值高于上一天或平均数值且低于 12 次 / 分以内，则可以继续保持上一天的运动量，经过一段时间的持续练习后，锻炼后第二天的静态心率数值会逐渐靠近日常静态心率值或更低，此时的身体状态会得到逐步提升，也是身体素质提高的一种表现。

（3）自我监测也是常见的一种方式。当进行运动后身体感到较为舒适，精力充沛，食欲增加，睡眠质量提高，抑或是身体虽感到略微疲劳，但通过一夜休息后疲劳感消失，不会对日常生活和工作造成任何影响，此时说明运动量较为适合。相反，在运动过程中出现头晕、恶心、呕吐、胸闷气短、四肢乏力等现象，运动后出现长时间肌肉酸痛、浑身无力、精神萎靡、食欲减退、睡眠质量变差等现象，说明运动量过大，要及时降低运动量。

需要注意的是，进行运动的时间不要选择在睡前进行，应尽量安排在清晨、下午或晚上。

第四节　运动处方

一、运动处方的概念

作为一名健身教练员，应具备扎实的运动理论知识，并且还应具备可以为会员提供健身指导的同时也要有为其开具运动处方的能力，当然，这里所讲到的运动处方是要建立在科学合理的基础上的，反过来讲，这方面的能力也对健身教练的从业者提出了更高的要求，有助于促进行业从业者自我学习提高的意识。这节将会对"运动处方"进行大致讲解。

"运动处方"这一概念最早是在 20 世纪 50 年代由美国生理学家卡波维奇最先提出，而最早使用这一术语的是日本运动生理学家猪饲道夫教授，直到 1969 年世界卫生组织（WHO）在公开场合正式使用这一术语，"运动处方"这一概念在国际上才正式被确认。"运动处方"概念最早进入我国是在 20 世纪 80 年代初期，至今已有三十余年的发展时间，目前已被广泛应用至体育相关的多个领域。

运动处方是指为个体量身制定以增进健康、增强体质为目的个性化、科学性的运动方法，借鉴医生为病患开具处方的形式为运动参与者或通过运动进行康复的病患依据其个人实际身体状况设计的运动内容，是对人进行有目的、有计划的锻炼指导建议。运动处方包括运动目的、内容、强度、时间、频率、时间带和注意事项几部分，这些内容是根据个体实际身体状况而制定的，并且要遵循科学的判断。为了达到所预期的效果，运动处方一定要具备量化标准、周期性的计划或方案，不能是盲目的、随意的。

健身教练更多是面向健身俱乐部会员来开具运动处方，并且以治疗性运动处方和预防性运动处方为主，除此之外还有一类称为"竞技性运动处方"，这在俱乐部中不太常见到，更多出现在职业或专业的运动队及运动员身上。

二、制定运动处方应遵循的原则

1. 差异性原则

人与人的身体状况是不同的，作为运动处方的开具者要面对这种差异，要做到因人而异，从实际情况出发，依照科学依据，充分将年龄、性别、健康状况、生理机能、接受能力、心理因素、疾病状况、掌握运动知识的多少及运动技术水平的高低等因素考虑在内。

2. 循序渐进原则

任何事物的发展都是有一定过程的，因此在运动处方的开具上切不可操之过急，要依据客观规律合理编制处方的诸要素，保证处方的有效性和科学性，处方

的内容应遵循由简入繁、由易到难的原则。

3. 合理性原则

所谓"合理"是在强调所开具的运动处方一定要将人的全面均衡发展考虑在内，不能只过分提升某项运动技能而忽视其他运动技能的提升，人体只有全面协调的发展才能更好地增强体质，预防运动损伤给身体带来的不必要伤害。

4. 持之以恒原则

作为健身教练，所开具运动处方的对象通常为俱乐部会员，大多会员在运动坚持方面的毅力稍显薄弱，而一份科学合理的运动处方所能产生出的效果是一个长期积累的过程，在这个过程中应重视心态的调整，最重要的是要保持持之以恒的决心。

5. 反馈原则

做好及时的反馈是保障运动处方有效实施下去的重要手段，因为在运动处方执行的过程中有些情况是随之不断发生变化的，这也要求在反馈之前对于执行效果进行观察、记录和评价。反馈途径大致分为两种，一种是主观感觉，在运动的全过程，包括运动前、中、后阶段的各种本休感受，具体包括食欲、睡眠、运动欲望、排汗量、身体疲劳感、各种不适等;另一种是通过客观检查,包括测量脉搏、呼吸、体重等。

6. 安全性原则

因在运动处方的执行过程中个体需要参与到各类的体育活动当中，这就会存在一定的潜在危险性。我们该如何避免这种危险，或是将危险的发生概率降至最低呢? 首先，要时刻树立安全意识;其次，在运动处方的执行前务必对身体健康状况、体能状况、机能状况和运动技能状况进行全面测试和了解;最后，合理的运动量可以保证良好的锻炼效果，重视运动过后的超量恢复，劳逸结合。

三、运动处方所包含内容

通常一份运动处方的开具内容包括六个方面，分别是运动目的、运动种类、运动强度、运动密度、运动时长、注意事项。

（1）运动目的。人们参与体育锻炼的目的因其年龄、性别、所从事职业、个人爱好以及身体状况的不同存在个体间的差异，如一位 50 岁女性与一位 30 岁男性的健身目的一定有所不同，通常来讲，大部分人参与锻炼的目的包括强身健体、减肥减脂、消遣娱乐、缓解压力、增加社交等，因此在针对不同个体开具运动处方时一定要对其运动目的有所了解。

（2）运动种类。目前最为流行的运动处方中包含三大运动种类，分别是有氧运动，如跑步、跳舞、游泳、跳绳及心率自行车等；力量练习，通过负重或自重来完成对身体某些肌肉的练习，如运用杠铃、哑铃或综合力量训练器完成练习；伸展拉伸运动，运动强度较低，主要以牵拉身体的关节、肌肉及韧带为主，主要目的为增加个体的柔韧性，如瑜伽、太极拳及动/静态拉伸课程等。

（3）运动强度。运动强度是指在单位时间内的运动量，运动量通常以运动强度和运动时长进行衡量。在运动处方中，运动强度是量化训练的参考标准，也是影响运动量的关键，过高或过低的运动强度都会对运动效果产生影响，并可能造成运动风险。上文提到，运动强度的把控可以通过心率和脉率的数值来计算，但相关公式所计算出的数值仅适合身体无器质性疾病的人群。

（4）运动密度。运动密度是指练习者在每次参与运动时所间隔的时间，可以将其理解为参与运动的频次或频率。选择过高或过低运动频次的关键在于个体是否形成持续的运动习惯，这与每个人的实际情况有关。相关研究已证实，每周进行 1 次锻炼时，运动效果并不明显，并且在每次运动过后都会发生肌肉酸痛等现象，随时间推移通常在 72 小时内会逐渐减弱或消失，在此期间易发生对身体的伤害事故；每周进行 2 次锻炼时，肌肉酸痛和身体疲劳感会减轻，但运动效果依旧并不显著；当每周进行 3 次锻炼时，身体不但不会产生疲劳感，运动效果也会愈发的明显；每周锻炼次数达到或超过 4 次以上时，锻炼效果可以达到更佳。每周锻炼的频次要依据个人在锻炼过程中或结束锻炼后的身体状况而定，在次日身体无明显不良反应时方可继续执行该运动频次。为保证运动效果，建议每周锻炼频次不应低于 3 次。

（5）运动时长。运动时长是衡量运动量的标准之一，但就运动处方的开具而言，相同的运动量也可以达到不同的运动目的，这是因为运动量等于运动强度与运动时长的乘积。如不同人群在以进行强身健体为目的的运动时，中老年人应选择强度较低，持续时间较长的运动处方，而青年人则应在较短时间内进行强度较大的体育运动才能达到更好的效果。从生理角度来看，进行全身耐力运动的最短

时间应不低于 5 分钟，而 60 分钟是从事正常工作的练习者进行耐力运动的时间上限。在心率方面，当心率处于 150 次 / 分以上时，5 分钟的运动可以产生运动效果，而心率处于 150 次 / 分以下时，就需要拉长运动时间来保证运动效果。可见，运动时间在 5 分钟以下对于改善和增强体质的作用是不明显的。建议合理的有氧运动时间应保持在 15 ～ 60 分钟。

（6）注意事项。在运动处方的开具上要注意以下三种情况：首先，应向运动处方的执行者告知运动处方中容易发生运动风险的动作，并要明确指出执行者应当禁忌的运动项目；其次，明确告知执行者在运动过程中的自我观察方式和指标，以及开具者如何及时调整处方内容的方式，制定出现异常情况时停止运动的标准；最后，提示执行者在每次执行运动处方时要充分进行必要的准备活动，运动结束后要进行拉伸和放松，并告知处方内的运动时长及运动密度。

四、开具运动处方的步骤

（1）对运动参与者进行全面系统的身体检查，包括身体形态、机能、心理状况及病史等，全面掌握参与者整体健康状况。

（2）通过科学的方式对运动参与者进行运动能力的初测和诊断。

（3）对运动参与者目前整体状况进行分析和评估之后找出需要解决的主要问题，明确运动目标。

（4）依据设定目标选择合适的运动项目和锻炼手段。

（5）依据运动参与者的目前情况对参与运动的时长、运动强度及注意事项进行制定，并将全部内容以文字性"处方"的形式呈现。

（6）在运动参与者执行一段时间所指定的运动处方之后，对其运动效果进行评价，并依据评价内容和结果优化并调整处方内容。

第五节　运动损伤

一、运动损伤的概念

运动损伤是人们在参与体育活动时因运动方式、技术动作等原因导致的身体伤害，也是运动过程中常见的一种现象，但并不是不可避免。就损伤类型可分为急性运动损伤和慢性运动损伤。运动损伤是可以发生在人体各个部位及各脏器官的，如肌肉、肌腱、韧带、关节、骨骼及内脏器官都有可能因运动不当导致损伤。运动损伤的部位根据参与者所参与的运动项目和运动方式的不同有所区别，如足球运动常会造成脚踝和膝关节的损伤，网球运动员容易造成肩关节和肘关节的损伤，举重运动员以腰部、肩部和腕部损伤较为常见等，在某些运动项目中因长期固定化的技术动作练习可能会造成特殊的运动技术病，如网球肘等。运动损伤的造成与日常工作或生活中的身体伤害不同，前者的受伤原因与所从事或参与的运动项目、动作技术、训练内容、练习环境及自身身体状况存在重要联系。对普通健身参与者来说，运动损伤不仅会对我们的身体造成伤害，更会因为受伤严重程度的高低导致运动寿命的缩短，严重者可能会造成身体残疾甚至死亡，影响参与者身体健康的同时也会对个人生活及心理造成不良影响。

因此如何预防和处置运动损伤成为运动参与者不能或缺的知识，当我们对于运动损伤的成因有充分了解和认识时，就会最大可能地做好预防并降低运动损伤的发生率，同时在运动损伤出现时要具备如何及时处置的能力，第一时间将运动损伤对身体造成的伤害降到最低，这些都需要我们学习并掌握关于运动损伤的相关知识，以便能够保证我们在运动过程中安全地达到运动效果。

二、运动损伤的预防

造成运动损伤的成因是复杂且多方面的，因此预防措施也是多方面的，具体而言可从以下几方面进行预防。

（1）从思想上重视运动损伤对身体可能会造成的伤害。运动过程中始终保持对运动损伤的高度警觉性，这就需要参与者不断通过提升自身运动机能来推动机体对运动适应能力的增强。在有氧健身操的运动过程中，运动风险较其他项目并不高，但并不是不会造成运动损伤，练习者在练习之前应对有氧健身操可能或经常容易造成身体损伤的部位有所了解。

（2）必要和充分的准备活动是避免出现运动损伤的有效方式之一。体育运动之前进行热身和准备活动的目的在于提高中枢神经的兴奋性，让其达到一定水平，以此加强身体各器官系统的活动，克服功能惰性，特别是植物神经功能的惰性。通过热身和准备活动来提升体温，促进血液循环加速，让血液充分进入肌肉，减少肌肉的黏滞性，增加其弹性，为后续开始运动做好充分准备。有氧健身操

的准备活动时长通常在 5 ~ 10 分钟即可，当然也要根据所处练习环境进行设定，若在温度较低的场所内练习，要适当延长热身和准备活动的时间。

（3）适度进行运动也是避免运动损伤出现的有效方式。上文提到，运动量的大小可依据一些方法来判定，当运动量过大时会导致运动系统局部负荷过重，中枢神经系统疲劳，造成机体机能及协调能力下降，这时注意力和敏捷性都会随之降低，容易在此时发生运动损伤。因此要遵照运动原则，合理安排自身运动量，循序渐进，切不可盲目进行。在练习有氧健身操时，因该项目多数情况下以集体参与的形式开展，时间和训练内容也都是统一的，导致在运动负荷安排上不可能照顾到每一位参与者，只能以大多数人为参考标准，因此参与者在参与前要选择自己适合的课程级别，在过程中及时对自身情况进行监控，当身体感到不适时要及时调整或休息，避免造成不必要的运动损伤。

（4）加强安全隐患的排查意识。可通过定期的全面身体检查来掌握自身身体状况，在进行运动前要对运动场地内可能会造成安全隐患的物品、器材及其他设施进行清理，参与不同运动时要着符合要求的运动服饰。有氧健身操练习过程中对于安全隐患的排查较为容易，主要要对场地地面、周围设施、温度及通风情况等进行排查即可。

（5）对于易受伤部位要加强练习。运动项目的差异会造成易受伤部位的不同，对于不同运动项目的易受伤部位，练习者要充分了解，并就该部位加强练习，增强该部位的运动功能。有氧健身操运动属于全身性运动，身体大部分部位在运动过程中都能够参与其中，但需要对下肢关节处进行加强，如踝关节和膝关节，避免在进行跳跃或大范围移动时造成运动损伤。

（6）了解并掌握正确的技术要领。技术要领的错误应用是运动损伤出现的诱因之一，因此在进行不同运动项目时，首先要对其正确技术要领有所了解，之后再逐渐开始尝试。有氧健身操课程中多数情况下教练员在课程前或课程中会对重要技术要领进行讲解，并在课程内容设计上带领练习者逐步完成不同难度的技术动作，此时练习者需要认真领会教练员意图并勇于尝试。当不能完成某些难度较高的动作时，应选择退阶动作代替。

（7）运用护具来提高运动过程的安全性。目前各类运动护具一应俱全，不同的运动护具能够针对不同运动进行保护，主要原理是让各部位在运动时处在一个正确合理的运动范围，并减少外来压力对肌肉和关节的冲击，大大降低了运动损伤的发生风险，因此选择正确的运动护具来保证自身参与运动的安全性也是一种防止运动损伤的有效手段。对于有氧健身操运动，首先要选择合适的运动鞋和运动服装，此外，参与者根据个人实际情况可选择髌骨保护带、护膝、护腰、护肘、护腕等来保护身体不同部位（见图2-1）。

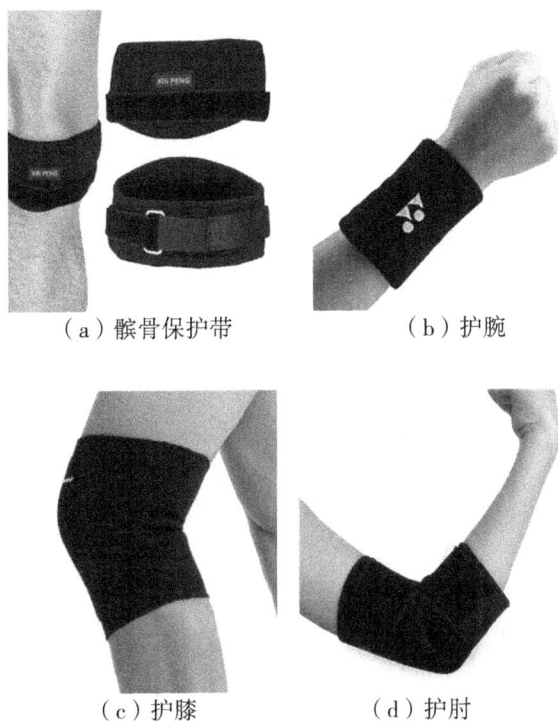

（a）髌骨保护带　　　　　　　　　（b）护腕

（c）护膝　　　　　　（d）护肘

图2-1　运动护具

三、运动损伤的处理

在运动过程中，即使我们皆尽一切可能预防运动损伤，但也不意味着运动损伤就一定不会出现，在出现运动损伤时要通过正确的方法对患处进行及时处理。在处理急性运动损伤时可采用四种便捷方式，即休息、冰敷、压迫和抬高，下面将就这四个方式进行讲解。

1. 休息

在发生运动损伤时，有时为避免伤势加重，通过休息来减少身体移动所造成的疼痛、出血或肿胀。

2.冰敷

冰敷是在出现运动损伤时较常采用的方式之一，通过降低损伤处局部温度，加速血管收缩，减少出血，避免出现肿胀现象，同时冰敷还能起到镇痛和暂时麻醉的作用。具体方法是：在受伤后 48 小时以内，每间隔 2 ~ 3 小时进行一次 20 ~ 30 分钟的冰敷，在整个冰敷过程中会出现从凉到疼痛，再到灼热，最后到麻木四个阶段，当受伤处感到麻木时可暂停继续冰敷。

冰敷的注意事项如下：

（1）每次冰敷时间不宜过长，时间过长容易导致冻伤或神经损伤的情况发生。

（2）冰袋不宜直接接触皮肤，应将纱布或毛巾浸湿后将冰袋包裹。

（3）通常在受伤后的两日内每天 3 ~ 4 次冰敷，伤情较为严重者可在三日后患处消肿后转为热敷，过早的由冰敷转为热敷会造成患处肿胀和疼痛加剧。

（4）在寒冷环境下不宜使用浸湿的绷带或毛巾，避免由于温度过低潮湿的绷带或毛巾发生结冰现象，造成对皮肤的伤害。

3.压迫

该方法能够使患处的肿胀幅度减小，可通过利用弹性医用绷带对患处进行包扎，来减少内部出血。

具体方法：在患处下方几寸处由下往上以螺旋叠压状进行包扎，包扎时稍微用力，但在经过患处时稍减力。具体用力参照以所用弹性绷带最大拉伸长度的 70 % 左右的紧度来包扎患处，包裹完毕后应对患处周围进行一段时间观察，查看是否出现局部疼痛、皮肤变色、刺痛等情况，若出现则证明包裹过紧，阻碍血液流通，应及时将绷带松开后重新包裹。

4.抬高

将受到损伤的肢体抬至较高处能够缓解患处的肿胀现象。

四、运动后的肌肉酸痛问题

当在参与运动过后，很多时候会出现身体肌肉酸痛的情况，造成这种情况的原因主要有几种：①所进行的活动与自身已形成的体力活动习惯存在差异，造成身体的不适应；②超负荷运动导致的运动量过大；③不经常参与体育活动的人突然进行强度超出自身可承受范围的运动；④与上次参与运动间隔了较长的时间，造成身体需要重新适应。肌肉酸痛的类型一般分为急性肌肉酸痛和延迟性（慢性）肌肉酸痛。

急性肌肉酸痛是指在运动过程中或结束后的较短时间内发生的肌肉疼痛，这是由于肌肉在做功时形成突然的血流中断，在这种情况下代谢物无法得到清除而在肌肉内产生堆积，从而刺激到痛觉受纳器所导致，疼痛感可在停止运动后的一分钟左右消失。急性肌肉酸痛不等同于肌肉拉伤，仅是肌肉的暂时性缺血造成的疼痛现象，只在肌肉进行强度较大或时间较长的做功时才会发生，停止做功后即可消失。此种情况通常伴随出现肌肉僵硬的现象。

延迟性（慢性）肌肉酸痛是指在结束运动后的 24 ～ 48 小时内发生的肌肉酸痛，此时肌力会有明显下降。其成因主要是因肌纤维的拉伤、肌肉痉挛或结缔组织异常所导致。延迟性肌肉酸痛主要出现在不常用到的肌肉突然进行较大强度或较长时间的活动，肌肉负荷突然加大所致。

肌肉酸痛是运动过程中一种常见的生理现象，经过适当的休息和调整后酸痛感会逐渐减轻或消失，锻炼者不应因肌肉酸痛而中断练习，应要继续保持训练，在肌肉适应当下运动量时酸痛感出现的频率就会降低，甚至不再会出现肌肉酸痛的现象，这是由于经常参与体育运动能够提升机体代谢酸性物质的能力。

当发生因为运动所导致的肌肉酸痛时可通过拉伸肌肉、冰敷、温水沐浴及桑拿浴进行暂时缓解，同时在运动过程中也应注意以下几点：①运动量的安排要因人各异，根据个人实际情况和健康状况来制定；②在练习过程中避免针对某一部分的集中长时间练习，造成某部位的过度劳累；③进行充分的热身活动，对运动中将会用的肌肉着重进行热身活动；④在结束运动后要及时进行对练习肌肉及全身其他部位的拉伸和伸展。

第六节　运动性疲劳

一、运动性疲劳的原因

运动性疲劳是指在参加体育运动、体育训练及比赛时运动量到达一定程度，机体机能不能持续维持在特定水平上或不能维持在预定的运动强度上时，人体产生的工作能力暂时下降的现象。对于运动性疲劳的客观评价指标包括心率、血乳

酸、最大摄氧量和输出功率在某一特定水平工作时，单一指标或多项指标的同时改变都可用来判断疲劳。

运动型疲劳的成因是一个复杂的身体变化综合反应过程，是由运动引起的机体工作能力暂时的下降，在适当休息或调整后即可恢复至日常状态，是人体对自身的一种保护性机制。一般的运动型疲劳可在休息过后得以恢复，对人体并不会造成任何不良影响，但过度疲劳会造成对身体健康的损伤，可能会使运动能力下降以及诱发其他疾病。在运动结束后通过一些手段能够及时消除因运动导致的疲劳感，因此掌握正确的身体恢复方式不但能够使自身可以保持健康的状态，更能够在超量恢复后促进自身训练水平的不断提升。运动性疲劳可分为三种，肌肉疲劳、神经疲劳和内脏疲劳。疲劳程度可分为轻度、中度和重度，轻度疲劳通过正常休息即可恢复，中度疲劳伴随有疲乏、腿痛及心悸情况的出现，重度疲劳常会在中度疲劳症状的基础上还会出现头痛、胸痛、呕吐等现象，且持续时间较长。

二、运动性疲劳的恢复

运动性疲劳的出现可通过以下几种方式进行有效恢复：

（1）睡眠。运动者应保证每天 8 ~ 9 小时睡眠，使身体在睡眠时完全处在放松状态。

（2）合理的营养补充。在身体感到疲劳时应及时补充能量食物及维生素，特别是糖、维生素 C 和维生素 B_1，多进食新鲜的蔬菜和水果，保证机体能够得到及时的营养补充。

（3）放松和拉伸。在进行任何体育运动过后放松和拉伸是必不可少的环节，通过慢节奏的整理运动，让心情放松的同时促进因激烈运动造成的体内氧气不足状况的改善，使静脉血回流至心脏，避免因血压过低而造成其他不良反应的出现。

（4）按摩。按摩是常见的运动恢复手段，不但能够通过按摩促进大脑皮层兴奋与抑制的相互转换，降低因疲劳造成的神经紊乱出现的可能性，还能够加速体内血液循环，促进局部血液供应。按摩应在运动结束后或晚上睡前进行。

（5）沐浴。运动后用温水进行沐浴有助于体内血管扩张，促进新陈代谢，加速血液循环，以此消除身体疲劳感。适宜水温应在 40 ℃ 左右，时间在 15 ~ 20 分钟为最佳。

（6）服用天然药物或维生素。通过服用天然药物或维生素来帮助人体进行生理机能的调节，加速新陈代谢，在补充身体能量的同时减少组织耗氧量，加速体内血液循环。如维生素 B_1、维生素 B_{12}、维生素 C、维生素 E、黄芪、刺五加、人参、冬虫夏草和花粉等。

第七节　基础运动营养

一、人体内水分的重要性

水对于我们人体的重要性不言而喻，机体内约 2/3 是水分，在人体大脑中，水分的占比更是高达 80 %，在缺少水分补充的情况下生命仅可维持 3 ~ 4 天的时间，可以看出水是维持人体生理活动的重要营养素，其对于人体的重要性仅次于氧气。水中含有多种可溶性电解质，这些电解质对于机体的生理及生化代谢反应具有重要作用，是人体必要的构成部分。体内水分具有促进细胞组成、排泄体内废物、保护组织、传送营养物质、运送气体及调节体温等作用，因此人身体内的水分在量上需要达到平衡，通常体内水分的平衡是通过摄入水分和排除体液来实现的。当人体处在运动过程时，身体代谢会较平常有所加快，大量的排汗导致水分的流失，所以运动时的补水是非常重要的，这样才能达到在运动时体内水分储量的平衡，如在运动时不及时进行补水或补水方法错误，会造成机体脱水，导致体温升高、血压升高等现象。

二、运动过程中如何正确补充水分

在了解了水对于人的重要性之后，我们还需要掌握在运动时如何进行正确的补水。运动时的补水分为三个阶段，分别是运动前、运动中和运动后，需要注意的是，在这三个阶段补水都应依照"少量多次"的原则进行。

（1）运动前。运动前的补水目的在于为即将开始的运动做好充足的准备。运动时人体需要依靠排汗来进行体温的调节，高峰排汗量可达到 30 克 / 分，而所排出的汗液多来自体内水分，这也导致体内水分的大量流失，当机体出现缺水时易造成低血容量和高渗透压等情况的出现，从而影响机体的散热能力，致使体温迅速升高。已有研究证实，心血管系统的压力与机体中心温度成正相关性，当机

体中心温度升高时，心血管系统的压力也随之加大，此时体内循环血量和心博量快速下降，最终造成运动能力的下降，影响运动表现。而运动前的补水就是为避免机体在运动时出现上述情况。建议在正式开始运动之前的 10 ~ 15 分钟，根据自身实际情况补水 100 ~ 600 毫升，饮水频次以少量多次为宜。

（2）运动时。在进行运动时要尽量保证每隔 15 ~ 20 分钟进行一次补水，单次补水量可在 120 ~ 240 毫升之间，补水频次同样采取少量多次的方式。通常人体在运动时每小时的补水量不要超过 800 毫升，不要少于 300 毫升，当每小时补水量超过 2000 毫升时，人体会感到不适，可能出现恶心或呕吐的现象。

（3）运动后。在结束运动后也要及时进行补水，以补充因运动所造成的体内水分及电解质的缺失。当因高强度练习所致身体大量出汗时，运动后的补水量应是汗液流失量的三倍，此时，机体内的体液才能恢复至平衡状态。

三、运动饮品

当今，运动饮品已成为众多运动员及运动参与者在运动时首选的补水方式，其能够很有针对性地对因不同运动造成的体内不同成分的缺失进行补充。人体在运动过程中不仅会造成体内水分流失，更随之带来糖分、盐分及能量物质的缺失，此时仅通过补水是不能对体内上述缺失物质进行补充的，因此运动饮品的出现很好地弥补了这一情况，它是专门为针对运动时体内能量消耗、机体内环境改变和细胞功能降低等情况而研制的，目的在于通过刺激饮用和快速吸收来调节体内酸碱平衡，同时能够及时补充能量和电解质，调节机体体温和体内代谢过程。目前市面上的运动饮品主要分为两类：第一类是以补充糖分和热能为主的饮品，针对于进行耐力训练的运动员或参与者饮用；第二类是以补充碱性电解质为主的饮品，为预防运动时体内出现水盐代谢紊乱情况的发生。

四、如何正确饮水

对于日常饮水量的多少，大多数人会有一些固有认知，就是"多喝水""水治百病"，似乎在出现身体不适情况时多喝水成了必要首选，但对于我们每天需要喝多少水，每次要怎么喝，喝多少，似乎很少有人非常了解。人体在日常安静情况下，身体排汗量不大，此时要保持"少量多次"的饮水原则，少量是指每次饮水三大口即可，多次是指饮水的次数和频率可以增多，饮品种类要以白开水、矿泉水及茶水为主，减少饮用纯净水和蒸馏水，少喝或不喝果汁、碳酸饮料、浓咖啡及啤酒。单次饮水量过大会造成肾脏和心脏的负担，定义大量饮水的标准是每次饮用 1 ~ 2 大杯。是否饮水不能以口渴为参照，因人体，尤其是老年人，"口不渴"不等同于"体不渴"，一旦感到口渴时可能已造成体内轻度脱水。每日补水量建议为 1.5 ~ 1.7 升，最好不要超过 2 升，当每日饮水量超过 2.5 升时反而会对身体造成不利影响。

在开始进行有氧健身操练习的前一小时可进行少量多次的饮水，建议每隔 10 分钟饮水 150 毫升（约等于三大口）。在运动过程中依据课程等级或课程强度进行饮水，通常情况下教练员会在课程进行中间预留出给练习者补水的时间，初中级课程时建议每隔 20 ~ 30 分钟饮水一次，高级课程建议每隔 15 ~ 20 分钟饮水一次，单次饮水量应在 120 ~ 240 毫升为最佳。结束运动后的体重较运动前不要低于总体重的 2 %，尿液要呈正常浅黄色，而非深黄色。此外需要注意的是，当所处运动场地温度高于 32 ℃，湿度高于 50 % 时，身体不运动也会因周围环境导致出汗，且汗液不宜蒸发，造成体温升高，此种条件下不建议进行剧烈体育运动，易造成中暑现象，明显的中暑现象包括头晕、头痛、口渴、多汗、恶心、四肢无力、脉搏加快等，若出现上述情况应立即停止运动并前往通风处进行物理降温，及时补充水分，以淡盐水为最佳。

饮水的其他注意事项还包括以下四方面：

（1）晨练时要提前补水。有晨练习惯的人要在进行晨练前补充适当水分，这是由于夜间身体代谢造成体内水分所剩不多，不及时补水容易造成运动时的脱水现象。

（2）运动后不宜饮用冰水或温度过低的水。人体日常平均体温通常在 37 ℃ 左右，而运动后体温会随之升高，此时饮用温度过低的水会对胃肠道造成刺激，引起胃肠道痉挛，导致消化不良等情况。

（3）运动后不宜饮用碳酸饮料。在结束运动后，由于大量排汗的原因，造成体内钠离子的流失，此时饮用碳酸饮料会造成电解质紊乱现象。

（4）高血压患者不宜饮用运动饮品。运动饮品中通常含有钠离子，而钠离子是导致高血压患者血压升高的"元凶"，运动后饮用运动饮品会造成高血压患者的血压升高，也极易引发中风现象，因此高血压患者在选择运动饮品时要加以

甄别。

五、运动后的饮食选择

人体内的内环境需要达到一种弱碱性的稳定状态才能维持人体正常的生理活动，而测试酸碱度的标准以 pH 值（氢离子浓度指数）作为参考（见图2-2），当 pH 值在 0 ~ 6.9 时属于酸性，pH 值等于 7 时属于中性，当 pH 值在 7.1 ~ 14 时属于碱性。在我们日常所食用的所有食物中都是以此数值作为酸碱度的参考标准。判断食物的酸碱度并不是依靠我们的味觉，而是根据食物进入体内最终形成代谢物的酸碱性来判定。偏酸性的食物常含有丰富的蛋白质、脂肪和糖，如肉类、谷物、糖和蛋黄等，其富含丰富的成酸元素，进入体内后的酸性代谢物能够降低血液及体液内的 pH 值；偏碱性的食物，如各类蔬菜、水果等，其富含的钾、钠、镁、钙等元素，进入体内后代谢成为碱性物质，用来阻止体液和血液向酸性的变化。可以看出，并不是口感是酸味的食物就一定是酸性食物，而口感不酸的食物并不一定是碱性食物。

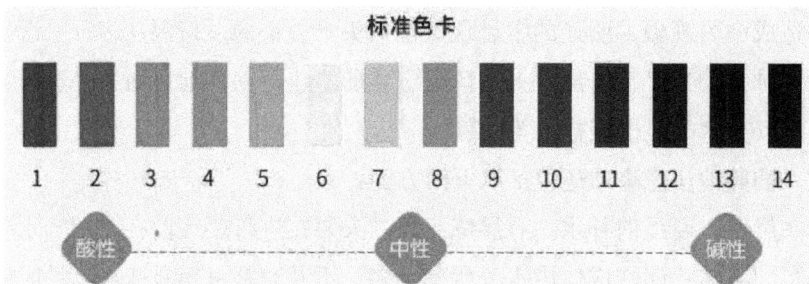

图2-2　pH值对照表

当进行完激烈的体育活动之后，人体肌肉常会感到酸胀及精神疲乏，往往为了尽快消除这种疲劳感，很多人选择大量食用肉、蛋类食物进行能量的补充，这种观念是一种错误的认知。人体之所以会在激烈运动过后感到肌肉酸胀及精神疲乏主要由于在运动过程中体内的脂肪及蛋白质被大量分解，在分解的过程中产生乳酸、磷酸等酸性物质，这些物质会对人体组织器官进行刺激，从而使人体感到肌肉的酸胀及精神的疲乏，此时若仅食用肉、蛋类等含酸量较高的食物会导致体液更加酸性化，不利于消除疲劳，而多食用蔬菜、水果及甘薯类食物，能够促进体液和血液的碱性化，以此消除体内过剩的酸性物质，降低尿酸的酸度，提升尿酸的溶解度。也正因如此，在锻炼后多食用富含碱性物质的食物有利于保持体内酸碱平衡，从而消除身体的疲劳感。酸性和碱性食物分类见表2-1。

表2-1　酸性及碱性食物说明表

碱性食物		酸性食物	
碱性元素	钾、钠、钙、镁等	酸性元素	氮、碳、硫等
强碱性食物	葡萄、茶叶、葡萄酒、海带、柑橘类、柿子、黄瓜、胡萝卜	强酸性食物	蛋黄、乳酪、甜点、白糖、金枪鱼、比目鱼、乌鱼子、柴鱼
中碱性食物	大豆、蕃茄、香蕉、草莓、蛋白、梅干、柠檬、菠菜、红萝卜、橘子、番瓜	中酸性食物	火腿、培根、鸡肉、猪肉、鳗鱼、牛肉、面包、小麦、奶油、马肉
弱碱性食物	红豆、苹果、甘蓝菜、豆腐、卷心菜、油菜、梨、马铃薯、萝卜、洋葱、豌豆、大豆、绿豆、芹菜、番薯、莲藕、西红柿、茄子、南瓜、黄瓜、蘑菇、牛奶	弱酸性食物	白米、花生、啤酒、海苔、章鱼、巧克力、空心粉、葱、油炸豆腐、文蛤、章鱼
碱性食物分类	1.蔬菜、水果类 2.海藻类 3.坚果类 4.发过芽的谷类、豆类	酸性食物分类	1.淀粉类 2.动物性食物 3.甜食 4.精制加工食品（如白面包）

六、运动环境的选择

运动环境是指在运动时身体所处的环境，包括温度、空气、湿度及场地条件等因素。当人体在运动时，体内各器官系统都处在一种高强度的工作状态，而良好的运动环境能够促使练习者达到通过运动提升自身健康的目的，反之则会有害于自身健康。

运动环境的周边温度过高，会造成人体大量排汗，导致大量水分及钾、钠、镁、钙等元素的流失，容易出现脱水现象，而在温度较高的环境中进行耐力练习时，无氧代谢的能量供应较一般情况下要增加，使得体内乳酸大量堆积，机体较早地出现疲劳感，运动能力也会随之下降。相反，如运动环境周边温度过低，在运动时身体需要消耗更多的热量，机体为维持体温可能会产生发抖、寒颤等不适

情况。当运动环境处在室外时，可能会遇到大雾天，雾天会加剧大气污染，此时气压较高、湿度较大，影响皮肤的散热和肺部与外界的气体交换，易造成因氧气供应不足导致的胸闷等症状；此外，室外运动环境还有可能由于阳光的强烈照射导致的皮肤晒伤等情况。

运动环境的周边空气质量也是重要的考量因素之一。普通成年人日常吸入空气量约为 9 升 / 分，而在进行剧烈运动时可能会提升至 100 升 / 分，此时若周边空气质量较差，并含有有害成分，会造成机体吸入较平常更多的有害物质，对身体的伤害也较平常更大。同时，运动环境如处在噪声较强的环境中，因练习者无法集中注意力去完成练习，使练习效果大打折扣，科学实验证明，环境周边的噪声会造成工作效率的降低，加速机体疲劳感。

运动场地条件主要包括场地地面的平整度和适宜度。如所处运动场地地面不平整，容易造成对机体的运动损伤，同时，过硬的地面状况会使得运动过程中在做跳跃动作时，加大对膝关节的冲击力，而过软的地面会影响运动能力，不利于发挥出良好的运动表现。

可以看出，运动时的周围环境对人体造成的影响较平时更大，此时更要注意对自身身体健康的保护，在此基础上保证良好的运动能力得以发挥。

七、运动装备的选择

1. 运动鞋

运动时选择一双合适的运动鞋不仅可以降低练习者出现运动损伤的风险，还能够帮助练习者在一个较为舒适的运动感受中提升运动表现。在参与不同的运动项目时所选用的运动鞋也是不一样的，现如今，市场中的运动鞋种类琳琅满目，能够满足不同人群的不同需求，当在进行某一项体育运动时应选择与这个体育项目相匹配的运动鞋，这也是对自身健康负责的一种表现。

归根到底，运动鞋属于一种特殊的功能鞋，与皮鞋、胶鞋等存在较大的差异性，它在传统皮鞋和胶鞋的防滑、舒适、保暖、透气和美观基础上还要根据运动项目的特殊性，特别是在弹性、减震、能量回归、控制脚部翻转、运动保护等方面进行针对性设计。一款合格的运动鞋要在设计中遵循运动力学、生物学、人体工程学、运动学、运动生理学及卫生学的相关要求。

对于参与有氧健身操时在运动鞋选择方面的建议如下：

（1）要将运动鞋的减震功能考虑其中，因在进行有氧健身操的过程中经常会伴随有跳跃类的动作，一双合适的运动鞋能够使参与者减少由于跳跃动作所导致的胫骨疼痛及关节痛，同时降低因跳跃所带来的对关节的冲击。

（2）选择鞋跟部或整体高度适中的运动鞋，不要选择鞋跟部或整体过高的运动鞋，这样的运动鞋会容易在运动过程中造成崴脚，不利于身体的稳定，尤其对于踝关节受过损伤或脚踝力量较为薄弱的参与者（见图2-3）。

图2-3 鞋跟过高的运动鞋

（3）不要选择为特定项目设计的专属运动鞋，如足球鞋、篮球鞋、田径鞋等，也尽量不选择常见的专属"舞蹈鞋"，如"猫爪"鞋、芭蕾鞋等，目前市面上的舞蹈鞋多为专业舞者设计，且多为民族舞、芭蕾舞、中国舞等设计的运动鞋，此类鞋子更多强调的是对脚部的包裹性，在特殊保护性上较差，科技性不高，不适合大众在参与有氧健身操时使用（见图2-4）。

图2-4 不合适的运动鞋

（4）在鞋子的整体重量上要选择较轻便的运动鞋，过重的运动鞋会给整个运动过程加大运动负担，如在运动中由于体力消耗过大，身体与意念处在相持阶段，需要咬牙坚持时，有可能因为鞋子过重而发生运动风险。

（5）选择透气性较好的运动鞋。运动时脚部由于有袜子和鞋子的包裹，加之运动会导致身体出汗，如果所穿的运动鞋透气性较差会导致脚部的不适和闷胀感，且容易滋生细菌，导致脚臭。

（6）对于无特殊需求的人群，尽量不要选择对脚部包裹性过于好的鞋子，目前很多运动鞋，尤其常见于篮球鞋，因运动项目的特殊性，为了加强对运动员或练习者脚踝及整个脚部的保护，在常规鞋子的内部增加一层"内衬"，用来强化保护，此类鞋子对于参与大众健身的人群并不适合。

（7）鞋底不要选择有特殊工艺切割的鞋子，如"钻石"型切割的鞋底，这类鞋子是专门为进行特殊运动训练而设计的，不适合进行大众健身，更不适合进行有氧健身操时穿着，应选择常规防滑鞋底的运动鞋即可（见图2-5）。

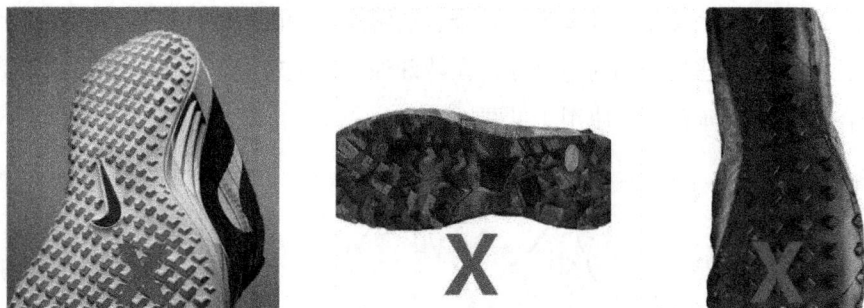

图2-5 不合适的鞋底

在选择运动鞋时，不要将鞋子的外观是否新颖、时尚放在首选，而是要将所选的运动鞋是否适合自己所即将要参与的体育运动作为最重要的考量因素。一双合适的运动鞋能够帮助练习者减少运动损伤，减低疲倦感，降低体能消耗，提升运动表现，并且不易造成脚部的不适。

2. 运动服

运动时，一身合适得体的运动服不仅能够给人一种专业感，更重要的是可以帮助自身很好地投入进整个运动过程，并且不会因服装的不适造成运动损伤等意外情况。对于运动服的选择，更多人往往不会引起特别重视，也会有人认为参与运动只要不穿着牛仔裤、休闲服等服装，穿着宽松的衣服即可，这种思想是错误的。在进行不同运动时如都穿着同样一套运动服装会容易因参与运动项目的运动方式不同而造成对身体或健康的影响。设想一下，如在参与自行车运动、足球运动、羽毛球运动时所穿着的是同一套运动服会造成什么后果？这三项不同运动对于服装的要求各不相同，自行车运动更加强调服装的贴身，足球运动更强调服装的弹性，而羽毛球运动强调不能着长衣长裤进行运动，三者在服装上存在较大的不同。与其他服装相比，运动服更为宽松，材质多以纯棉、涤纶或依据不同运动属性按不同比例进行混纺的面料最为常见，与休闲服装或正装不同的是，运动服装更强调弹性、透气性、吸汗性和保暖性，从设计上也较为考究，依据不同运动项目的属性进行不同的设计，包括剪裁、版型等。与运动鞋一样，目前市场中越来越多的运动服装加入了科技元素，如耐克公司的 Hyperwarm 技术及阿迪达斯公司的 CLIMALITE 技术等。

就有氧健身操运动而言，着装应注意以下几点：

（1）选择较为宽松的运动服饰。

（2）选择透气好，吸汗力强的运动服饰。

（3）女性可选择弹性较好的紧身衣和紧身裤。

（4）下身不要选择过于肥大的运动裤或喇叭裤。

（5）面料上不要选择腈纶等化纤材质，这类材质吸汗性较差，且容易产生静电。

（6）所选运动服装的袖口处及裤腿处不要过紧。

总之，在进行有氧健身操练习时穿着的运动服以舒适为首要前提，在此基础上可选择色彩艳丽，能够突出个性的运动服装。对于女性参与者来说，参与有氧健身操时也应注意选择一款合适的运动内衣。运动时，运动内衣较普通内衣能够更好地保护女性乳房。因女性与男性身体结构的不同，运动过程中女性的乳房会因重力及引力原因造成不规则晃动，容易造成因软组织挫伤带来不适感和疼痛感，长期会导致乳房的下垂或内拢等形态变化。运动内衣较普通内衣在运动时对乳房可以起到很好的支撑作用，运动内衣的设计是将普通内衣中钢圈以弹性钢圈或无圈代替，肩带采用防滑式肩带，常见的肩带设计款式有交叉式设计、"U"形结构和"工"字形等，这都很好地降低了女性在运动过程中对乳房可能会造成的伤害。同时，运动内衣的材质多采用纯棉或聚酯纤维，透气性和吸汗性较普通

内衣更好。在进行有氧健身操运动时，运动内衣的选择应注意以下几方面：首先，根据自身的胸型进行选择，尺码要适中，不宜过大或过小；其次，不同的运动强度要选择针对不同强度的运动内衣款式，大体来讲，有氧健身操属于中低强度的有氧运动，可选择中强支撑的运动内衣即可（见图2-6）。

　　合适的运动内衣不但能够使女性在运动时全身心地投入进去，避免尴尬情况的发生，更能够对自身乳房进行全方位的保护。

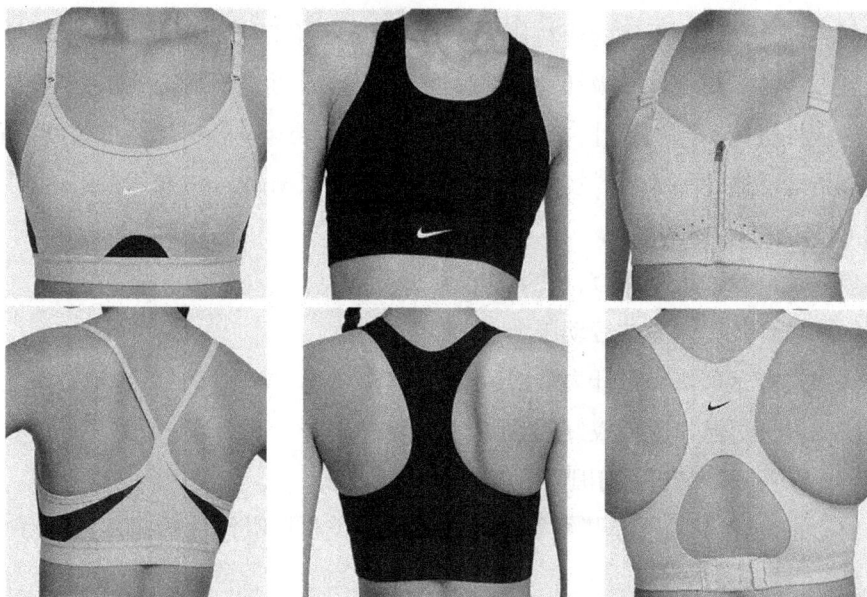

（a）低强度运动内衣　　　　（b）中强度运动内衣　　　　（c）高强度运动内衣

图2-6　不同强度的女性运动内衣

第三章 有氧健身操基本理论

第一节 有氧健身操常见概念厘清

一、有氧健身操常见概念

1. 启动腿/脚

所有操舞类运动项目都涉及启动腿/脚的问题，也就是从哪条腿/脚开始做动作，在这点上国内和国外存在一些不同，在国内人们喜欢采取从右腿/脚开始动作，而在国外人们更喜欢从左腿/脚开始动作。笔者认为这也许跟国外马路车辆需要靠左行驶，而国内车辆需要靠右行驶有一定关系，具体起源无从考证，仅作为参考。以下将开始动作的腿/脚统称为"启动脚"。

2. 有氧健身操领操员或有氧健身操教练员

有氧健身操领操员或有氧健身操教练员是指有氧健身操的教授者，因其所在练习场地不同的原因，对其称呼也不同；具体指在特定场所内教授和带领练习者进行有氧健身操练习的人。以下简称"教练员"。

3. 有氧健身操动作组合

有氧健身操动作组合是指由有氧健身操基本动作组成的动作集合，通过合理的衔接使基本动作连接成为具有持续性、表演性的动作套路。

4. 有氧健身操学员、会员、练习者、参与者

这是对参与有氧健身操练习人群的一种称谓，这种称谓是临时性的，依据场合的不同及人群特定身份的不同称谓也有所不同。以下统称"有氧健身操学员"，简称"学员"，在涉及健身俱乐部内相关描述时以"会员"一词进行表述。

二、基础动作（上肢、下肢、手型）

有氧健身操的练习常以脚下步伐的变换为主，因此本章为了使读者更好地对动作进行区分，会将动作进行分类讲解，这里首先将常见有氧健身操动作分类中的"换脚动作"和"不换脚动作"进行简单区分，便于读者有一个初步印象，后面再做详细讲解（见表3-1）。

"换脚动作"和"不换脚动作"二者的区别主要在于练习过程中当学员完成某个个体动作后启动脚是否发生变化为主要参考，如在完成一个以右脚为启动脚的"V字步"（V step）时，当动作完成后准备开始下一个动作时，启动脚依旧为右脚，这说明该动作属于"不换脚动作"；又如，在完成一个以右脚为启动脚的"一次吸腿"（Double knee）时，当动作完成后准备开始下一个动作时，启动脚由右脚转移到左脚，这说明该动作属于"换脚动作"。

表3-1　有氧健身操常见基础动作　教学视频

动作	序号	中文名称	英文名称	拍节数
换脚动作	1	侧并步	Step touch	2拍
	2	侧并两步	Double step	4拍
	3	一次吸腿	Knee(Single knee)	4拍
	4	两次吸腿	Double knee	6拍
	5	三次吸腿	Three knee(Triple、Repeater)	8拍
	6	后屈腿	Leg curl	4拍
	7	侧踏吸腿	Step knee	4拍
	8	高抬腿	Knee up（lift）	2拍
	9	向前/向后三步走吸腿	Walk forward/backward	4拍
	10	脚跟点地	Heel touch	2拍
	11	前点地	Front tap	2拍
	12	旁点地	Side tap	2拍
	13	后点地	Back tap	2拍
	14	小马跳	Pony	2拍

续表

动作	序号	中文名称	英文名称	拍节数
换脚动作	15	滑步，交换步	Shuffle	4拍
	16	吸腿后点	Knee cross	6拍
	17	侧踏向前	Touch forward	2拍
	18	扭摆	Twist	4拍
	19	"冰冻"步	Freeze	4拍
	20	后交叉步	Grapevine（Cross）	4拍
	21	踢腿	Kick	4拍
	22	"翻勺"跳	Scoop jumping	2拍
	23	恰恰步	Cha cha	2拍
	24	大幅度恰恰步	Shasse	2拍
不换脚动作	1	原地踏步	March	2拍及以上
	2	前后步	Easy walk	4拍
	3	V字步	V step	4拍
	4	A字步	A step	4拍
	5	桑巴步	Samba（Behind）	5拍
	6	曼波步	Mambo	2拍
	7	婴儿曼波步	Baby mambo	6拍
	8	转体，转圈	Pivot（Turn）	4拍
	9	跺脚，重踩	Stomp	4拍
	10	踢球交换步	Kick ball change	4拍
	11	方形步	Box-step	4拍
两者均可		双腿跳	Jumping	2拍

在有氧健身操的练习过程中，为了增加观赏性，且让动作整体看起来更为美观，会加入一些手型变化。下面就有氧健身操中经常出现的一些手型动作进行简单介绍（见表3-2）。

教学视频

表3-2　有氧操健身手型

序号	名称	具体描述	动作图片
1	开掌	手指在完全伸直状态下手指间保持一定缝隙	
2	并掌	手指在完全伸直状态下拇指做屈状，其余四个手指相互完全并拢	
3	花掌	手指在完全伸直状态下自小拇指、无名指、中指依次向掌心处靠拢	

序号	名称	具体描述	动作图片
4	空心拳	食指、中指、无名指、小拇指全部呈弯曲状，拇指扣于食指和中指上方远节指骨处，且保持拳心内留出一定空间	
5	实心拳	食指、中指、无名指、小拇指全部呈弯曲状，拇指扣于食指和中指上方远节指骨处，且保持拳心内无空间	
6	"OK"掌	拇指与食指相扣，中指、无名指、小拇指完全伸直，呈OK状	

上肢动作在有氧健身操的练习当中主要起辅助作用，让动作看起来更为美观的同时可以增加动作的难度和强度，起到提升运动效果的目的，并且上肢动作的设计不固定，笔者将常出现的上肢方位性动作加以整理，供读者参考使用，见表3–3。

教学视频

表3-3　有氧健身操常见上肢动作

序号	名称	移动方向	动作描述	注意事项	常见用法	动作图片
1	胸前提拉 Up and down（Row）	由下至上	双臂由身体两侧提至胸前位置，且大小臂折叠并与地面保持平行状，此时肘关节应略低于肩或与肩部平行	1.上身保持直立 2.挺胸且腹部保持收紧状态 3.上提时不要过分耸肩，双肩放松 4.双手及手肘应抬至胸前位置，避免肘关节过低，影响动作美观	侧并步 侧并两步 后交叉步	
2	前推 Press front（Chest press）	由胸前靠近躯干至远离躯干	双臂由胸前推至远离躯干处，且双臂始终与地面保持平行状	1.上身保持直立 2.挺胸且腹部保持收紧状态 3.双臂前推时保持手肘微屈	后点地	

续表

序号	名称	移动方向	动作描述	注意事项	常见用法	动作图片
3	前屈臂 Biceps curl	由下至上	双臂小臂由身体两侧同时或单侧做屈肘状	1.上身保持直立 2.挺胸且腹部保持收紧状态 3.双肘紧贴身体两侧 4.小臂尽可能多地向大臂靠拢	·后点地 ·旁点地 ·恰恰步 ·大幅度恰恰步	
4	肩上屈伸小臂	由后至前	双臂大臂在矢状面与地面保持水平状，同时与小臂保持90°夹角，之后小臂做伸肘状	1.上身保持直立 2.挺胸且腹部保持收紧状态 3.小臂做肘屈伸时范围不宜过大，保持在45°至90°以内的活动范围	前点地前后步	
5	上推 Push up	由下至上	肩部与大臂均保持在冠状面的基础上小臂做上推状	1.上身保持直立 2.挺胸且腹部保持收紧状态 3.保持肩部打开 4.小臂在上推过程中注意肘关节不要完全伸展	后交叉步	

序号	名称	移动方向	动作描述	注意事项	常见用法	动作图片
6	下拉 Pull down	由上至下	双臂由"胸前提拉"状向下至身体两侧	1.上身保持直立 2.挺胸且腹部保持收紧状态 3.小臂在下落过程中注意肘关节的动作控制	—	
7	头顶V字式	由下至上	第一种方式：双臂由胸前手臂交叉向头顶侧上45°方向伸出 第二种方式：双臂由体侧向头顶侧上45°方向伸出	1.上身保持直立 2.挺胸且腹部保持收紧状态 3.双臂在向上打开时手臂完全伸直且需要注意对动作的控制	·恰恰步 ·大幅度恰恰步 ·桑巴步 ·婴儿曼波步 ·V字步	
8	双臂横向"一"字式	由中间向两侧	双臂由体侧向身体远离躯干处移动，双臂成侧平举状	1.上体保持稍向前倾状态 2.挺胸且腹部保持收紧状态 3.双臂打开时手臂完全伸直且需要注意对动作的控制	·恰恰步 ·桑巴步 ·大幅度恰恰步	

序号	名称	移动方向	动作描述	注意事项	常见用法	动作图片
9	双臂纵向"I"字式	双臂交替上下	一侧手臂由体侧向头顶耳侧移动,同时另一侧手臂由头顶耳侧向体侧移动	1.上身保持直立 2.挺胸且腹部保持收紧状态 3.以躯干为参照,双臂基本保持在一条纵轴线上 4.腕关节微向内扣	小马跳	
10	双臂头顶画圈	由左至右/由右至左	双臂在头顶向同一方向画出一个与地面保持平行状的圆圈	1.上身保持直立 2.挺胸且腹部保持收紧状态 3.双臂在画圆同时注意与胸部的动作配合	转体,转圈	
11	双臂"旋风"转	由上至下/由下至上	双臂在身体进行转体动作时在身体左右两侧同时画出一个与地面垂直的立圆	1.上身保持直立 2.挺胸且腹部保持收紧状态 3.注意借助转体动作的身体惯性让动作保持连贯且舒展	一次吸腿并转体	

续表

序号	名称	移动方向	动作描述	注意事项	常见用法	动作图片
12	体侧"A"字式	由上至下	第一种方式：双臂由胸前手臂交叉向体侧侧下45°方向伸出　第二种方式：双臂由体侧向侧下45°方向伸出	1.上身保持直立　2.挺胸且腹部保持收紧状态　3.双臂打开时手臂完全伸直且需要注意对动作的控制	A字步	
13	Locking舞手势	由上至下	双臂由体侧向头顶移动过程中手腕做向外"绕腕"状后再次向内"绕腕"还原至体侧	1.上身保持直立　2.挺胸且腹部保持收紧状态　3.注意手腕的绕腕动作要流畅，不显生硬，同时手腕需在较为放松的状态下完成	侧向移动的"冰冻"步	
14	头顶"X"交叉式	由下至上	双臂由体侧向头顶方向移动，且在头顶上方做双手交叉状	1.上身保持直立　2.挺胸且腹部保持收紧状态　3.手臂在头顶处交叉时不要遮挡住面部　4.手臂在头顶处交叉时保持肘关节微屈状	后交叉步	

序号	名称	移动方向	动作描述	注意事项	常见用法	动作图片
15	胸前"X"交叉式	由下至上	双臂由体侧向胸前方向移动，且在胸前做双手交叉状	1.上身保持直立 2.挺胸且腹部保持收紧状态 3.手臂在胸前交叉时与躯干保持"一拳半"的距离，不宜太靠近躯干 4.手臂在胸前交叉时双手位置略低于肩且大小臂之间相互垂直	V字步	
16	上下"H"式	由上至下	双臂由头顶耳侧处向体侧方向移动，画出一个字母H状	1.上身保持直立 2.挺胸且腹部保持收紧状态 3.双臂在上举时双肘稍向躯干夹肘 4.双臂在下落过程中注意对动作的控制	双腿跳	

三、有氧健身操基本动作说明（表3-4）

表3-4　有氧健身操基本动作说明

序号	名称	下肢动作描述	动作要领及身体姿态	常见错误
1	侧并步 Step touch	启动脚向一侧移动，跟随脚随之向启动脚靠拢	1.上体保持直立 2.挺胸且腹部保持收紧状态 3.大臂贴近身体，小臂做屈状与大臂形成近90°夹角，两侧大臂同时做自然的屈伸移动 4.放松膝关节，动作进行过程中尽量保持膝关节规律性弹动 5.手臂配合脚下动作，每完成一次侧并步同时大臂做一次自然的屈伸摆动 6.手臂与下肢动作在进行过程中配合自然，不生硬	1.身体过分前倾 2.髋屈幅度过大 3.膝关节无弹动或不能进行不自然弹动
		★　常见用法　常在调整时或动作教授开始之前出现		
2	侧并两步 Double step	启动脚向一侧移动两步，跟随脚随之向启动脚靠拢两次	1.上体保持直立 2.挺胸且腹部保持收紧状态 3.大臂贴近身体，小臂做屈状与大臂形成近90°夹角，两侧大臂同时做自然的屈伸移动 4.放松膝关节，动作进行过程中尽量保持膝关节规律性弹动 5.手臂配合脚下动作，每完成一次侧并步同时大臂做一次自然的屈伸摆动 6.手臂与下肢动作在进行过程中配合自然，不生硬	1.身体过分前倾 2.髋屈幅度过大 3.膝关节无弹动或不能进行不自然弹动
		★　常见用法　常作为教授较为复杂的左右侧向移动动作时以过度动作出现		

续表

序号	名称	下肢动作描述	动作要领及身体姿态	常见错误
3	一次吸腿 Knee(Single knee)	启动脚向前或侧前等方向移动一步后，跟随脚做抬动动作，使大腿前侧（股四头肌）向腹部靠拢一次后落地	1.上体保持稍向前倾状态，且重心向启动脚移动方向处移动 2.挺胸且腹部保持收紧状态 3.大臂贴近身体，小臂做屈状与大臂形成近90°夹角，两侧大臂依次交替做自然的屈伸移动 4.吸腿过程中大腿向腹部靠拢同时上体姿态保持不变 5.放松膝关节，动作进行过程中尽量保持膝关节规律性弹动 6.在跟随脚做预备吸腿时，保持头部、背部、臀部及腿部在一条线上 7.吸腿时脚尖保持足背屈状态 8.手臂与跟随脚在动作进行过程中配合自然，不生硬	1.吸腿时上身过分前倾 2.吸腿时头部、背部及支撑腿没有保持在一条线上，出现某部分的动作扭曲 3.吸腿幅度不足，导致动作看起来不协调 4.吸腿时踝关节足背屈角度不够，或出现"勾脚尖"（足背伸）的情况 5.动作过程中手脚配合不协调
	★　常见用法　常作为教授"换脚"类动作的过度动作出现，是教学模板中的常见基础动作			
4	两次吸腿 Double knee	启动脚向前或侧前等方向移动一步后，跟随脚做抬动动作，使大腿前侧（股四头肌）向腹部连续靠拢两次后落地	1.上体保持稍向前倾状态，且重心向启动脚移动方向处移动 2.挺胸且腹部保持收紧状态 3.大臂贴近身体，小臂做屈状与大臂形成近90°夹角，两侧大臂依次交替做自然的屈伸移动 4.吸腿过程中大腿向腹部靠拢同时上体姿态保持不变 5.放松膝关节，动作进行过程中尽量保持膝关节规律性弹动 6.在跟随脚做预备吸腿时，保持头部、背部、臀部及腿部在一条线上 7.吸腿时脚尖保持足背屈状态 8.保持吸腿过程的连续性 9.手臂与跟随脚在动作进行过程中配合自然，不生硬	1.吸腿时上身过分前倾 2.吸腿时头部、背部及支撑腿没有保持在一条线上，出现某部分的动作扭曲 3.吸腿幅度不足，导致动作看起来不协调 4.吸腿时踝关节足背屈角度不够，或出现"勾脚尖"（足背伸）的情况 5.动作过程中手脚配合不协调
	★　常见用法　常作为教授"换脚"类动作的过度动作出现，是教学模板中的常见基础动作			

序号	名称	下肢动作描述	动作要领及身体姿态	常见错误
5	三次吸腿 Three knee (Triple、Repeater)	启动脚向前或侧前等方向移动一步后，跟随脚做抬动动作，使大腿前侧（股四头肌）向腹部连续靠拢三次后落地	1.上体保持稍向前倾状态，且重心向启动脚移动方向处移动 2.挺胸且腹部保持收紧状态 3.大臂贴近身体，小臂做屈状与大臂形成近90°夹角，两侧大臂依次交替做自然的屈伸移动 4.吸腿过程中大腿向腹部靠拢同时上体姿态保持不变 5.放松膝关节，动作进行过程中尽量保持膝关节规律性弹动 6.在跟随脚做预备吸腿时，保持头部、背部、臀部及腿部在一条线上 7.吸腿时脚尖保持足背屈状态，保持吸腿过程的连续性 8.手臂与跟随脚在动作进行过程中配合自然，不生硬	1.吸腿时上身过分前倾 2.吸腿时头部、背部及支撑腿没有保持在一条线上，出现某部分的动作扭曲 3.吸腿幅度不足，导致动作看起来不协调 4.吸腿时踝关节足背屈角度不够，或出现"勾脚尖"（足背伸）的情况 5.动作过程中手脚配合不协调
	★ 常见用法 常作为教授"换脚"类动作的过度动作出现，是教学模板中的常见基础动作			
6	后屈腿 Leg curl	启动脚向一侧移动一步后，跟随脚做小腿后屈腿状，使脚跟触碰到臀部后落地	1.上体保持稍向前倾状态，且重心向启动脚移动方向处移动 2.挺胸且腹部保持收紧状态 3.大臂贴近身体，小臂做屈状与大臂形成近90°夹角，两侧大臂同时做自然的屈伸移动 4.放松膝关节，动作进行过程中尽量保持膝关节规律性弹动 5.跟随脚大腿在动作过程中始终保持与启动脚大腿在一个平面上 6.跟随脚脚跟应主动向同侧臀部靠拢并尽量触及臀部 7.吸腿时脚尖保持足背屈状态 8.手臂与跟随脚在动作进行过程中配合自然，不生硬	1.后屈腿时上身过分前倾 2.后屈腿时髋屈幅度过大 3.后屈腿时脚跟没有触及臀部 4.后屈腿时踝关节足背屈角度不够，或出现"勾脚尖"（足背伸）的情况

序号	名称	下肢动作描述	动作要领及身体姿态	常见错误
7	侧踏吸腿 Step knee	启动脚向一侧移动一步后，跟随脚做抬动作，使大腿前侧（股四头肌）向腹部靠拢一次后落地	1.上体保持直立，且重心向启动脚移动方向处移动 2.挺胸且腹部保持收紧状态 3.大臂贴近身体，小臂做屈状与大臂形成近90°夹角，两侧大臂与下肢动作配合，依次交替做自然的屈伸移动 4.吸腿过程中大腿向腹部靠拢同时上体姿态保持不变 5.放松膝关节，动作进行过程中尽量保持膝关节规律性弹动 6.吸腿时脚尖保持足背屈状态	1.动作过程中出现上身晃动导致身体重心不稳 2.吸腿腿时踝关节足背屈角度不够，或出现"勾脚尖"（足背伸）的情况 3.动作过程中手脚配合不协调
8	高抬腿 Knee up（lift）	启动脚大腿前侧（股四头肌）向腹部靠拢一次后落地	1.上体保持直立 2.挺胸且腹部保持收紧状态 3.大臂贴近身体，小臂做屈状与大臂形成近90°夹角，两侧大臂依次交替做自然的屈伸移动 4.吸腿过程中大腿向腹部靠拢同时上体姿态保持不变 5.吸腿时脚尖保持足背屈状态 6.手臂与启动脚在动作进行过程中配合自然，不生硬	1.抬腿时上身过分前倾且不稳定，出现前后晃动 2.抬腿角度不够，大腿没有抬至水平与地面的角度
9	向前/向后三步走吸腿 Walk forward/backward	双腿依次向前移动三次后，跟随脚大腿前侧（股四头肌）向腹部靠拢一次后落地	1.上体保持直立 2.挺胸且腹部保持收紧状态 3.大臂贴近身体，小臂做屈状与大臂形成近90°夹角，两侧大臂在动作进行过程中依次交替做自然的屈伸移动 4.前进过程中放松膝关节并尽量保持膝关节规律性弹动 5.吸腿过程中大腿向腹部靠拢同时上体姿态保持不变 6.吸腿时脚尖保持足背屈状态 7.手臂与下肢在动作进行过程中配合自然，不生硬 8.吸腿同时双手可在胸前击掌一次	1.在完成向前三步进行吸腿时，身体容易出现后倾 2.吸腿时踝关节足背屈角度不够，或出现"勾脚尖"（足背伸）的情况

序号	名称	下肢动作描述	动作要领及身体姿态	常见错误
10	脚跟点地 Heel touch	启动脚脚踝做足背伸状同时脚跟触地一次后还原	1.上体保持直立 2.挺胸且腹部保持收紧状态 3.大臂贴近身体，小臂做屈状与大臂形成近90°夹角，两侧大臂在动作进行过程中依次交替做自然的屈伸移动 4.当脚跟触地时保持脚踝呈足背伸状态	单侧脚跟点地时身体出现左右晃动
11	前点地 Front tap	启动脚脚尖向前点地一次还原	1.上体保持直立 2.挺胸且腹部保持收紧状态 3.大臂贴近身体，小臂做屈状与大臂形成近90°夹角，两侧大臂在动作进行过程中依次交替做自然的屈伸移动 4.当脚尖触地时保持脚踝呈足背屈状态	单侧脚尖点地时身体出现左右晃动
12	旁点地 Side	启动脚脚尖向一侧点地一次还原	1.上体保持稍向前倾状态，且重心保持在中间 2.挺胸且腹部保持收紧状态 3.大臂贴近身体，小臂做屈状与大臂形成近90°夹角，两侧大臂同时做自然的屈伸移动 4.向外做点地一侧的脚尖呈足背屈状态且大脚趾触地即可 5.放松膝关节并尽量保持重心脚膝关节微屈	1.点地时常出现支撑腿膝关节没有呈微屈状态 2.点地时上身过分前倾 3.点地时髋关节打开角度不足，导致整体动作不协调
13	后点地 Back	启动脚脚尖向后点地一次还原	1.上体保持稍向前倾状态，且重心保持在中间 2.挺胸且腹部保持收紧状态 3.大臂贴近身体，小臂做屈状与大臂形成近90°夹角，两侧大臂同时做自然的屈伸移动 4.向后做点地一侧的脚尖呈足背屈状态且大脚趾触地即可 5.放松膝关节并尽量保持重心脚膝关节微屈	点地时常出现支撑腿膝关节没有呈微屈状态

序号	名称	下肢动作描述	动作要领及身体姿态	常见错误
14	小马跳 Pony	启动脚向一侧跳跃一次同时跟随脚向同侧移动并脚尖轻触地面	1.上体保持直立 2.挺胸且腹部保持收紧状态 3.启动脚快速向一侧移动同时同侧手臂下垂伸直，对侧手臂贴耳侧上举过头顶 4.跟随脚脚尖触地即可 5.放松膝关节并尽量保持重心脚膝关节规律性弹动	1.动作进行过程中上身姿态常出现含胸、驼背现象 2.跟随脚没有脚尖触地，而是前脚掌触地 3.动作进行过程中膝关节没有充分且自然的弹动
15	滑步，交换步 Shuffle	启动脚向前移动一步同时重心向移动方面转移，跟随脚快速与启动脚完成一次跳跃交换动作	1.上体保持直立，且重心向启动脚移动方向处移动 2.挺胸且腹部保持收紧状态 3.放松膝关节，动作进行过程中尽量保持膝关节规律性弹动 4.脚下进行步伐交换时注意重心的快速转移	1.动作进行时换脚动作不流畅，出现卡顿 2.动作中心转换不及时 3.膝关节不能保持自然弹动
16	吸腿后点 Knee cross	启动脚向一侧移动一步，跟随脚大腿（股四头肌）向腹部靠拢一次后落至启动脚后侧45°方向，触地后再次抬动大腿（股四头肌）向腹部靠拢一次后还原至启动位置	1.上体保持直立，且重心向启动脚移动方向处移动 2.挺胸且腹部保持收紧状态 3.大臂贴近身体，小臂做屈状与大臂形成近90°夹角，两侧大臂与下肢动作配合，依次交替做自然的屈伸移动 4.吸腿过程中大腿向腹部靠拢同时上体姿态保持不变 5.放松膝关节，动作进行过程中尽量保持膝关节规律性弹动 6.吸腿时脚尖保持足背屈状态 7.手臂与跟随脚在动作进行过程中配合自然，不生硬 8.动作过程中注意身体朝向应由前侧向跟随脚一侧45°方向移动后再还原至前侧的移动过程	1.后点地时上身身体转向不及时或扭转角度错误 2.为急于衔接后点地导致吸腿角度不足 3.吸腿时踝关节足背屈角度不够，或出现"勾脚尖"（足背伸）的情况

序号	名称	下肢动作描述	动作要领及身体姿态	常见错误
17	侧踏向前 Touch forward	启动脚向前移动一次后跟随脚脚尖向侧点地一次还原	1.上体保持稍向前倾状态，且重心保持在中间 2.挺胸且腹部保持收紧状态 3.大臂贴近身体，小臂做屈状与大臂形成近90°夹角，两侧大臂同时做自然的屈伸移动 4.启动脚向前移动路线为身体正中线方向 5.向外做点地一侧的脚尖呈足背屈状态且大脚趾触地即可 6.放松膝关节，动作进行过程中尽量保持膝关节规律性弹动	1.点地时常出现支撑腿膝关节没有呈微屈状态 2.点地时上身过分前倾 3.点地时髋关节打开角度不足，导致整体动作不协调
18	扭摆 Twist	启动脚向前移动一步，跟随脚原地踏步一次，双脚均为前脚掌触地，同时扭动前脚掌向跟随腿方向转体90°	1.上体保持稍向前倾状态，且重心保持在两脚中间 2.挺胸且腹部保持收紧状态 3.启动脚向前移动路线为身体正中线方向，且跟随脚与启动脚呈"1"字型站位 4.双脚同时做扭转时均为前脚掌触地 5.双脚同时做扭转时身体向扭转方向转体90° 6.放松膝关节并保持扭转时双腿膝关节微屈状	1.扭转过程中膝关节没有保持微屈状态 2.扭转时双脚脚尖扭转方向与膝关节扭转方向不一致 3.扭转时下肢转方向与上身方向不一致 4.扭转过程中身体重心不稳定
19	"冰冻"步 Freeze	启动脚向前移动一步，落地后停顿2拍或以上的偶数拍（通常停顿2拍），跟腿脚原地踏步一次后，启动脚还原至起点	1.上体保持直立，且重心向启动脚移动方向处稍做移动 2.注意停顿时的拍节数 3.动作结束后重心迅速还原至初始位置	1.节拍出现错误 2.动作进行时上身过分前倾且"下压" 3.动作进行过程中身体重心没有向启动脚处移动

续表

序号	名称	下肢动作描述	动作要领及身体姿态	常见错误
20	后交叉步 Grapevine （Cross）	启动脚向一侧移动一步且脚尖朝向移动方向的侧前45°，跟随脚向启动脚的侧后45°方向移动一步，启动脚再次向侧移动一步，跟随脚随之也相同方向移动一步至双脚并拢	1.上体保持直立 2.挺胸且腹部保持收紧状态 3.大臂贴近身体，小臂做屈状与大臂形成近90°夹角，两侧大臂同时做自然的屈伸移动 4.放松膝关节，动作进行过程中尽量保持膝关节规律性弹动 5.手臂配合脚下动作，每完成一次并步同时大臂做一次自然的屈伸摆动 6.手臂与下肢动作在进行过程中配合自然，不生硬 7.向侧移动时的前两步，启动脚与跟随脚脚尖应朝向各自外侧45°方向，之后迅速回正	膝关节不能跟随动作进行规律弹动
21	踢腿 Kick	启动脚向前或侧前等方向移动一步后，跟随脚做踢腿状，且跟随脚脚尖及小腿要略微超过启动脚位置，完成踢腿后跟随脚后撤一步至初始位置，启动脚随之也还原至初始位置	1.上体保持稍向前倾状态，且重心向启动脚移动方向处移动 2.挺胸且腹部保持收紧状态 3.踢腿过程保持对小腿的力量控制，避免膝关节超伸造成对关节的损伤 4.踢腿时跟随脚脚踝保持足背屈状尽量向地板方向绷直脚面 5.踢腿角度大致为35°~45°	1.踢腿时髋屈角度过大或过小 2.踢腿时踝关节足背屈角度不够，或出现"勾脚尖"（足背伸）的情况 3.踢腿时上身后倾

序号	名称	下肢动作描述	动作要领及身体姿态	常见错误
22	"翻勺"跳 Scoop jumping	启动脚向前或向侧移动一步同时重心下降，使双脚同时腾空，且保持双腿小腿做屈腿状，腾空时双腿保持前后分开	1.身体重心快速下降同时借助惯性向上跳跃 2.保持动作的舒展性及美感 3.双手手臂可由下向头顶处抬起，借助惯性带动身体向上跳跃 4.落地后双腿膝关节要及时进行缓冲，避免对膝关节造成冲击，导致运动损伤	1.腾空高度不够 2.腾空时上身姿态不够舒展 3.腾空时双腿髋伸角度不足 4.落地时膝关节无缓冲
23	恰恰步 Cha cha	启动脚向同侧/侧前/侧后做跳跃步同时跟随脚配合启动脚共同完成	1.放松膝关节，动作进行过程中尽量保持膝关节规律性弹动 2.注意动作节奏 3.身体保持轻盈状态 4.整体动作保持协调	1.节拍出现错误 2.膝关节不能跟随动作进行规律弹动 3.整体动作感觉不协调，出现卡顿
24	大幅度恰恰步 Shasse	启动脚向同侧/侧前/侧后做跳跃步同时跟随脚配合启动脚共同完成，跟随脚随即向启动脚侧后方45°处踩地	1.放松膝关节，动作进行过程中尽量保持膝关节规律性弹动 2.注意动作节奏 3.身体保持轻盈状态 4.整体动作保持协调	1.节拍出现错误 2.膝关节不能跟随动作进行规律弹动 3.整体动作感觉不协调，出现卡顿 4.移动幅度不足
25	原地踏步 March	双腿依次原地上下踏步	1.上体保持直立 2.挺胸且腹部保持收紧状态 3.大臂贴近身体，小臂做屈状与大臂形成近90°夹角，两侧大臂依次交替做自然的屈伸移动 4.放松膝关节，动作进行过程中尽量保持膝关节规律性弹动 5.手臂与下肢动作在进行过程中配合自然，不生硬	1.膝关节不能跟随动作进行规律弹动 2.动作进行过程中上身出现左右晃动 3.整体动作看起来较为僵硬，不自然

续表

序号	名称	下肢动作描述	动作要领及身体姿态	常见错误
26	前后步 Easy walk	启动脚向前移动一步同时跟随脚也向前移动一步，启动脚与跟随脚依次还原至初始位置	1.上体保持直立且重心稍向前倾 2.挺胸且腹部保持收紧状态 3.大臂贴近身体，小臂做屈状与大臂形成近90°夹角，两侧大臂依次交替做自然的屈伸移动 4.放松膝关节，动作进行过程中尽量保持膝关节规律性弹动 5.手臂与下肢动作在进行过程中配合自然，不生硬	1.向前移动时上身常出现后倾 2.向前移动时前脚掌先触地而不是脚跟先触地 3.膝关节不能跟随动作进行规律弹动
27	V字步 V step	启动脚向侧前45°方向移动一步且脚尖朝向同方向的侧前45°方向，跟随脚向反方向侧前方移动一步且脚尖同样朝向同方向的45°后，启动脚与跟随脚依次还原至初始位置	1.上体保持直立且重心稍向前倾 2.挺胸且腹部保持收紧状态 3.大臂贴近身体，小臂做屈状与大臂形成近90°夹角，两侧大臂依次交替做自然的屈伸移动 4.放松膝关节，动作进行过程中尽量保持膝关节规律性弹动 5.启动脚与跟随脚在向外打开时，双脚脚尖、膝关节应朝向一个方向，大致为同侧侧前45°方向 6.双脚打开距离应至少宽于肩部三分之一 7.手臂与下肢动作在进行过程中配合自然，不生硬 8.在完成动作后双脚迅速还原至初始位置且双脚并拢 9.上身在动作进行过程中要保持稳定，避免晃动	1.向前移动时上身常出现后倾 2.向前移动时前脚掌先触地而不是脚跟先触地 3.向前移动时膝关节没有呈微屈状 4.向前移动时双脚打开角度不足，且脚尖及膝关节角度不足45°

序号	名称	下肢动作描述	动作要领及身体姿态	常见错误
28	A字步 A step	启动脚向一侧后45°方向移动一步，跟随脚向反方向侧后方移动一步后，启动脚与跟随脚依次还原至初始位置	1.上体保持直立且重心稍向前倾 2.挺胸且腹部保持收紧状态 3.大臂贴近身体，小臂做屈状与大臂形成近90°夹角，两侧大臂依次交替做自然的屈伸移动 4.放松膝关节，动作进行过程中尽量保持膝关节规律性弹动 5.双脚打开距离应至少宽于肩部三分之一 6.手臂与下肢动作在进行过程中配合自然，不生硬 7.在完成动作后双脚迅速还原至初始位置且双脚并拢 8.上身在动作进行过程中要保持稳定，避免晃动	1.向后移动时上身常出现前倾 2.向后移动时双脚呈"踮脚尖"状 3.向后移动时双脚打开角度不足，且脚尖及膝关节呈"内扣"状
29	桑巴步 Behind （Samba）	启动脚向一侧移动一步或原地踏步一次，跟随脚随之向启动脚侧后方45°方向移动一步，且双脚之间保持一定距离（以学员肩宽为距离参照），启动脚与跟随脚依次还原至初始位置	1.上体保持直立且重心稍向前倾 2.挺胸且腹部保持收紧状态 3.大臂贴近身体，小臂做屈状与大臂形成近90°夹角，两侧大臂依次交替做自然的屈伸移动 4.放松膝关节，动作进行过程中尽量保持膝关节规律性弹动 5.与"后交叉步"要求一致	1.动作进行过程中上身没有随动作进行转动 2.动作幅度过小 3.上身过分前倾

续表

序号	名称	下肢动作描述	动作要领及身体姿态	常见错误
30	曼波步 Mambo	启动脚向前移动一步，跟随脚原地踏步一次后，启动脚再次向后移动一步，跟随脚再次原地踏步一次	1.上体保持直立 2.挺胸且腹部保持收紧状态 3.大臂贴近身体，小臂做屈状与大臂形成近90°夹角，两侧大臂依次交替做自然的屈伸移动 4.放松膝关节，动作进行过程中尽量保持膝关节规律性弹动 5.注意与"跺脚，重踩"步的区分 6.启动脚脚尖略微指向同侧侧前20°方向	1.向前移动时上身常出现后倾 2.向前移动时前脚掌先触地而不是脚跟先触地
31	婴儿曼波步 Baby mambo	启动脚向对侧侧前方45°方向移动一步，跟随脚原地踏步一次，启动脚还原至初始位置，跟随脚随之也向对侧侧前方45°方向移动一步，启动脚原地踏步一次，跟随脚还原至初始位置	1.上体保持直立 2.挺胸且腹部保持收紧状态 3.大臂贴近身体，小臂做屈状与大臂形成近90°夹角，两侧大臂依次交替做自然的屈伸移动 4.放松膝关节，动作进行过程中尽量保持膝关节规律性弹动 5.双脚在身体前侧呈交叉"X"状且动作范围不宜过小 6.在脚下交叉动作进行过程中身体应随下肢移动方向进行转体，使上身及下身始终保持在一个面上	1.动作幅度过小 2.在双脚进行依次交叉时脚尖常出现"内扣"状

续表

序号	名称	下肢动作描述	动作要领及身体姿态	常见错误
32	转体，转圈 Pivot（Turn）	启动脚向一侧移动一步同时身体向移动方向进行转体，跟随脚随之移动，双脚交替完成360°转体，且动作完成后身体应面向初始方向	1.转体时借助手臂平举于胸前，带动身体进行转体 2.转体时头部转动应稍快于身体，避免眩晕 3.转体时身体保持直立且腹部收紧状态	1.转体角度不足 2.转体过程中头部与身体出现"脱节"现象，导致身体出现晃动 3.转体速度过慢导致不能很好地衔接下一个动作
33	踩脚，重踩 Stomp	启动脚向前移动一步做踩地状，跟随脚原地踏步一次，启动脚还原至初始位置，跟随脚再次踏步一次	1.上体保持直立且重心稍向前倾 2.挺胸且腹部保持收紧状态 3.大臂贴近身体，小臂做屈状与大臂形成近90°夹角，两侧大臂依次交替做自然的屈伸移动 4.放松膝关节，动作进行过程中尽量保持膝关节规律性弹动 5.注意与"曼波步"的区分	1.踩地力度过大 2.动作进行时身体过分前倾

序号	名称	下肢动作描述	动作要领及身体姿态	常见错误
34	踢球交换步 Kick ball change	启动脚向前或侧前等方向移动一步后，跟随脚做踢腿状，且跟随脚脚尖及小腿要略微超过启动脚位置，完成踢腿后跟随脚后撤一步至初始位置快速与启动脚进行跳跃交换，动作完成时跟随脚位置应在启动脚前方	1.上体保持稍向前倾状态，且重心向启动脚移动方向处移动 2.挺胸且腹部保持收紧状态 3.踢腿过程保持对小腿的力量控制，避免膝关节超伸造成对关节的损伤 4.踢腿时跟随脚脚踝保持足背屈状并尽量向地板方向绷直脚面 5.踢腿角度大致为35°～45° 6.放松膝关节，动作进行过程中尽量保持膝关节规律性弹动 7.脚下进行步伐交换时注意重心的快速转移	1.双脚交换不自然 2.身体重心转换不及时
35	方形步 Box-step	启动脚向对侧侧前方45°方向移动一步，跟随脚随之交叉于启动脚，并以启动脚为参照向对侧45°方向移动一步，随之双脚依次还原至初始位置	1.上体保持直立 2.挺胸且腹部保持收紧状态 3.大臂贴近身体，小臂做屈状与大臂形成近90°夹角，两侧大臂依次交替做自然的屈伸移动 4.放松膝关节，动作进行过程中尽量保持膝关节规律性弹动 5.启动脚与跟随脚在前两步移动时脚尖应朝向各自外侧方向外翻 6.动作进行过程中始终保持背部与臀部在一个面上，避免髋关节做屈状	1.双脚进行交叉时脚尖"内扣"或向外打开角度不足 2.双脚进行交叉时膝关节过分屈膝，上身过分前倾

续表

序号	名称	下肢动作描述	动作要领及身体姿态	常见错误
36	双腿跳 Jumping juck	双脚同时向两侧跳跃打开，触地后再次跳跃还原至初始位置	1.上体保持直立 2.挺胸且腹部保持收紧状态 3.手臂带动身体向上跳跃 4.双脚打开时脚尖、膝关节应朝向一个方向，大致为同侧侧前45°方向 5.落地时应注意膝关节的缓冲，避免受伤	1.跳跃时双脚触地后脚尖及膝关节打开角度不一致 2.跳跃时双脚触地后脚尖及膝关节打开角度不足45° 3.落地时膝关节无缓冲

四、常见有氧健身操编排方法

在有氧健身操的练习过程当中，教练员会面对水平不一的学员，同时每一位学员的接受程度也不尽相同，就个体而言，不同人的记忆轨迹和记忆方式会有不同的细微差别。在有氧健身操的练习过程中，有的人是依靠双眼看教练员的示范动作去进行动作记忆，有的人是依靠耳朵听教练员的口令提示和动作提示再结合双眼观察示范动作进行学习，因此不同的人在有氧健身操的学习过程中所采用的学习方法是不一样的。

就学员来讲，一部分学员对左右一致的动作组合更喜欢，而有些学员则喜欢单边的动作组合，因此依据学员的喜好不同，以及从科学角度出发，二者在练习目标上存在的差异性而产生了两种不同的有氧健身操组合编排方法，教练员在动作设计时也会遵循这两种常见编排原则进行创编，一种是在动作编排上左侧和右侧的动作是一模一样的，也就是说当学员在进行有氧健身操练习时需要先完成一边的动作后再转换到另一边进行练习（根据学员的水平不同，建议一个单侧动作组合最多不要超过32拍），这样将左边和右边的动作加在一起称为一个完整的动作组合。这样的组合编排方法对于促进人体左脑及右脑均衡发展是有帮助作用的，因人体左右脑对肢体的控制是交叉支配的，即右脑控制左侧肢体，左脑控制右侧肢体，其基本原理为人体运动中枢在右半脑，其发出信号后对身体进行控制，左脑在接到右脑传递来的控制信号后对人体右边进行控制，而右脑则直接发出信号对左边进行控制。另一种编排方式则以数量为偶数的完整八拍为一小段落进行单边的编排，通常以2×8拍、4×8拍、6×8拍、8×8拍及以上拍节进行创编，在编排上不用考虑左右动作对称，但需要在所有动作完成后，音乐重拍依旧落在这个组合开始时的那只启动脚一侧，这样的编排能够使课程的趣味性和挑战性增加，同时整个动作组合中的动作元素往往比第一种要更为丰富。这里需要说明的是，第一种编排方式更适合初学者，就有氧健身操的练习目的而言，有氧健身操运动更加倡导人体左右两侧能力的均衡提升；而后者适用于具备一定有氧健身操基础的学员，因这类学员对于难度和强度的追求要高于前者。总结来看，两种编排方法在学员水平、练习目的及练习目标方面存在差异，这也导致了两种不同编排方法的出现。

五、"换脚动作"和"不换脚动作"的区分

我们明白了以上两点后，下面我们介绍一下"换脚动作"和"不换脚动作"。就有氧健身操的全部动作而言，大部分为动作"原地踏步"（March）的衍生品，也就是说大部分有氧健身操的动作是由"原地踏步"发展而来的，可以将此动作视为有氧健身操动作的"鼻祖"。而在"换脚动作"和"不换脚动作"当中又各有一个动作作为其代表性的基础动作，我们可以给它一个称呼，称为"原始动作"，这意味着这两个原始动作是其他所有动作的"雏形"，其他动作是在这两个动作基础上产生的，这两个原始动作分别是一次吸腿（Single knee）和原地踏步。

在上文第一种编排方法中，有氧健身操组合需要包含左侧和右侧的动作，那也就意味着学员在完成单侧动作后在不完全停止动作练习的前提下，会有一种方式转到另一侧去完成对侧动作，这种方式当然不是停下来之后再去完成对侧动作，因为那样会降低学员的运动量，减少课程的连贯性。因此，这就需要设计一种方式去进行换边，在单侧的动作组合中插入"奇数"量的换脚动作，就这样，换边练习就迎刃而解了。下面以一个 4 × 8 拍动作组合为例加以说明（见表3–5）。

教学视频

表3–5 动作组合实例

顺序	右侧2×8拍	拍节	左侧2×8拍	拍节
1	V字步（V step）	4拍	V字步（V step）	4拍
2	两次吸腿（Double knee）	6拍	两次吸腿（Double knee）	6拍
3	婴儿曼波步（Baby mambo）	6拍	婴儿曼波步（Baby mambo）	6拍
左右合计32拍				

通过表 3-5 可以看到，这是一个左右对称的 2×8 拍的组合，左右两侧分别有三个动作，学员以右侧脚为启动脚开始练习，当一侧动作完成后，其启动脚将被转移到另一侧，也就是左脚成为了左侧动作组合的启动脚，这也印证了前文所说的，在左右对称组合练习时，需要在单侧动作组合中插入"奇数"量的换脚动作（浅灰色区域），这样就使得学员在完成一侧动作时很自然地换到对侧继续进行动作组合练习。理解了这些，在编排动作的过程当中将会更加得心应手。需要提醒各位读者的是，动作组合的编排要与之前章节讲到的课程级别相结合，在动作的选择上应按照所教授的课程级别进行课程动作内容的设计和编排。通常情况下在初级课程或"★"课程授课时，动作的选择尽可能以基础动作为主，教授过程中动作重复次数要尽可能以保证学员可以学会为最佳；在中级课程或"★★"课程授课时可加入一些方向性的转体动作设计；在高级课程或"★★★"以上级别课程授课时，则根据所教授学员的水平进行个性化课程内容设计。

六、动作组合的设计原则

在给出建议之前，我们先来弄清楚一个物理学概念"惯性"。我们在很多时候听到过这个词，对它并不陌生，但是往往很难用比较精确而又简短的语言去形容它，那么现在我们先来明确一下它的文字概念：惯性是一切物体的固有属性，无论是固体、液体还是气体，无论物体是运动还是静止，都具有惯性。一切物体都具有惯性。惯性定义：我们把物体保持运动状态不变的属性叫作惯性。惯性代表了物体运动状态改变的难易程度。惯性的大小只与物体的质量有关。质量大的物体运动状态相对难于改变，也就是惯性大；质量小的物体运动状态相对容易改变，也就是惯性小。在有氧健身操的动作组合中，我们需要充分遵循身体的惯性来进行动作组合，只有这样做才能够使学员在进行有氧健身操的练习时不会感到身体的"不适应"和"别扭"，我们也可以把这种情况称为动作组合的"连贯性"。在进行动作组合的编排时，尤其在中高级有氧健身操组合的编排过程中要遵循个体动作的运动路线，例如侧踏步（Step touch）的运动路线为左右运动，前后步（Easy walk）的运动路线为前后运动，两次吸腿（Double knee）的运动路线以侧45°为最常见。

由此可见，每一个动作都有它自身的运动路线，我们在将动作进行组合编排时要充分考虑每个动作的运动路线，切忌出现"十"字路线的动作编排，这就需要我们要考虑在每个个体动作完成的那一刻最后一只完成脚所处的方位，例如：一个桑巴步（Samba）做完之后，最后一只完成脚的方位通常是在身体的侧后方，在这个时候如果我们在下一个动作的编排时安排一个婴儿曼波步（Baby mambo）就会使身体在进行这两个动作的衔接时感到别扭，这也意味着违背了"惯性"的原则，因此我们要避免把类似的两个动作作为上下的衔接动作，当然这并不是不可以解决的，我们也可以通过方向的转换来解决此问题，但要注意的是这并不是初级课程中要出现的动作，在中级以上的课程里才能够通过其他方法去改变这类问题，这在本书的后面章节会进行细致讲解。

第二节　有氧健身操常用运动解剖学常识

一、人体解剖学基本体位

"体位"可理解为人体位置，解剖学基本体位是指身体保持直立，面向前，双眼平视前方，双脚并拢且足尖朝向正前方，上肢自然放置于身体两侧且掌心向前。在对人体进行任何结构的描述和表达时，此姿势为标准姿势。

二、人体的轴和面

人体按照横向和纵向分为了"三个轴"和"三个面"（见图3-1），在我们进行有氧健身操运动时是围绕这三个面上的三个轴进行所有动作的，因此学习这部分知识有助于我们更好地为学员讲解有氧健身操的各种动作。

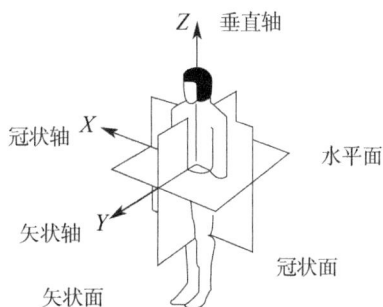

图3-1　人体的"轴"和"面"

（1）冠状面，又称"额状面"，是将人体分为前后两部分的面。

（2）矢状面，是将人体分为左右两部分的面。

（3）水平面，是将人体分为上下两部分的面。

（4）冠状轴，又称"额状轴"，是由左右穿过矢状面的一条轴。

（5）矢状轴，是由前后穿过冠状面（额状面）的一条轴。

（6）垂直轴，是由上下穿过水平面的一条轴。

弄清楚人体的"三个轴"和"三个面"将有助于对有氧健身操中的全部动作有更深层次的了解和掌握。这也是最为基础的运动解剖学常识之一。下面将结合几个有氧健身操基础动作进行实例分析（见表3-6）。

表3-6 动作分析

动作名称	下肢	上肢
侧并步（Step touch）	侧并步时是在冠状面（额状面）进行运动，运动过程中膝关节的屈伸是在矢状面进行运动	双臂在前后摆动时是在矢状面进行运动
一次吸腿[Knee(Single knee)]	吸腿时是在矢状面进行运动	双臂在依次前后摆动时是在矢状面进行运动
小马跳（Pony）	向侧跳跃时是在冠状面（额状面）进行运动，运动过程中膝关节的屈伸是在矢状面进行运动	双臂在依次摆动时是在冠状面（额状面）进行运动
扭摆（Twist）	身体做扭摆时是在水平面进行运动	—

三、运动解剖学常见术语

（1）屈和伸。指在矢状面内绕冠状轴（额状轴）完成的动作。膝关节（不含）以上关节，在矢状面向身体前方发生位移时称为"屈"，而在矢状面向身体后方发生位移时称为"伸"；膝关节（含）及以下关节则相反。例如：解剖体位下，大臂（肩关节）在矢状面向身体前侧发生位移时称为"肩关节屈"，反之称为"肩关节伸"；解剖体位下，膝关节在矢状面向身体前侧发生位移时称为"膝关节伸"，反之称为"膝关节屈"；解剖体位下，低头称为"颈屈"，仰头称为"颈伸"。

（2）内收和外展。指在冠状面（额状面）内绕矢状轴完成的动作。以躯干为参照，当关节运动靠近躯干进行动作位移时称为"内收"，当关节运动远离躯干进行动作位移时称为"外展"。例如：解剖体位下，一侧肩关节向同侧打开并远离躯干，称为"肩关节外展"，反之称为"肩关节内收"；解剖体位下，一侧髋关节向同侧打开并远离躯干，称为"髋关节外展"，反之称为"髋关节内收"。

（3）旋内和旋外（旋前和旋后）。指在水平面内绕垂直轴完成的动作。解剖体位下，由前向内的旋转叫旋内或旋前，由前向外的旋转叫旋外或旋后。例如：解剖体位下，小臂（肘关节）向内侧旋转，称为"旋内"，反之称为"旋外"。

（4）水平屈和水平伸。指在水平面内绕垂直轴完成的动作。例如：双臂保持侧平举状，当双臂向躯干中心位置进行水平移动时，称为"肩关节水平屈"，反之称为"肩关节水平伸"。

下面结合几个有氧健身操基础动作来进行实例分析（见表3-7）。

表3-7　动作分析

动作名称	下肢	上肢
侧并步（Step touch）	在侧并步时，髋关节在做外展和内收，同时膝关节在做屈伸	双臂在前后摆动时肩关节及肘关节分别在做屈伸
一次吸腿[Knee(Single knee)]	吸腿时髋、膝、踝关节均在做屈伸	双臂在依次前后摆动时肩关节及肘关节分别在做屈伸
小马跳（Pony）	向侧跳跃髋关节在做外展和内收，膝和踝关节在做屈伸	双臂在依次摆动时肩关节分别在做外展和内收

第三节　有氧健身操模板

模板是将一个事物的结构规律予以固定化、标准化的成果，它体现的是结构形式的标准化。

一、有氧健身操模板的含义

简单来说，模板是让一件事物可以按照标准化进行的参照，在有氧健身操中也存在着"模板"，这种模板的存在是方便于编排者进行动作的创编，同时也更有利于进行动作组合的教学和传授。模板化教学在有氧健身操的教学中是比较常

见的，因此作为初学者，有氧健身操的模板可以让你快速上手进行动作的创编和编排。在模板的选择上也应考虑到最终呈现动作与模板动作的相似度，这里所提到的"相似度"是需要将最终呈现动作的拍节数、动作运动方向与模板动作尽可能保持一致，也就是要尽可能地进行模仿，最终呈现动作与模板的基础动作需要始终保持"上下级"的隶属关系。例如：原地踏步的下级动作为前后步，因为在拍节数上前后步为4拍动作，而我们在原地踏步4次的基础上加上前后的运动方向即可呈现出最终动作前后步，这两个动作就属于"上下级"的隶属关系；同理，曼波步作为一个2拍动作，其上级其实就是原地踏步，曼波步只是在原地踏步的基础上加入了运动方向的变化。你弄清楚动作之间的"上下级"关系了吗？思考一下，你还能够列举出其他具有"上下级"关系的动作来吗？

上文讲到，有氧健身操的组合通常为左右对称的8个8拍的动作，这其中有4个8拍的动作是非重复性动作。但在教学过程中教练员不可能一次性将所有动作全部教给学员，因此通常将动作拆解为两个8拍且左右对称的模板进行教学，那么也就意味着模板是按照两个8拍动作为一个模板进行设计安排的。再者，模板出现的目的是为了便于学员的动作学习，所以模板中的动作多为最为基础的、最简单的动作，从这些动作开始进行一步步的变化和演变，最终将复杂的动作教授给学员。但在这个循序渐进的过程中，不应该让学员感到明显的"难度跳跃"，这其实是一个由简到难的教学过程，同时也是一个学习的心理过程，例如我们在进行后交叉步 [Grapevine(Cross)] 的教学时，应从最简单的步伐侧踏步（Step touch）开始，做几次之后再将其改变为侧踏两步（Double step），最后一步再呈现出后交叉步，这样就可以使学员学会动作的同时不会感到由于动作的难度所带来的压力和挫败感。

二、有氧健身操模板核心动作

有氧健身操的模板设计中需要围绕核心动作展开，依托于核心动作去变化其他动作，而这个核心动作务必是较为简单的基础动作。有氧健身操的模板通常情况下会围绕原地踏步、侧并步、一次/两次/三次吸腿、踩脚重踩、曼波类步伐五类动作展开，在这几个动作的基础上通过脚下步伐、节奏、方向等的变化能够延伸出大多数的复杂动作。但需要注意的是，为了保证模板为左右对称的组合，则需要在单侧模板动作中至少有一个"换脚动作"，而在以上五个动作中，仅"侧并步"和"吸腿"动作为"换脚动作"，因此在模板中必然会至少存在二者中的一个动作，且动作个数要为奇数（见图3-2）。

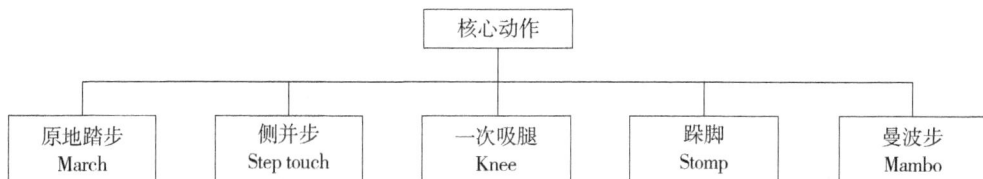

图3-2　有氧健身操模板核心动作

三、有氧健身操模板的特点

1. 简单性

有氧健身操模板存在的目的是能够让学员在练习有氧健身操时可以由最简单的动作介入，通过每一步的变化最终完成复杂的动作组合，可以将模板看作有氧健身操教学的第一步，将成套动作组合是最后一步，而在这个过程中起到"桥梁"式的连接作用的就是动作模板。因此，模板一定是由最简单的动作开始，为复杂动作进行铺垫，逐步进行动作变化。

2. 规范性

任何事物如果想要长期、良性的发展势必需要建立统一的规则，就如足球运动之所以能够风靡全球，原因在于所有参与该项运动的人都是在一个统一的标准和规则下进行交流和技能的比拼，这体现了公平原则，也更有利于足球运动的普及和开展，可以将其称为统一的"游戏规则"，这种"游戏规则"就是规范性的一种体现。有氧健身操模板的规范性统一有助于有氧健身操练习者能够更好的相互交流，对练习者思想和想法的统一具有促进作用，避免了由于个体化差异阻碍练习者相互交流、学习。有氧健身操的规范性体现在通过对具体核心动作的固定搭配，将大量复杂的动作模式化，形成新的动作组合，帮助练习者可以规范、清晰、有序地参与其中。

3. 多样性

有氧健身操模板的多样性体现在动作模板分类、动作组合搭配以及运用方法三个方面，不同的模板中都能围绕核心动作加入其他基础动作，来形成一个新的

模板。不同模板动作之间搭配的方式也较为灵活、多样，给予了创编者更大的创作想象空间，极大地丰富了最终成品动作的内容。

4. 规律性

有氧健身操本身就是一项具有规律性的科学运动，这种规律性是在该项目发展过程中众多参与者通过实践，发现、总结和提炼出来的，就各动作而言，它们之间是存在某种天然、内在、特定的联系的，具有一定的规律性，而动作模板的出现就是人们对某些规律逐渐加深认识的一种体现，我们应在尊重这种客观规律的情况下学会如何正确运用这些规律，如当我们发现了有氧健身操动作中存在"换脚"和"不换脚"动作后，在加以区分和归类的基础上，就能够很好地通过运用这种规律进行有氧健身操的创编和练习。当然，随着我们对有氧健身操运动认识的不断加深，更多的规律会被挖掘和掌握，以此来服务我们更好、更科学地参与到这项运动中。

5. 实用性

有氧健身操运动发展至今，已有越来越多的参与者认可并接受通过模板教学的方式，按照步骤，渐进地学习各种动作组合，在学习过程中人们能够更快速和高效地掌握相关技术、技能。无数实践证明，模板式的教学能够提升练习效率，对动作组合的学习更为方便和便捷，通过这种方式人们能够达到个体或群体参与这项运动的目的，这种认可也印证了运用模板来进行有氧健身操的创编和教授是科学的，这种科学性是在不断加深对有氧健身操认识的基础之上将其运动规律进行总结、凝练、升华而来的，因此具有很强的实用性。

四、有氧健身操模板实例

实践证明，学员在有氧健身操的练习过程中对于不同节拍的敏感程度是存在差异的。更多情况下，学员对于 8 拍的节奏较为敏感，也更容易区分；对于 4 拍的节奏敏感程度稍弱；对于 2 拍和 6 拍的节奏敏感度较低；对于 1、3、5、7 拍的敏感度需要经过较长时间的练习才能够区分，以上说明在"不换脚"动作中体现较为明显，尤其在原地踏步上尤为明显，这是由于"不换脚"动作在左、右两侧脚的运动次数上对称，且越是在左、右两侧脚运动轨迹上相似或相同的动作越不容易进行拍节的区分。因此表 3-8、表 3-9 将根据这一发现对模板难度进行区分，以便读者可以依据需求进行使用。

教学视频

表3-8　原地踏步+吸腿类动作模板

编号	模板	难度
1	原地踏步2次+吸腿7次	高
2	原地踏步4次+吸腿6次	中
3	原地踏步6次+吸腿5次	高
4	原地踏步8次+吸腿4次	低
5	原地踏步10次+吸腿3次	高
6	原地踏步12次+吸腿2次	中
7	原地踏步14次+吸腿1次	高
8	吸腿7次+原地踏步2次	高
9	吸腿6次+原地踏步4次	中
10	吸腿5次+原地踏步6次	高
11	吸腿4次+原地踏步8次	低
12	吸腿3次+原地踏步10次	高
13	吸腿2次+原地踏步12次	中
14	吸腿1次+原地踏步14次	高

教学视频

表3-9　侧踏步+吸腿类动作模板

编号	模板	难度
1	侧踏步2次+吸腿6次	中
2	侧踏步4次+吸腿4次	低
3	侧踏步6次+吸腿2次	中
4	吸腿6次+侧踏步2次	中
5	吸腿4次+侧踏步4次	低
6	吸腿2次+侧踏步6次	中

　　有没有发现一个很有意思的事情，以上有氧健身操的模板里面全部都是原地踏步、侧踏步及吸腿的动作组合，这也是有氧健身操中最为基础的模板。有人会问，"那除了用这两个动作组合出来的模板，就没有其他动作可以作为模板组合在一起吗？"当然不是，只是原地踏步、侧踏步和吸腿动作的组合最为基础也最

为简单，因此多数情况下会采用这两个动作组合起来的模板。下面列举其他较为复杂的动作模板（表3-10）。

教学视频

表3-10 跺脚，重踩+吸腿+原地踏步类动作模板

序号	模板
1	跺脚，重踩2次+吸腿5次+原地踏步2次
2	吸腿5次+跺脚，重踩2次+原地踏步2次
3	吸腿5次+原地踏步2次+跺脚，重踩2次
4	跺脚，重踩2次+吸腿6次
5	吸腿6次+跺脚，重踩2次
6	跺脚，重踩3次+吸腿4次+原地踏步2次
7	吸腿4次+跺脚，重踩3次+原地踏步2次
8	吸腿4次+原地踏步2次+跺脚，重踩3次
9	跺脚，重踩3次+吸腿5次
10	吸腿5次+跺脚，重踩3次
11	跺脚，重踩4次+吸腿3次+原地踏步2次
12	吸腿3次+跺脚，重踩4次+原地踏步2次
13	吸腿3次+原地踏步2次+跺脚，重踩4次
14	跺脚，重踩4次+吸腿4次
15	吸腿4次+跺脚，重踩4次
16	跺脚，重踩5次+吸腿2次+原地踏步2次
17	吸腿2次+跺脚，重踩5次+原地踏步2次
18	吸腿2次+原地踏步2次+跺脚，重踩5次
19	跺脚，重踩5次+吸腿3次
20	吸腿3次+跺脚，重踩5次
21	跺脚，重踩6次+吸腿1次+原地踏步2次
22	吸腿1次+跺脚，重踩6次+原地踏步2次
23	吸腿1次+原地踏步2次+跺脚，重踩6次
24	跺脚，重踩6次+吸腿2次
25	吸腿2次+跺脚，重踩6次

我们可以发现，模板中通常将两个最多不超过三个的基础动作组合在一起，这样的好处是方便学员记忆，同时不会使学员感到枯燥，提升练习兴趣。

五、有氧健身操模板设计原则

除了以上所有模板之外，自己还可以根据设计原则自行设计模板，但需要注意以下三点。

1. 不选用相似或相同的动作

在模板的设计过程中，不要设计容易让学员产生混淆的动作模板，这样就会适得其反，学员反而不会觉得动作模板简单，也就偏离了我们设计动作模板的初衷。例如，原地踏步 8 拍 + 一次吸腿 2 拍 + 原地踏步 6 拍，这个模板就非常容易让学员产生混淆，我们结合图 3-3 进行详细讲解。

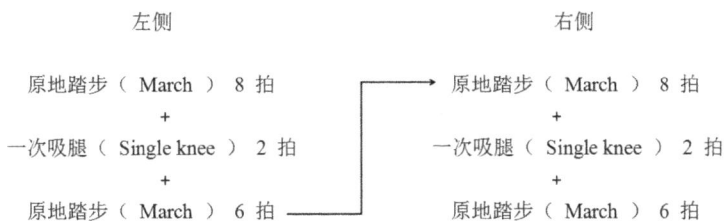

图3-3　动作组合分析

2. 模板中一侧的结束动作不要与对侧开始动作相同

图 3-3 中，在完成左侧最后一个动作"原地踏步 6 拍"之后接着需要继续衔接一个"原地踏步 8 拍"的动作，这样就会造成两个弊端：第一，学员因踏步拍数过多导致感觉动作过于无聊；第二，因为两个踏步动作连接在一起且没有任何区别，但其实它们各自又起着不同的作用，对于学员而言容易将两个踏步动作记混；第三，不仅学员会对两个动作拍节记混，实践证明教练员也容易出现动作拍节出错的现象。基于以上三点，在动作模板的编排中应避免一侧最后一个模板动作与另一侧第一个动作相同。

3. 侧并步与原地踏步不要同时出现在模板中

在有氧健身操的教学过程中，常用侧并步和原地踏步作为调整动作，因这两个动作较为简单且运动强度较低，所以常会通过这两个动作来让学员在练习过程中进行短暂的喘息，为下一步练习调整好状态并做好准备。同时，有氧健身操模板通常为两个或三个动作组成，如选用这两个动作作为模板，就会造成学员与调整类动作的混淆，不利于学员记忆，因此在模板教学时只能选择其中一个作为模板动作使用。

第四章 有氧健身操教学

第一节 教学原则

教学简单来说就是教练员把知识和技能传授给学习者的过程。在《教学论》一书中指出教学是教和学相结合或相统一的活动，是由教师的教和学生的学所组成的双边活动过程。

有氧健身操的教授过程中同样包含了这种双边关系，那么自然也就涵盖了"教练员"与"学习者"之间的所有关系，在有氧健身操的教学过程中更多的是以实践教授为主，主要要求学员以自身作为实践主体进行学习。在所有的教学过程中都理应包含教学方法的运用问题。同理，在所有的学习过程中同样包含如何运用合适的学习方法使学习者的学习过程更为顺利，这就产生了教与学过程中教学双方相互配合的问题。学习者和教授者在有氧健身操的练习过程中都非常的重要，二者缺一不可，其中一方的缺失将会导致有氧健身操的教学无法开展。在二者的关系中，教练员起到主导性作用，主要负责运用科学的方法结合学习者可以接受的教学方式将提前准备好的教学内容教授给学习者，以便科学、有效、安全地帮助学习者群体达成他们的练习目的；学习者则需要做好接受有氧健身操练习的准备，这其中包含生理准备和心理准备，在教练员的帮助下来达成自己的健身目的，双方在整个过程中需要相互合作和配合。鉴于本书读者角色定位为有氧健身操教练员，所以以下将重点对有氧健身操的教学方法问题进行阐述。

有氧健身操的总体教学原则是在教练员的带领和指导下，帮助学习者在科学及安全的基础上，运用循序渐进的教学方式，将有氧健身操动作组合进行合理拆分之后让学员能够学会教学动作、理解课程所要表达的情感、认可课程价值，达到其预期或超出预期的健身目的。有了这个大方向，就会更能明确作为教练员所需要去做的事情方向。

第二节　有氧健身操授课流程说明

整个授课流程可分为"课前—课中—课后"三个部分。

一、课前

这里所说的"课前"是以时间和空间进行划分的两个部分。

第一部分是在进入教学场地／操厅前的准备工作，具体来说就是对所要教授课程的准备工作（表4-1）。第一，对所有教授课程内容的编排、拆解及教学过程预演示提前做好准备；第二，对授课过程中所使用的音乐进行选择和筛选工作。通常来讲，有氧健身操的音乐选择为连续不间断且节奏感较强的乐曲，全部音乐时长应稍长于所授课时长，且乐曲的 BPM 应随着课程的进行而逐渐增加，但又不宜过快，BPM 区间建议在 125 ～ 145。在音乐选择和使用上应当注意对于初学者应使用音乐节奏鲜明的音乐，因此类音乐对于重拍的分辨较为容易，同时对所使用音乐应定期进行更换，建议每半年更新一次音乐，目的是增加课堂乐趣；第三，教练员应正确穿着适合本节课程的服装及运动鞋，并适当进行服装搭配，建议选择宽松的运动上衣及运动裤，鞋子可选择慢跑鞋或专业舞蹈鞋即可；第四，由于有氧健身操属于具有一定强度的体育运动，因此教练员应提前准备好水杯，随时补充水分，同时建议携带巧克力或糖等食物，在随时补充自身能量的同时，也能够为场地内发生学员在运动过程中导致的低血糖等突发情况做好应对准备；第五，对教学过程中出现紧急情况要做好预判及心理准备工作；第六，在进入健身俱乐部或其他授课地点后前往前台客服处签到，通常情况下教练员应至少提前15分钟至前台客服处签到确认。

第二部分是在进入教学场地／操厅后，课程正式开始前的准备工作（表4-2）。教练员应至少提前15分钟进入场地开展以下工作：第一，检查场地设备是否可以正常使用，包括场地照明灯光、音响、功放、调音台、音频线、电源线、授课麦克风、空调等，确保课程开始后能够顺利进行；第二，排除场地内存在的安全隐患，包括本节课程不使用的其他器材是否放置到指定位置且确认不会影响本堂课的练习，课程场地内是否存在容易导致学员发生运动风险的物体，如地板是否

平整无破损、场地是否有其他障碍物或正在维修区域等，场地内温度及通风情况是否适合有氧健身操的练习；第三，站在场地进门处，以饱满的热情和微笑迎接学员的到来。

表4-1　教练员签到表模板

20××年×月团课教练签课表

教练姓名：张三

日期	星期	时间	课种	教练签字	签到时间	签退时间	人数	客服确认	备注
20××-×-××	一	18:00-18:50	有氧健身操						
20××-×-××	二	19:00-19:50	踏板操						
20××-×-××	三	20:00-20:50	杠铃操						
20××-×-××	四	18:00-18:50	瑜伽						
20××-×-××	五	18:00-18:50	单车						

教练姓名：李四

日期	星期	时间	课种	教练签字	签到时间	签退时间	人数	客服确认	备注
20××-×-××	一	18:00-18:50	有氧健身操						
20××-×-××	二	19:00-19:50	踏板操						
20××-×-××	三	20:00-20:50	民族舞						
20××-×-××	六	18:00-18:50	瑜伽						
20××-×-××	日	18:00-18:50	健身球						

教练姓名：赵六

日期	星期	时间	课种	教练签字	签到时间	签退时间	人数	客服确认	备注
20××-×-××	一	18:00-18:50	健身舞						
20××-×-××	二	19:00-19:50	搏击操						
20××-×-××	三	20:00-20:50	杠铃操						
20××-×-××	四	18:00-18:50	瑜伽						
20××-×-××	五	18:00-18:50	单车						

表4-2　"课前"准备内容表

课前	
进入场地/操厅前	进入场地/操厅后
授课内容编排、拆解及教学过程预演示	检查场地设备
音乐的选择和筛选	排除场地安全隐患
授课所穿着服装	迎接学员的到来
水杯及其他能量补充食物	—
前台签到	—

在课程开始之前，教练员务必要按照正确的顺序开启音响等设备，避免因为错误的方法导致设备的损坏，下面简单介绍一下在操厅常见的相关设备。

1. 调音台

调音台又称"调音控制台"，主要功能是将接收到的音频信号进行放大、混合、分配及对音频质量的修饰后通过母线进行输出。调音台的纵向排列可称为"轨道"，通常以白线进行区分；功能键主要分为三类，分别是"按键""推键"和"旋转键"，课程中较为常用的是"推键"和"旋转键"，"推键"用上、下来调节大小，上推增大，下推减小，"旋转键"用左、右来调节大小，向右旋转增大，向左旋转减小。有氧健身操课程中常用到的功能键较少，下面将对使用频率较高的功能键进行介绍。

图4-1和图4-2中标注出了教练员在上课过程中常会使用到的功能键。①左/右声道音量调节，此按键可以对音乐进行音量大小的控制，也可以利用单一键对一侧声道音量进行调节；②左/右声道音频输出，将此处与功放进行连接，可将音频信号输入至功放；③麦克风音频输入，将此处与无线麦克风接收器进行连接；④增益调节旋钮，此按键能够将进入调音台的音频音量增大，但与音量调节键不同的是，增益调节的是音频的原始声音，而音量调节键调节的是对输入至调音台的音频进行压缩并加入效果后的音频音量大小，因此增益过大会导致音频的失真现象，在课程中，如无特殊需要该旋钮常处在"12"点位置；⑤高频调整，对音频的高音部分进行调整，从"12"点处向右侧转动，会使音频高音部分音量增大，如调整过大会造成音频听起来非常刺耳；⑥中频调整，对音频的中音部分进行调整，从"12"点处向右侧转动，会使音频中音部分音量增大；⑦低频调整，对音频的低音部分进行调整，从"12"点处向右侧转动，会使音频低音部分音量增

大，如调整过大会使音频中的节奏部分非常明显，音频听起来有种"厚重"且发闷的感觉；⑧左/右声道平衡调节，此按键用来平衡左、右声道的音频，由"12"点处向左旋转会突出左声道的音频，反之则突出右声道音频，课程中如无特殊需要此按键保持在"12"点处即可；⑨混响调节，这里我们先要弄清一个物理学名词"混响"，当声波发出后遇到障碍会进行发射，操厅的四周通常为墙壁，因此当音乐的声波发出后就会产生混响，混响调节过大时会造成音频的回音较大且较长，课程中如无特殊需要此按键保持在"12"点处即可；⑩开关键（英文名为POWER），通常位于调音台的前侧，负责调音台的打开与关闭。

图4-1 调音台正面观

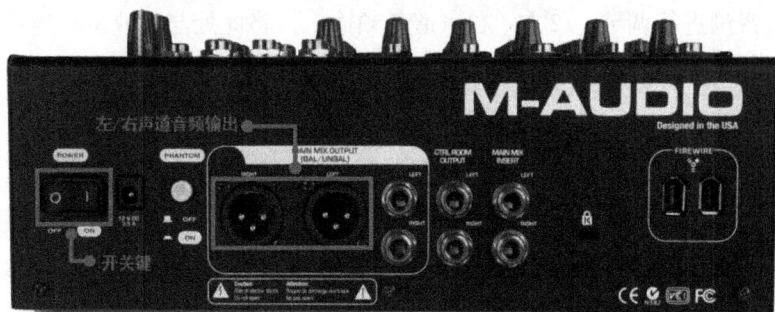

图4-2 调音台侧面观

2.功放

功放是"功率放大器"的简称，也可称为"扩音器"，其作用是将接收到的音频信号进行放大来驱动音响发出声音，可以将功放看作音频设备的"中枢"。因功放设备由于品牌不同，在旋钮所在位置上会略有出入，但在课程中使用率较高的旋钮为"音量大小"（英文名为 MUSIC VOL）旋钮和开关键，其他功能键用到的较少。如需对头戴无线麦克风的音量进行调节，可通过调音台进行（见图 4-3）。

图4-3 功放正面观

3. 无线麦克风信号接收器

无线麦克风信号接收器是一种通过无线信号调频的方式将无线麦克风与信号接收器进行连接的一种设备，通过这个设备就能够将我们所说话的声音经过音响放大。课程中教练员常会使用无线麦克风来授课，目的在于使自己说的话可以很清晰地传递给学员。注意，无线麦克风信号接收器的使用要将所佩戴的无线麦克风信号发射器（俗称"麦盒"）与接收器的频点数对应一致后方可使用。无线麦克风信号发射器的开关键通常在上面或侧面，以"按键"和"推键"较为常见；信号接收器的开关键常位于设备的一侧，以"按键"最为常见（见图 4-4、图 4-5）。

图4-4 无线麦克风信号接收器正面观

图4-5　头戴式无线麦克风信号发射器

常见音响设备链接图如图 4-6 所示。

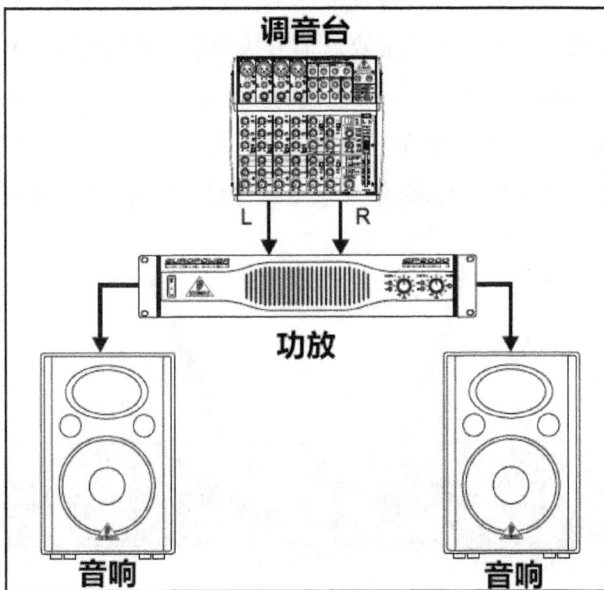

图4-6　音频设备连接示意图

二、课中

所谓"课中"同样是以时间和空间进行划分，指的是课程正式开始之时到课程结束。"课中"内容主要包括课前介绍、热身、课程主体教学、放松及拉伸等。这部分是整个教学过程的核心，通常情况下，一节有氧健身操课程的时间在 50 ~ 60 分钟 / 节，下面笔者将以常见课程时间的 50 分钟为例进行讲解。

1. 课前介绍（1 ~ 2 分钟）

包括对学员表示欢迎、教练员姓名介绍、课程介绍、对学员设立期望值及鼓励、询问是否有新会员加入、安全提示几个部分，读者可按照如下模板自行进行内容填充。

"大家好，欢迎各位来到 ××× 健身俱乐部 / 健身场馆，我是今天有氧健身操的教练员 ××× ，很开心在这里见到大家，下面我将利用一点点时间对我们的这节课程进行简单介绍。有氧健身操课程是一节在动感音乐配合下完成的有氧课程，它可以让你达到减脂塑形的健身目的，动作简单易学，课程欢快，让学员犹如置身于一场盛大的派对之中。请今天第一次来上课的会员举手示意我一下（如有，表示欢迎，如没有，继续进行下一部分）。各位将双手侧平举，与你身边的人保持一定的安全距离，避免出现意外。请您将手机及水杯放到场地的两边，下面让我们开始这节课程，你们准备好了吗？"

整个开场介绍尽可能简单明了，并且在介绍时注意语气语调，尽量做到"抑扬顿挫"，同时不要显得过于着急，语速不易过快。一般来讲，在课程开始前学员还未进入练习的状态当中，不容易将注意力集中在教练员的语言上，这就需要教练员不断进行语言表达练习，努力使所述语言具有吸引力及感召力，争取做到"语气要诚恳，情感要真切，重点要强调"，此外还需要不断总结经验。

2. 热身（5 ~ 10 分钟）

热身又称"准备活动"，是任何体育活动或体育运动必不可少的环节之一，是在开展某项体育锻炼前的准备阶段，这个准备阶段包括生理准备和心理准备两部分。

在持续时间上，由于所处外部环境的不同，如温度、湿度，以及其他因素，

如参与人群年龄、运动项目的不同，导致热身的方式不同，这也影响到热身时间的长短。

（1）热身的生理目的。

首先，提升人体心跳频率（简称心率）。由于在运动过程中心率势必加快，而人在非运动时心率较为平缓，称为安静状态下的心率，一般在 55 ~ 85 次 / 分，这就需要有一个平缓的过程让人体在心率从慢逐渐到快，为进入到运动状态做好安全铺垫，这也是对人体自身保护的一个有效手段，确保整个参与运动的过程是有效并且安全的。

其次，提升机体温度。热身的过程也是逐渐提升机体温度的过程，提升机体温度能够减少肌肉的黏滞性，增加肌肉的弹性和含氧量，避免造成肌肉的拉伤，同时也可以增加肌肉的力量和收缩速度。此外，随着机体体温的逐渐升高，整个神经系统的兴奋程度也被调动起来，使机体能够更好地参与到整个运动过程中。

最后，提升关节的灵活性。人体是由 206 块骨骼相互连接所构成的，在这些关节中众多关节在进行有氧健身操运动时是可以被运用到的，而有氧健身操又是一项对协调性要求较高的运动项目，关节的活动范围与协调性存在直接关联。通过热身可以使各主要关节得到预热，增加关节活动范围，同时可以增强关节的稳定性，因此需要在进入正式运动前让各关节得到充分活动，避免关节扭伤的情况出现。

（2）热身的心理目的。

热身运动能够使学员自身产生一种"即将要运动"的心理暗示，这种心理暗示在运动过程中能够对自身运动行为进行控制，做好运动前所需的各种心理准备活动，从而增强自身的主观意识，以此带动自身潜意识，为即将到来的运动做好心理上的准备和铺垫。

（3）热身注意事项。

在有氧健身操的热身过程中，需要安排一系列较为简单且效果较好的有氧健身操基础动作来达到热身，但并不是所有的有氧健身操动作都适合作为热身动作来使用，这就需要教练员对热身过程中所使用的动作进行筛选，下文将对热身过程中如何进行动作筛选以及在热身过程中需要注意哪些要点加以说明，便于教练员更好地带领学员进行热身活动。

上文提到热身的主要目的是唤醒机体、避免运动损伤、提升运动效果等，因此在热身过程中应注意所选择动作的运动强度、动作难度、动作幅度及活动范围，以及在热身结束后如何对主要活动部位进行预热牵拉。

（4）所选择动作强度。

在有氧健身操的热身过程中要注意所选择动作的自身强度以及进行过程中的动作强度。我们将有氧健身操动作中双脚同时离地、单脚离地跳跃、运动范围较大的动作视为自身强度过大的动作，如"翻勺跳"（Scoop jumping）动作就属于此类动作，这类动作的强度是教练员无法控制的，因此不宜出现在热身环节中。而在热身过程中教练员是可以对适合热身的基础动作强度进行调整的，这就需要注意热身过程中教练员要将学员的即时心率（学员在练习时的心率）控制在其本节课目标心率以下，必须要建立在这个基础之上进行动作选择。

（5）所选择动作难度。

在热身动作的选择上也要注意所选择动作的难度，这里所说的动作难度是指动作本身所具有的难度，我们将有氧健身操动作中转体360°以上、手脚配合多样、动作中夹杂"哒拍"（指动作进行过程中该动作并不是以整拍来完成，而是在两个拍子中加了半拍的节奏变化）且动作无明显规律性的动作视为自身难度过大的动作，如"踢球交换步"（Kick ball change）、"滑步，交换步"（Shuffle）就属于此类动作，教练员在热身中也应避免选择这类动作作为热身动作。因此在热身动作选择上教练员要选择动作结构单一，并且适合做多次数练习的基础动作。需要注意的是，为避免学员在热身过程中感觉到枯燥，可通过适当减少重复次数、在动作中适当加入简单的上肢动作变化来提升趣味性，这是由教练员在热身环节随时观察学员的状态变化来实现的。

（6）动作幅度及活动范围。

热身过程中教练员要注意控制动作的运动幅度及活动范围，需要注意以下几点：第一，尽量减少上肢动作运动高度超过心脏位置；第二，上肢动作的动作幅度及活动范围不宜过大，主要以活动到肩部、肘部、胸部和背部的关节及肌肉的动作选择为主；第三，下肢动作的活动范围不宜进行左右或前后突然的位置移动。由于人体在运动初期心脏泵血量处在一个逐渐增加的过程，而上肢活动时的血压比下肢活动时要高一些，过大的动作幅度及活动范围容易增加心脏的负担，同时，

由于心脏对肌体的供血量在运动初期较少，过大的动作幅度及活动范围容易致使肌体对氧气需求的突然增加，导致供血不足，甚至产生昏厥。此外，避免运动损伤也是控制热身动作幅度及活动范围的重要考量因素。

（7）进行动态拉伸动作。

在热身过程中，除了进行动态动作的练习外还需要在最后加入拉伸练习。这是由于在进行完动态热身动作后需要配合拉伸动作来达到再次增加肌肉、关节及韧带的活动范围的目的。但与课程最后的拉伸方式不同的是，此时以动态拉伸（又称"动态伸展"）为主，这是由于动态拉伸能够帮助肌体体温快速升高，刺激关节分泌更多滑液，从而起到对关节的保护作用，同时可以激活负责稳定关节周围的肌肉群。此外，动态拉伸可以使神经兴奋度提升，让身体更好地进入运动状态。因此，在热身的最后环节运用动态拉伸的方式来再次"唤醒"肌体是十分有必要的。

（8）热身动作推荐（见表4-3）。

表4-3　热身动作推荐

序号	名称	下肢动作描述	动作要领及身体姿态	上肢动作建议
1	侧并步 Step touch	启动脚向一侧移动，跟随脚随之向启动脚靠拢	1.上体保持直立 2.挺胸且腹部保持收紧状态 3.大臂贴近身体，小臂做屈状与大臂形成近90°夹角，两侧大臂同时做自然的屈伸移动 4.放松膝关节，动作进行过程中尽量保持膝关节规律性弹动 5.手臂配合脚下动作，每完成一次侧并步同时大臂做一次自然的屈伸摆动 6.手臂与下肢动作在进行过程中配合自然，不生硬	前推 press front （chest press）

序号	名称	下肢动作描述	动作要领及身体姿态	上肢动作建议
2	侧并两步 Double step	启动脚向一侧移动两步，跟随脚随之向启动脚靠拢两次	1.上体保持直立 2.挺胸且腹部保持收紧状态 3.大臂贴近身体，小臂做屈状与大臂形成近90°夹角，两侧大臂同时做自然的屈伸移动 4.放松膝关节，动作进行过程中尽量保持膝关节规律性弹动 5.手臂配合脚下动作，每完成一次侧并步同时大臂做一次自然的屈伸摆动 6.手臂与下肢动作在进行过程中配合自然，不生硬	前推 press front（chest press）
3	一次吸腿 Knee(Single knee)	启动脚向前或侧前等方向移动一步后，跟随脚做抬动作，使大腿前侧（股四头肌）向腹部靠拢一次后落地	1.上体保持稍向前倾状态，且重心向启动脚移动方向处移动 2.挺胸且腹部保持收紧状态 3.大臂贴近身体，小臂做屈状与大臂形成近90°夹角，两侧大臂依次交替做自然的屈伸移动 4.吸腿过程中大腿向腹部靠拢同时上体姿态保持不变 5.放松膝关节，动作进行过程中尽量保持膝关节规律性弹动 6.在跟随脚做预备吸腿时，保持头部、背部、臀部及腿部在一条线上 7.吸腿时脚尖保持足背屈状态 8.手臂与跟随脚在动作进行过程中配合自然，不生硬	—

序号	名称	下肢动作描述	动作要领及身体姿态	上肢动作建议
4	两次吸腿 Double knee	启动脚向前或侧前等方向移动一步后，跟随脚做抬动动作，使大腿前侧（股四头肌）向腹部连续靠拢两次后落地	1.上体保持稍向前倾状态，且重心向启动脚移动方向处移动 2.挺胸且腹部保持收紧状态 3.大臂贴近身体，小臂做屈状与大臂形成近90°夹角，两侧大臂依次交替做自然的屈伸移动 4.吸腿过程中大腿向腹部靠拢同时上体姿态保持不变 5.放松膝关节，动作进行过程中尽量保持膝关节规律性弹动 6.在跟随脚做预备吸腿时，保持头部、背部、臀部及腿部在一条线上 7.吸腿时脚尖保持足背屈状态 8.保持吸腿过程的连续性 9.手臂与跟随脚在动作进行过程中配合自然，不生硬	—
5	三次吸腿 Three knee (Triple、Repeater)	启动脚向前或侧前等方向移动一步后，跟随脚做抬动动作，使大腿前侧（股四头肌）向腹部连续靠拢三次后落地	1.上体保持稍向前倾状态，且重心向启动脚移动方向处移动 2.挺胸且腹部保持收紧状态 3.大臂贴近身体，小臂做屈状与大臂形成近90°夹角，两侧大臂依次交替做自然的屈伸移动 4.吸腿过程中大腿向腹部靠拢同时上体姿态保持不变 5.放松膝关节，动作进行过程中尽量保持膝关节规律性弹动 6.在跟随脚做预备吸腿时，保持头部、背部、臀部及腿部在一条线上 7.吸腿时脚尖保持足背屈状态 8.保持吸腿过程的连续性 9.手臂与跟随脚在动作进行过程中配合自然，不生硬	—

续表

序号	名称	下肢动作描述	动作要领及身体姿态	上肢动作建议
6	后屈腿 Leg curl	启动脚向侧移动一步后，跟随脚做小腿后屈腿状，使脚跟触碰到臀部后落地	1.上体保持稍向前倾状态，且重心向启动脚移动方向处移动 2.挺胸且腹部保持收紧状态 3.大臂贴近身体，小臂做屈状与大臂形成近90°夹角，两侧大臂同时做自然的屈伸移动 4.放松膝关节，动作进行过程中尽量保持膝关节规律性弹动 5.跟随脚大腿在动作过程中始终保持与启动脚大腿在一个平面上 6.跟随脚脚跟应主动向同侧臀部靠拢并尽量触及臀部 7.吸腿时脚尖保持足背屈状态 8.手臂与跟随脚在动作进行过程中配合自然，不生硬	胸前提拉 [up and down（row）]
7	侧踏吸腿 Step knee	启动脚向侧移动一步后，跟随脚做抬动动作，使大腿前侧（股四头肌）向腹部靠拢一次后落地	1.上体保持直立，且重心向启动脚移动方向处移动 2.挺胸且腹部保持收紧状态 3.大臂贴近身体，小臂做屈状与大臂形成近90°夹角，两侧大臂与下肢动作配合，依次交替做自然的屈伸移动 4.吸腿过程中大腿向腹部靠拢同时上体姿态保持不变 5.放松膝关节，动作进行过程中尽量保持膝关节规律性弹动 6.吸腿时脚尖保持足背屈状态	—
8	高抬腿 Knee up（lift）	启动脚大腿前侧（股四头肌）向腹部靠拢一次后落地	1.上体保持直立 2.挺胸且腹部保持收紧状态 3.大臂贴近身体，小臂做屈状与大臂形成近90°夹角，两侧大臂依次交替做自然的屈伸移动 4.吸腿过程中大腿向腹部靠拢同时上体姿态保持不变 5.吸腿时脚尖保持足背屈状态 6.手臂与启动脚在动作进行过程中配合自然，不生硬	—

序号	名称	下肢动作描述	动作要领及身体姿态	上肢动作建议
9	向前/向后三步走吸腿 Walk forward/ backward	双腿依次向前移动三次后，跟随脚大腿前侧（股四头肌）向腹部靠拢一次后落地	1.上体保持直立 2.挺胸且腹部保持收紧状态 3.大臂贴近身体，小臂做屈状与大臂形成近90°夹角，两侧大臂在动作进行过程中依次交替做自然的屈伸移动 4.前进过程中放松膝关节并尽量保持膝关节规律性弹动 5.吸腿过程中大腿向腹部靠拢同时上体姿态保持不变 6.吸腿时脚尖保持足背屈状态 7.手臂与下肢在动作进行过程中配合自然，不生硬 8.吸腿同时双手可同时在胸前击掌一次	—
		★ 其他动作建议 吸腿同时双手在胸前击掌一次		
10	脚跟点地 Heel touch	启动脚脚踝做足背伸状同时脚跟触地一次后还原	1.上体保持直立 2.挺胸且腹部保持收紧状态 3.大臂贴近身体，小臂做屈状与大臂形成近90°夹角，两侧大臂在动作进行过程中依次交替做自然的屈伸移动 4.当脚跟触地时保持脚踝呈足背伸状态	肩上屈伸小臂
		★ 其他动作建议 手掌握拳且拳眼朝向自己		
11	旁点地 Side	启动脚脚尖向侧点地一次还原	1.上体保持稍向前倾状态，且重心保持在中间 2.挺胸且腹部保持收紧状态 3.大臂贴近身体，小臂做屈状与大臂形成近90°夹角，两侧大臂同时做自然的屈伸移动 4.向外做点地一侧的脚尖呈足背屈状态且大脚趾触地即可 5.放松膝关节并尽量保持重心脚膝关节微屈	—

续表

序号	名称	下肢动作描述	动作要领及身体姿态	上肢动作建议
12	后点地 Back	启动脚脚尖向后点地一次还原	1.上体保持稍向前倾状态，且重心保持在中间 2.挺胸且腹部保持收紧状态 3.大臂贴近身体，小臂做屈状与大臂形成近90°夹角，两侧大臂同时做自然的屈伸移动 4.向后做点地一侧的脚尖呈足背屈状态且大脚趾触地即可 5.放松膝关节并尽量保持重心脚膝关节微屈	前推 [Press front（Chest press）]
13	小马跳 Pony	启动脚向侧跳跃一次同时跟随脚向同侧移动并脚尖轻触地面	1.上体保持直立 2.挺胸且腹部保持收紧状态 3.启动脚快速向一侧移动同时同侧手臂下垂伸直，对侧手臂贴耳侧上举过头顶 4.跟随脚脚尖触地即可 5.放松膝关节并尽量保持重心脚膝关节规律性弹动	双臂纵向"I"字式
14	吸腿后点 Knee cross	启动脚向侧移动一步，跟随脚大腿（股四头肌）向腹部靠拢一次后落至启动脚后侧45°方向触地后再次抬动大腿（股四头肌）向腹部靠拢一次后还原至启动位置	1.上体保持直立，且重心向启动脚移动方向处移动 2.挺胸且腹部保持收紧状态 3.大臂贴近身体，小臂做屈状与大臂形成近90°夹角，两侧大臂与下肢动作配合，依次交替做自然的屈伸移动 4.吸腿过程中大腿向腹部靠拢同时上体姿态保持不变 5.放松膝关节，动作进行过程中尽量保持膝关节规律性弹动 6.吸腿时脚尖保持足背屈状态 7.手臂与跟随脚在动作进行过程中配合自然，不生硬 8.动作过程中注意身体朝向应由前侧向跟随脚一侧45°方向移动后在还原至前侧的移动过程	—

续表

序号	名称	下肢动作描述	动作要领及身体姿态	上肢动作建议
15	侧踏向前 Touch forward	启动脚向前移动一次后跟随脚脚尖向侧点地一次还原	1.上体保持稍向前倾状态，且重心保持在中间 2.挺胸且腹部保持收紧状态 3.大臂贴近身体，小臂做屈状与大臂形成近90°夹角，两侧大臂同时做自然的屈伸移动 4.启动脚向前移动路线为身体正中线方向 5.向外做点地一侧的脚尖呈足背屈状态且大脚趾触地即可 6.放松膝关节，动作进行过程中尽量保持膝关节规律性弹动	体侧"A"字式
16	后交叉步 Grapevine（Cross）	启动脚向侧移动一步且脚尖朝向移动方向的侧前45°，跟随脚向启动脚的侧后45°方向移动一步，启动脚再次向侧移动一步，跟随脚随之也相同方向移动一步至双脚并拢	1.上体保持直立 2.挺胸且腹部保持收紧状态 3.大臂贴近身体，小臂做屈状与大臂形成近90°夹角，两侧大臂同时做自然的屈伸移动 4.放松膝关节，动作进行过程中尽量保持膝关节规律性弹动 5.手臂配合脚下动作，每完成一次侧并步同时大臂做一次自然的屈伸摆动 6.手臂与下肢动作在进行过程中配合自然，不生硬 7.向侧移动时的前两步，启动脚与跟随脚脚尖应朝向各自外侧45°方向，之后迅速回正	前推 press front（chest press）
17	踢腿 Kick	启动脚向前或侧前等方向移动一步后，跟随脚做踢腿状，且跟随脚脚尖及小腿要略微超过启动脚位置，完成踢腿后跟随脚后撤一步至初始位置，启动脚随之也还原至初始位置	1.上体保持稍向前倾状态，且重心向启动脚移动方向处移动 2.挺胸且腹部保持收紧状态 3.踢腿过程保持对小腿的力量控制，避免膝关节超伸造成对关节的损伤 4.踢腿时跟随脚脚踝保持足背屈状并尽量向地板方向绷直脚面 5.踢腿角度大致为35°～45°	—

序号	名称	下肢动作描述	动作要领及身体姿态	上肢动作建议
18	恰恰步 Cha cha	启动脚向同侧/侧前/侧后做跳跃步同时跟随脚配合启动脚共同完成	1.放松膝关节，动作进行过程中尽量保持膝关节规律性弹动 2.注意动作节奏 3.身体保持轻盈状态 4.整体动作保持协调	—
	★　其他动作建议　启动脚对侧大臂紧贴身体，小臂折叠靠近大臂，手掌握拳且拳眼朝向自己，启动脚同侧大臂向侧下45°伸直且握拳			
19	大幅度恰恰步 Shasse	启动脚向同侧/侧前/侧后做跳跃步同时跟随脚配合启动脚共同完成，跟随脚随即向启动脚侧后方45°处踩地	1.放松膝关节，动作进行过程中尽量保持膝关节规律性弹动 2.注意动作节奏 3.身体保持轻盈状态 4.整体动作保持协调	—
	★　其他动作建议　双手侧上举45°且并掌，在跟随脚向启动脚侧后方45°处踩地同时跟随脚一侧手臂向上腹部移动并贴近上腹部			
20	原地踏步 March	双腿依次原地上下踏步	1.上体保持直立 2.挺胸且腹部保持收紧状态 3.大臂贴近身体，小臂做屈状与大臂形成近90°夹角，两侧大臂依次交替做自然的屈伸移动 4.放松膝关节，动作进行过程中尽量保持膝关节规律性弹动 5.手臂与下肢动作在进行过程中配合自然，不生硬	—
21	前后步 Easy walk	启动脚向前移动一步同时跟随脚也向前移动一步，启动脚与跟随脚依次还原至初始位置	1.上体保持直立且重心稍向前倾 2.挺胸且腹部保持收紧状态 3.大臂贴近身体，小臂做屈状与大臂形成近90°夹角，两侧大臂依次交替做自然的屈伸移动 4.放松膝关节，动作进行过程中尽量保持膝关节规律性弹动 5.手臂与下肢动作在进行过程中配合自然，不生硬	前推 press front （chest press）

续表

序号	名称	下肢动作描述	动作要领及身体姿态	上肢动作建议
22	V字步 V step	启动脚向侧前45°方向移动一步且脚尖朝向同方向的侧前45°方向，跟随脚向反方向侧前方移动一步且脚尖同样朝向同方向的45°后，启动脚与跟随脚依次还原至初始位置	1.上体保持直立且重心稍向前倾 2.挺胸且腹部保持收紧状态 3.大臂贴近身体，小臂做屈状与大臂形成近90°夹角，两侧大臂依次交替做自然的屈伸移动 4.放松膝关节，动作进行过程中尽量保持膝关节规律性弹动 5.启动脚与跟随脚在向外打开时，双脚脚尖、膝关节应朝向一个方向，大致为同侧侧前45°方向 6.双脚打开距离应至少宽于肩部三分之一 7.手臂与下肢动作在进行过程中配合自然，不生硬 8.在完成动作后双脚迅速还原至初始位置且双脚并拢 9.上身在动作进行过程中要保持稳定，避免晃动	头顶"V"字式
		★ 其他动作建议 由启动脚对侧手臂开始，依次上举后还原至胸前击掌两次；由启动脚同侧手臂开始，依次上举后还原至胸前击掌两次		
23	A字步 A step	启动脚向侧后45°方向移动一步，跟随脚向反方向侧后方移动一步后，启动脚与跟随脚依次还原至初始位置	1.上体保持直立且重心稍向前倾 2.挺胸且腹部保持收紧状态 3.大臂贴近身体，小臂做屈状与大臂形成近90°夹角，两侧大臂依次交替做自然的屈伸移动 4.放松膝关节，动作进行过程中尽量保持膝关节规律性弹动 5.双脚打开距离应至少宽于肩部三分之一 6.手臂与下肢动作在进行过程中配合自然，不生硬 7.在完成动作后双脚迅速还原至初始位置且双脚并拢 8.上身在动作进行过程中要保持稳定，避免晃动	体侧"A"字式
		★ 其他动作建议 由启动脚同侧手臂开始，依次上举后还原至胸前击掌两次		

序号	名称	下肢动作描述	动作要领及身体姿态	上肢动作建议
24	桑巴步 Behind（Samba）	启动脚向侧移动一步或原地踏步一次，跟随脚随之向启动脚侧后方45°方向移动一步，且双脚之间保持一定距离（以学员肩宽为距离参照），启动脚与跟随脚依次还原至初始位置	1.上体保持直立且重心稍向前倾 2.挺胸且腹部保持收紧状态 3.大臂贴近身体，小臂做屈状与大臂形成近90°夹角，两侧大臂依次交替做自然的屈伸移动 4.放松膝关节，动作进行过程中尽量保持膝关节规律性弹动 5.与"后交叉步"要求一致	头顶"V"字式
25	曼波步 Mambo	启动脚想前移动一步，跟随脚原地踏步一次后，启动脚再次向后移动一步，跟随脚再次原地踏步一次	1.上体保持直立 2.挺胸且腹部保持收紧状态 3.大臂贴近身体，小臂做屈状与大臂形成近90°夹角，两侧大臂依次交替做自然的屈伸移动 4.放松膝关节，动作进行过程中尽量保持膝关节规律性弹动 5.注意与"踩脚，重踩"步的区分 6.启动脚脚尖略微指向同侧侧前20°方向	—
26	婴儿曼波步 Baby mambo	启动脚向对侧侧前方45°方向移动一步，跟随脚原地踏步一次，启动脚还原至初始位置，跟随脚随之也向对侧侧前方45°方向移动一步，启动脚原地踏步一次，跟随脚还原至初始位置	1.上体保持直立 2.挺胸且腹部保持收紧状态 3.大臂贴近身体，小臂做屈状与大臂形成近90°夹角，两侧大臂依次交替做自然的屈伸移动 4.放松膝关节，动作进行过程中尽量保持膝关节规律性弹动 5.双脚在身体前侧呈交叉"X"状且动作范围不宜过小 6.在脚下交叉动作进行过程中身体应随下肢移动方向进行转体，保持上身及下身始终保持在一个面上	—

序号	名称	下肢动作描述	动作要领及身体姿态	上肢动作建议
27	方形步 Box-step	启动脚向对侧侧前方45°方向移动一步，跟随脚随之交叉于启动脚，并以启动脚为参照向对侧45°方向移动一步，随之双脚依次还原至初始位置	1.上体保持直立 2.挺胸且腹部保持收紧状态 3.大臂贴近身体，小臂做屈状与大臂形成近90°夹角，两侧大臂依次交替做自然的屈伸移动 4.放松膝关节，动作进行过程中尽量保持膝关节规律性弹动 5.启动脚与跟随脚在前两步移动时脚尖应朝向各自外侧方向外翻 6.动作进行过程中始终保持背部与臀部在一个面上，避免髋关节做屈状	—
28	双腿跳 Jumping juck	双脚同时向两侧跳跃打开，触地后再次跳跃还原至初始位置	1.上体保持直立 2.挺胸且腹部保持收紧状态 3.手臂带动身体向上跳跃 4.双脚打开时脚尖、膝关节应朝向一个方向，大致为同侧前45°方向 5.落地时应注意膝关节的缓冲，避免受伤	头顶"V"字式

（9）热身动作组合举例。

一节有氧健身操课程的热身环节通常为 5～10 分钟，教练员可根据场地内温度及当节课程实际情况进行时间上的调整。在热身过程中需要将有氧健身操的基本动作进行罗列教学，一般选择 8～12 个基础动作即可，也可加入 1～2 个基础组合动作。但要注意的是，需要考虑动作的强度、运动方向等因素，强度应"由低至高"，运动方向的把控上作为刚入行的新手来说是需要重点考虑的问题，下面将结合几个热身组合进行说明（见表4-4）。

动作视频

表4-4　热身组合实例一

中文名称	英文名称	建议练习拍节	动作运动方向
踏步	March	8×8拍	原地
曼波步	Mambo	8×8拍	前后方向
V字步	V step	8×8拍	前后方向

续表

中文名称	英文名称	建议练习拍节	动作运动方向
前后步	Easy walk	8×8拍	前后方向
侧并步	Step touch	8×8拍	左右方向
侧并两步	Double step	8×8拍	左右方向
后交叉步	Grapevine（Cross）	8×8拍	左右方向
恰恰步	Cha cha	8×8拍	左右方向

以上面这个热身组合为例，在有氧健身操的热身环节中首先需要选择热身动作及动作个数，上表是以8个基础动作组成的热身组合；其次要在单个动作练习拍节数上进行设计，依据不同学员实际情况，以合适学员的重复次数为基础，上表是以8×8拍为例；最后需要注意所选动作的运动方向，这也是本小节着重要说的部分，从表4-4可以看到8个热身动作中三个动作为前后方向运动，四个动作为左右方向运动，这说明热身环节的动作选择上要将同一运动方向的动作尽量放在一起进行，因为学员在练习初期机体各项技能都处在一个逐渐适应的过程，这么做是为了避免运动方向的突然变化导致学员跟不上或造成运动损伤。此外，灰色区域标注的两个动作较为简单，将这两个动作作为调整动作放在开头或中间可以起到两个作用：其一，提前提示学员下面要进行动作的转换；其二，用简单的调整动作来给予学员一个心理及思想上的准备时间。

教练员在热身动作教授过程中，要遵循动作重复次数由多到少的原则进行。动作教学大致可分为三个循环：①以预先设计的动作练习拍节进行练习，建议单个动作练习拍节为8×8拍；②依据现场学员进行情况，在所有热身动作从头至尾按顺序重复几遍后（建议至少两遍），动作练习拍节可减半；③在经过几遍复习后（建议至少两遍）可将动作练习拍节再次减半，练习两遍后结束动态热身。

这里有一个提示：进行完第一个循环后，教练员利用第一个动作进行的过程中简短提示学员在第一个循环中出现的动作问题，并强调在第二循环中尽可能避免这类问题再次发生。

以下再介绍两个热身动作组合，供大家参考使用（见表4-5、表4-6）。

表4-5 热身组合实例二

动作视频

中文名称	英文名称	建议练习拍节	动作运动方向
踏步	March	8×8拍	原地
曼波步	Mambo	8×8拍	前后方向
婴儿曼波步	Baby mambo	8×8拍	侧前方向
V字步	V step	8×8拍	前后方向
A字步	A step	8×8拍	前后方向
前后步	Easy walk	8×8拍	前后方向
向前/向后三步走吸腿	Walk forward/backward	8×8拍	前后方向
侧踏向前	Touch forward	8×8拍	前后方向
侧并步	Step touch	8×8拍	左右方向
一次吸腿	Knee(Single knee)	8×8拍	左右方向
两次吸腿	Double knee	8×8拍	左右方向
三次吸腿	Three knee(Triple、Repeater)	8×8拍	左右方向

动作视频

表4-6 热身组合实例三

中文名称	英文名称	建议练习拍节	动作运动方向
踏步	March	8×8拍	原地
脚跟点地	Heel touch	8×8拍	原地
旁点地	Side	8×8拍	原地
后点地	Back	8×8拍	原地
侧并步	Step touch	8×8拍	左右方向
侧踏吸腿	Step knee	8×8拍	左右方向
小马跳	Pony	8×8拍	左右方向
恰恰步	Cha cha	8×8拍	左右方向
桑巴步	Behind（Samba）	8×8拍	左右方向

3. 课程主体教学（30～40分钟）

课程主体教学是整堂有氧健身操课程中最为核心的内容，其运动强度是整堂课程中最高的部分，持续时间也是整堂课程最长的部分。在这部分中，以教练员的教授为主，具体分为以下几部分。

（1）动作教授。

教练员此时需要将动作组合进行拆解后教授给学员，动作拆解要以学员最容易接受的方式为主，教授方式要遵循循序渐进的方式。这时教练员首先要向学员展示标准和正确的动作，同时在教授过程中要随时提示学员集中注意力。需要注意的是，通常情况下，有氧健身操的动作教授是一个连续的过程，也就是说教授过程是不间断的，这样做的目的也是使整堂课程能够保持一定的运动强度，这就需要教练员在教授动作时要尽可能清晰的表达，并需要从最为简单的动作、大多数学员最容易接受的方式进行教授。教练员也要随时关注学员对动作的学习程度，以便对教授内容进行随机的微调。

个别情况下教练员会遇到学员掌握不了的动作，这时可在课程中间休息的时候对动作进行分步讲解，也可通过增加学员的练习次数来解决此问题。

（2）动作练习。

这部分是为了让学员对所学习的动作更为熟悉，增加学员动作的掌握程度，这就需要教练员不断地引导学员进行重复性的动作练习，但也不能让学员在练习过程中感觉到枯燥，这样就会降低学员的练习兴趣。因此，在教授过程中对所教授动作的练习次数，每次应在4～6遍为最佳，实践证明，当学员对个别动作的练习次数超过6遍时，会明显感觉到运动热情的降低。在练习过程中，教练员要通过语言对学员的动作进行不断提醒，鼓励学员也是动作练习过程中的重要部分，这就要求教练员学会运用丰富的语言进行表述。

（3）表演展示。

表演展示通常放到课程主体教学的最后一部分，一是可以让学员对本节课的学习成果进行展示和检验，从而提升自信心；二是可以在课程主体教学的最后一部分来"拔高"运动强度。在表演展示环节中可以采用一段音乐速度较快的乐曲，为了增强表演效果，可将动作与音乐完美配合，也就是说学员在表演展示环节中，动作的结束与音乐的结束相一致，这就需要教练员对表演展示环节无论是从动作组合的重复次数上，还是音乐的长度上都要进行精心设计，以达到完美的效果，

将课程推向"高潮"。

4. 放松、拉伸（5 ~ 10 分钟）

放松和拉伸是"课中"的最后一个环节，也是非常重要的环节之一，在所有体育运动结束后都应进行放松和拉伸。首先需要明确一个概念，放松和拉伸是需要分别进行的两个环节，下面将对这两个环节分别进行详细介绍。

（1）放松的生理学目的。

第一，降低人体心跳频率。在整节有氧健身操课程中，心率始终保持在一个较高的水平，运动中的心率是高于人体平时心率的，与热身对于心率提升的作用相反，放松的目的是为了降低心率，使心率逐渐恢复到日常状态，这同样也是对人体自身保护的手段。

第二，消除运动疲劳。在有氧健身操的练习过程中，由于运动强度的增加，肌体需要大量的氧气供应来维持代谢，同时代谢过程中人体会呼出大量的二氧化碳等"废气"，这个过程中可能会出现由于氧气供给不足，以及体内二氧化碳未能及时排出体外而产生气体堆积，产生"氧债"。放松能够促使呼吸保持在一定强度上，从而可以及时吸入氧气，排出二氧化碳，维持体内酸碱平衡，消除运动疲劳感。

第三，促进心脏回血。在有氧健身操的练习过程中，心脏通过加快跳动来保持向身体及四肢的供血量，而运动量的突然降低容易导致肌肉无法通过收缩将血液送回心脏，这将会造成肢体局部淤血的情况。此外，心脏回血量的突然减少还容易导致体内供血不足，出现头晕、乏力等现象，严重者会出现晕厥。放松则能够促进血液循环，降低由于供血不足而发生不安全因素的风险，促使体内血液回流至心脏。

（2）拉伸的生理学目的。

第一，提升和保持肌体机能。通过对不同部位肌肉的拉伸，能够提升和保持肌肉的收缩性、增加肌纤维收缩前的长度、提高肌纤维收缩速度、提升肌肉的柔韧性及弹性，使肌肉张力增大，从而提升运动表现力。

第二，减少乳酸堆积，防止肌肉酸痛。在有氧健身操的练习过程中，肌体内葡萄糖在代谢过程中会产生中间产物，也就是"乳酸"，乳酸的堆积会引起局部肌肉酸痛的症状。原因在于随着运动强度的增加体内产生的乳酸不能及时被分解为二氧化碳和水，由于氧气供应不充足而导致无氧代谢的发生，因此造成乳酸在体内被大量堆积。对肌肉的有效拉伸可以促进乳酸的排泄，降低和减少肌肉的酸痛程度，提升肌肉的工作效率。

第三，改善神经系统功能。对肌肉进行有效的拉伸可以减少大脑皮质的负担，加快大脑皮质中枢兴奋和抑制转换的灵活性，从而加速运动技能的形成，提高完成技术动作质量。

第四，使肌肉得到放松和休息。在有氧健身操的练习过程中，由于需要完成不同的动作，因此肌肉始终处于紧张状态，肌肉的毛细血管张开，随着时间的持续增加，肌肉会产生疲劳感。拉伸可以使肌肉得到有效并且充分的放松和休息。

这里有一个提示：由于在有氧健身操的练习过程中对不同肌肉的运用强度是存在差异的，因此在拉伸时不同位置的肌肉拉伸时间也不同，整体上对于不同部位的肌肉拉伸时间应保持在 10 ~ 20 秒即可。

（3）放松和拉伸的心理目的。

随着课程接近尾声，学员需要从运动状态中逐渐恢复到日常状态，这时通过放松和拉伸能够使学员摆脱亢奋的情绪，回归至平静。随着情绪回归至课前状态可以使学员保持一个较轻松的心情投入日常生活和工作中去，这也体现了有氧健身操能够起到提升学员生活质量和生命质量的目的。

（4）拉伸动作建议。

为保证拉伸效果，拉伸时保持匀称的呼吸，每个拉伸动作应保持在 10 ~ 20 秒，且拉伸顺序应以被拉伸肌肉的所在位置为参照，"由上至下"或"由下至上"，见表4-7。

动作视频

表4-7　拉伸动作建议

序号	名称	动作要领及身体姿态	易犯错误	动作图片
1	斜方肌 The trapezius muscle	以右侧为例：颈部向右前侧45°屈，右手扶于头部左侧后上方略微向右侧下方用力，左手自然扶于腹前，左侧肩保持下压，双脚保持自然开立	单侧肩膀耸肩 上身含胸或弓背	

续表

序号	名称	动作要领及身体姿态	易犯错误	动作图片
2	三角肌中束 Middle deltoid tract	以右侧为例：手臂向左侧下方大致30°方向伸直，且保持手掌心向后，同时右侧肩保持下压，左侧手臂纵向穿过右手臂，放置于右手臂肘关节下方小臂处，同时用力将右手臂向身体挤压，上身向左后方稍做转体，双脚保持自然开立	直臂一侧的手臂与地面平行 下肢重心放置于一侧，导致一侧膝关节弯曲 直臂一侧肩膀耸肩	
3	胸大肌及三角肌前束 Pectoralis major，Anterior deltoid fasciculus	第一种方式：双手身体后侧交叉，且双臂伸直，双肩向后夹紧并沉肩，稍向上仰头，双脚保持自然开立 第二种方式：双臂打开，肘关节微屈，掌心向上，双肩下沉，稍向上仰头，胸部向前顶，双脚保持自然开立	第一种方式：双肩耸肩 第二种方式：大臂与小臂间角度过小，小臂与躯干角度过小；上身打开角度不够	
		备注：第一种方式对于三角肌前束拉伸效果较明显，第二种方式对于胸大肌的拉伸效果较明显		
4	背阔肌及竖脊肌 Latissimus dorsi, Erector spinalis	双手前侧交叉且伸直，肩部前引，低头，双眼看向肚脐，上身保持含胸状，双膝微屈，双脚保持自然开立	背部保持直立状前倾 双手交叉时手臂高于头部 膝关节直立	

序号	名称	动作要领及身体姿态	易犯错误	动作图片
5	腹外斜肌 External oblique abdominal muscle	以右侧为例：左脚置于右脚右后侧45°方向，且双脚间保持半个脚掌的距离，左手贴左耳侧侧上45°方向伸展，身体向右侧倾斜，右手扶于腹部或叉腰	身体向一侧倾斜角度过大	
6	肱二头肌 The biceps brachii	第一种方式（以右侧为准）：上体保持直立，挺胸且腹部保持收紧状态，双眼目视前方，右手臂向前下方大致30°方向伸直，手掌为并掌且指尖朝向地板方向，左手手掌握住右手除拇指外的四个手指第一、第二指关节处并向身体躯干方向用力，双脚保持自然开立 第二种方式：双手保持立掌状且五指分开，手臂伸向身体后侧，双手手腕做内旋同时加大大臂后伸角度，保持身体直立的状态下，肩伸和手腕内旋至可承受的最大角度即可	第一种方式：下肢重心放置于一侧，导致一侧膝关节弯曲 第二种方式：上身含胸或弓背 手腕没有做"腕伸"	
		备注：第一种方式对小臂前侧肌群有拉伸作用		

序号	名称	动作要领及身体姿态	易犯错误	动作图片
7	肱三头肌 Triceps brachii	以右侧为例：右侧大小臂充分折叠且置于头后，手掌向肩胛骨方向延伸，左手在头后握住右臂肘关节处同时向左侧拉拽，双眼目视前方，保持颈部及头部在正常解剖体位上，双脚自然开立	低头，下肢重心放置于一侧，导致一侧膝关节弯曲	
8	臀大肌 Gluteus maximus	以右侧为例：右侧小腿折叠置于左侧股四头肌处，上身做前屈状，让腹部靠近右侧小腿内侧，屈髋，臀部向后下方略微移动，双手可分别置于膝关节和脚掌处，或双手触向地面方向	屈髋角度过大	
9	股四头肌 Quadriceps femoris	以右侧为例：上体保持直立，挺胸且腹部保持收紧状态，双眼目视前方，右侧小腿向大腿后处折叠，右手扶于右脚脚踝处并发力拉动脚跟贴于或靠近臀部，且膝盖朝向地板方向，双腿大腿并拢，左侧手臂侧平举维持身体平衡。对于柔韧性较好的学员可在上身姿态保持不变的前提下，加大髋伸的角度	上体前倾，单侧手没有扶于脚踝处，而是扶于脚尖处	

续表

序号	名称	动作要领及身体姿态	易犯错误	动作图片
10	股二头肌及腓肠肌 Biceps femoris、Gastrocnemius muscle	以右侧为例：双脚开立且保持双脚间距离为一只脚掌的宽度，脚尖朝向正前方，右侧脚向前移动，脚尖勾起且脚跟触地，左腿膝盖微屈，上身向右侧大腿股四头肌处靠拢，双手扶于左腿膝盖处。对于柔韧性较好的学员可双手抱于右脚前脚掌处	当上身向勾脚尖一侧的大腿靠近时，易出现低头、含胸及弓背状	
		备注：柔韧性不好的学员可采用双手放于支撑腿膝关节处的姿势，柔韧性较好的学员可双手扶于勾脚尖一侧腿的前脚掌处		
11	内收肌群 Adductor muscle group	以右侧为例：右腿向右侧横跨一大步且屈膝，双脚脚尖朝向外侧大致30°处，屈髋，上体前倾，双手扶于右侧大腿靠近膝盖处	重心向屈腿一侧膝盖处下压，导致膝关节超伸	
12	髂腰肌 Iliopsoas muscle	以右侧为例：双脚开立且保持双脚间距离为一只脚掌的宽度，脚尖朝向正前方，右腿后撤一大步且前脚掌触地，左腿屈膝，尽量保持大腿与小腿垂直，重心置于双腿中间，上体保持直立，左手扶于左侧大腿靠近膝盖处，右手臂贴耳侧向左上方伸展，身体略微向左侧倾斜	重心向屈腿一侧膝盖处下压，导致膝关节超伸 双腿之间距离过小 扶腿一侧肩膀过于紧张，导致耸肩	

三、课后

一节完整的有氧健身操课程中,"课后"部分是不可缺少的重要组成。与"课前"和"课中"一样,"课后"部分也是以时间和空间进行划分,指的是课程在全部教学完毕后教练员所需要完成的各项工作,这部分包括在教学场地内以及离开教学场地后两部分,具体如表4-8所示。

表4-8 "课后"工作内容表

课后	地点
课后沟通及欢送学员离开场地	教学场地内
检查场地内是否有遗失物品	
关闭场地内设备电源	
至前台客服处签课且与相关工作人员简单交流今日课程情况	离开教学场地后
与学员进行其他形式交流沟通	
课程总结	

1. 课后沟通及欢送学员离开场地

课程结束后,教练员应做到以下几点:

(1)向所有参与课程的学员表示感谢,如"感谢大家来参与本堂课程,让我们下次课程再见",并鞠躬向大家表示谢意。

(2)站在操厅门口处欢送每一位学员离场,并争取做到与每一位学员进行一次眼神沟通。

(3)针对于场地内留下来的个别学员进行沟通,着重与老学员、新学员、课程中遇到困难的学员、善于表达的学员分别进行沟通,每节课课后可选择以上几类人群中的一类进行沟通即可。

沟通内容主要以询问学员课程感受,听取学员对课程的建议,询问学员有何其他需求等内容为主,在与学员进行沟通时,要注意倾听,找出主要问题,并给出相关解决方案,在遇到无法现场解决的问题时,教练员也要给出明确解释,并帮助学员寻求解决问题的方法。在遇到无法解决的问题时,切勿盲目给出建议或意见,因为在学员心中教练员是专业人士,这时你给出的任何建议都有可能对学员产生影响,同时错误的建议或意见也会削减教练员的权威性。

课后沟通的好处在于能够及时了解并掌握学员的想法，并结合学员中存在的普遍想法对课程内容或授课方式等进行及时调整，有利于课程的严谨性，同时也是做好服务的一种体现；此外，还能够拉近与学员间的距离，消除陌生感，建立良好的关系。

2. 检查场地内是否有遗失物品

环视场地四周是否有学员遗漏的个人物品，如发现遗漏物品要第一时间交至前台客服。同时，对场地内的垃圾进行简单的清理。

3. 关闭场地内设备电源

关闭包括音控台总电源、场地内灯光、空调等一些电源设备，做到节约资源。

4. 至前台客服处签课且与相关工作人员简单交流今日课程情况

在进行完毕全部场地内工作后要第一时间前往前台客服处签课确认，这是教练员完成课程教学的重要证明，也是教练员获取劳动报酬的依据。通常情况下教练员在结束课程后需要在课程签课确认表中填写下课时间及姓名，由前台工作人员完成本堂课程参与人数的填写，并签字。在签课完毕后，可利用简短时间与相关工作人员进行沟通，将课程相关情况第一时间进行反馈。

5. 与学员进行其他形式交流沟通

教练员与学员的交流在某些情况下是随时随地开展的，因此，作为一名优秀的教练员要随时做好与学员交流和沟通的准备，并且有时需要主动与学员进行交流和沟通。如对于某些平时出勤率较高但今日没有来上课的学员，可私下通过电话、微信等多种形式进行询问，这不仅能够体现出教练员对学员的关心，更能够展现出教练员的责任感，提升学员对于教练员的信任。

6. 课后总结

在整个教学活动结束后，要善于对课程中出现的问题进行反思和总结，我们可以通过学员在课堂中所表现出来的行为和举动来分析其对于课程的态度。下面笔者将教学过程中课程无法吸引学员的几点表现进行总结（因存在地域、风俗习惯等差异，这里仅对经常出现的普遍问题进行罗列）。

（1）如在课程的进行过程中学员有中途离场的情况，这其中有可能存在个人原因导致离开，也有可能是对课程内容或教练员的不满意而选择离开。

（2）课程进行过程中学员突然放弃练习，但没有离开场地，而是在场地周围观看，这可能是因为个人身体不适，如体力不支、动作太难、旋转动作太多等原因。

（3）学员表现出不耐烦或木讷的面部表情，这可能是因为对课程动作编排、教练员教授方式、音乐音量的大小等不满意，如动作太难或太简单、教练员教授动作太慢或太快、音乐音量过大或过小等。

（4）课后对教练员直接提出不满或建议，这点较容易察觉问题根源，学员常会出现的不满多与课程时间安排、课程内容编排、教练员教授方式、练习场地环境等有关。

以上几种情况的出现是需要教练员在课后进行总结的，并争取与学员建立联系和沟通渠道，确保问题可以得到及时反馈和解决。

除以上几点外，教练员也应对自身在教学过程中出现的问题或其他方面进行总结和反思，如教学过程中出现动作不熟悉、所教授动作拆分混乱、忘记动作、音乐节奏出现错误等，并就这些问题出现的原因进行思考，避免在下次课程中出现类似问题。教练员可养成写"课后日记"的习惯，将出现的问题和思考后的结果用文字的形式记录下来，长此以往有助于教练员的成长和进步。

第三节　有氧健身操练习注意事项

进行有氧健身操练习时要注意确保自身在一个较为安全的环境下科学地进行锻炼，这就需要学员从以下几方面注意：

第一，在进行有氧健身操运动之前要充分进行身体各个部位的热身，主要包括各关节、韧带和肌肉，避免在运动过程中因热身不充分对身体造成的伤害。

第二，在运动结束时要有放松和拉伸的环节，让身体逐渐恢复到锻炼之初的安静状态，并且在运动结束30分钟以后再进行沐浴和进食。

第三，在参与运动前不要进食太多食物，让自己产生饱腹感进入锻炼状态，这极易造成阑尾炎等疾病；同时在运动前也不要不进食，这容易造成在运动过程中出现昏厥的现象，建议在运动前至少2小时进食，并减少食用含油量大、不易消化的食物，吃至七分饱即可。

第四，在运动过程中要随时对身体进行水分补充，但要注意每次补水量不宜过大，可通过增加饮水次数减少单次饮水量为参照。在较为剧烈的运动过程中过多的饮水可能会导致运动相关低钠血症（EAH）的出现，运动时当身体内液体过多且不能及时排出体外是该症状的主要诱因，轻者会造成头晕、恶心和皮肤肿胀，严重时可导致死亡。

第五，学员应根据自身实际情况和身体承受能力来参与有氧健身操的练习，应通过控制自身运动强度和运动时间的方式来确保不会出现运动过量；对于初学者，合适的运动量大致可以身体略微出汗且略感疲劳为基本参照，练习时长不应超过 1 小时，在进行一段时间的锻炼后可逐渐增加运动强度和延长运动时间。

第六，在参与有氧健身操运动时务必选择合适且适合的运动服装，服装建议选择纯棉材质、具有一定弹性且质地柔软的运动服，女性应穿着运动式内衣；运动鞋可选择慢跑鞋或专业舞蹈训练鞋，尺码大小要合适，不宜过大或过小；运动时不要佩戴任何金属首饰和配饰。

第七，有慢性病或患有其他因运动而可能引发各类急性病症的病患务必要在医生或其他专业人士的指导和有效监督下开展练习。

第四节 常用教学口令

一、教学口令

在有氧健身操的教学过程中，口令起着至关重要的作用，教练员可以通过口令来调整和控制整个课程秩序，让学员在练习动作的过程当中做到整齐划一。

有氧健身操的口令一般采用英文和中文两种形式，常见英文口令有"four、three、two ＋ 要执行的动作"或"five、six、seven ＋ 要执行的动作"，常见中文口令有"4、3、2 ＋ 要执行的动作"或"5、6、7 ＋ 要执行的动作"。在最终成套表演环节，将口令中"要执行的动作"改为"go"即可，如"four、three、two、go""five、six、seven、go"等。而在教学过程中对于口令的发出，需要在4 个 8 拍中的第二个或第四个 8 拍时发出。

我们将口令分为两种，一种是"长口令"，另一种是"短口令"。长口令多数情况下受用于新学员或初级学员，它的特点是当口令发出者发出口令时，留给学员的反应时间较长，便于学员有充足的时间进行反应，这也是帮助学员在逐渐建立一种迅速反应模式。具体来说，我们拿英文口令"four、three、two ＋ 要执

行的动作"举例，口令中包含四部分，每一部分需要占到 2 拍节的音乐长度。如表 4-9 所示，口令所属颜色与拍节所属颜色——对应即可。

动作视频

表4-9　长口令

	1、2、3、4、5、6、7、8	一八拍
	2、2、3、4、5、6、7、8	二八拍
four、three、two、要执行的动作	3、2、3、4、5、6、7、8	三八拍
	4、2、3、4、5、6、7、8	四八拍

　　反之，短口令更适用于中级以上水平的学员，这类学员已经具备一定的基础，对口令发出时的反应较初级学员更为迅速，因此短口令的特点是口令发出后留给学员的反应时间较短，目的在于使学员能够迅速做出反应和判断，提升学员的反应能力。具体来说，短口令较长口令更短，短口令中的四部分较长口令的四部分来看，每部分缩短 1 个拍子，同样以英文口令" four、three、two 、要执行的动作"举例。如表 4-10 所示，口令所属颜色与拍节所属颜色——对应即可。

动作视频

表4-10　短口令

	1、2、3、4、5、6、7、8	一八拍
	2、2、3、4、5、6、7、8	二八拍
four、three、two、要执行的动作	3、2、3、4、5、6、7、8	三八拍
	4、2、3、4、5、6、7、8	四八拍

二、其他常用英文口令语言

　　以下为常用英文口令，其余可自行补充。

（1）准备好了吗？（Are you ready？）

（2）让我们开始吧！（Let's go.）

（3）让我们开始我们的课程。（Let's begin our class.）

（4）做到最好。（Do your best.）

（5）从头开始。（From the top）

（6）再来一次。（One more（time）/Again）

（7）最后一次。（Last one）

（8）继续。（Go on/Keep moving.）

（9）加油！（Come on.）

（10）休息一下。（Have a rest.）

（11）喝一些水。（Drink some water.）

（12）热身。（Warm up）

（13）平静下来。（Cool down.）

（14）放松。（Relax.）

三、常用教学手势

在有氧健身操的教学过程中，我们除了运用口令的方式去控制课堂之外，还可以运用手势的方式进行课堂教学，这两者往往在教学过程中经常穿插或是结合使用，目的是使学员更为全面地领会教练员的意图。

有氧健身操的手势教学区别于口令教学，它是通过肢体语言进行动作或意图的表达，既可以用手势代表某一个动作指令，又可以代表动作方向和动作次数指令，从某种意义上来说，在有氧健身操的教学课堂中手势教学是对口令教学的一种形式上的补充，并且手势教学在教学过程中占据着主体地位，因此我们学习手势教学是十分必要的。

我们首先要明确地区分手势教学，通常来讲有氧健身操的手势分为两类，一类属于动作指令式手势，另一类属于动作次数及方向指令式手势，二者在发出时的肢体动作有明显区别，下面将分别介绍这两大类的手势口令。

1. 动作指令手势（见表4-11）

表4-11　动作指令手势

动作视频

动作名称	动作描述	动作照片
原地踏步 March	双手举过头顶，并且两手掌心相对，双手依次在头顶处做出"切菜"状动作	
侧并步 Step touch	这个动作的常用手势有两种。第一种，一侧手立掌，手指尖指向上方且掌心向前，同时手臂置于身体前侧下方45° 位置，另一侧手指尖指向下方且掌心向内，同时手臂置于身体侧下方45° 位置。第二种，双手手指尖指向下方且掌心向内，同时手臂置于身体侧下方45° 位置	

续表

动作名称	动作描述	动作照片
前后步 Easy walk	双手掌心相对，手臂置于身体前侧下方且保持平行状态	
V字步 V-step	双手掌心向内，手臂置于头侧上45°位置	
曼波步 Mambo	以右侧腿曼波步为例，右手掌心向内，手臂直臂置于身体前侧下方45°位置，左侧手臂屈臂，掌心向内且手指尖触碰右侧肘关节内侧，小臂抬至上腹部位置。两手臂方向调转即为反方向手势。注意，直臂一侧手臂给出的手势一定为动作的实际运动方向	

动作名称	动作描述	动作照片
婴儿曼波步 Baby mambo	以右脚为启动脚的婴儿曼波步动作为例，此动作手势分为两步，第一步双手在头顶处做相互交叉状，即"X"状；第二步重复曼波步的动作手势	
方形步 Box step	双手在头顶处做相互交叉状，即"X"状	

动作名称	动作描述	动作照片
一次吸腿 Knee/single knee/ 两次吸腿 Double knee / 三次吸腿 Three knee/triple	用手指代替吸腿次数，手臂直臂举过头顶，伸向动作实际运动方向，一般情况下吸哪一侧的腿，另一侧的手臂给出动作手势，同时同侧手可以轻轻触碰大腿外侧，以提示学员做好动作准备。以右腿吸腿两次动作为例，左手手指伸出两根手指，且手臂置于右腿实际运动方向处，注意前侧吸腿手臂一般伸直后置于头正上方，侧方吸腿手臂一般伸直后置于头侧45°位置。（关于三次吸腿的指令手势，一般我国习惯使用"OK"手势来代替，而国际通用手势为图三，因此我们在教学过程中尽可能使用图三动作来表示"三次吸腿"的动作指令）	图一 图二 图三

动作名称	动作描述	动作照片
后交叉步 Grapevine/Cross	以右脚为启动脚的后交叉步动作为例，此动作手势分为两步，第一步双手在头顶处做相互交叉状，即"X"状见（图一）；第二步右侧手臂侧平举且掌心向下，左侧手臂屈臂置于胸前且同样掌心向下（见图二）	图一 图二
后屈腿 Leg curl	双手置于臀部上，掌心向后且指尖向下，在此基础上手指持续做向上屈的动作。此动作是以上所有动作手势中唯一一个"动态手势"	

续表

动作名称	动作描述	动作照片
转体，转圈 Pivot（Turn）	以向右侧转体、转圈为例，右侧手臂侧平举且掌心向下，左手手臂大臂与小臂折叠保持90°且食指指向天空同时绕圈。	
其余动作	除以上动作有特定手势外，其余动作手势均通过在遵循以下几点的基础上自行设计：首先，手指给出在完成一次动作时所需要重复的次数，如三次吸腿用手势"三来代替"；其次，手臂给出动作将来运动的大致方向，如向前进行的动作可通过手臂向前方或前下方的指向完成	—

在这里需要注意两点：

（1）并不是每一个动作都有特定的动作手势，因此在有些时候，教练员需要通过与口令结合的方式进行动作指导。

（2）动作手势只在此动作开始之前给出，并且当动作持续进行过程中不用每一次动作都给出动作手势，动作的运动次数用口令及数字手势代替即可。

2.动作方位手势（见表4-12）

表4-12　动作方位手势

名称	动作描述	动作图片
向前	面向学员，双手手臂前平举，掌心向上，指尖由向前的位置向内卷曲手指，同时教练在引导学员向前进时应做出与学员相反的后退动作	
向后	镜面示范时，双手手臂前平举，掌心向前，立掌，做出向前"推"状，同时教练在引导学员向后退时应作出与学员相反的前进动作 背面示范时，双手手臂在肩关节处形成90°以上夹角，掌心向后，在大臂不做移动的前提下做小臂的屈伸，同时教练在引导学员向后退时应做出与学员相同的后退动作	

续表

名称	动作描述	动作图片
向侧	单侧手臂向体侧水平地面方向做手臂侧平举动作，给出下一动作将要运动的大致方向，手指五指并拢，掌心朝向地面	
向侧前	单侧手臂向身体侧前45°水平地面方向做手臂平举动作，给出下一动作将要运动的大致方向，手指五指并拢，掌心朝向身体内侧	
向侧上	单侧手臂向身体侧上45°方向做手臂平举动作，给出下一动作将要运动的大致方向，手指五指并拢，掌心朝向身体内侧	

　　这里有一个提示：当教练需要学员完成向前进或后退动作时，须采用镜面教学方式进行。

3. 其他手势（见表4-13）

表4-13　其他手势

动作视频

名称	动作描述	动作图片
从头开始 （From the top）	单侧手抚摸头顶	
将所学动作/左右动作 混合在一起 （Remix）	五指分开且双手张开后再合并在一起	

续表

名称	动作描述	动作图片
将动作次数减半 （Cut in half）	一侧手折叠置于胸前，另一侧手做从中间"锯"开状，犹如切东西的状态	

4. 手势设计

此部分也可自行设计，无固定统一动作，能向学员清楚表达意思即可。以上只给出启发式的动作手势，可在此基础上适当加入夸张的姿势、表情等，使之看起来更为生动、立体，同时也可以增加课堂的趣味性。

在此部分需要重点指出的是，动作手势给出后要持续 2～4 秒，并尽可能保持动作的标准度和稳定性，目的在于使学员可以清楚地接收到手势指令，并可以与有氧健身操套路中的手臂动作进行区分。在课程当中常会出现学员跟随教练员去进行动作手势的学习，误以为这是套路中的上肢动作，这种情况常出现在新学员以及新教练员的课堂中，作为教练员应多加练习，避免以上情况发生在自己的课堂教学里。

四、常用动作示范

动作视频

教练员作为指导者，在保证教学质量的同时还需要兼顾与学员在课程进行当中产生交流，观察和鼓励学员，因此在教学过程中的动作示范不仅要有背对学员的"背面示范"，还需要有面对学员的"镜面示范"。

"背面示范"顾名思义就是在教学过程中面部及身体前侧与学员的方向保持一致，这种示范的优点是可以使学员迅速模仿和学习动作，降低动作反应的难度，缺点是缺少了与学员的眼神和肢体上的沟通。

"镜面示范"就是教练员的面部与身体前侧与学员相对，二者犹如在相互照镜子，但学员在不改变动作运动方向的前提下，需要教练员迅速转换到反方向动作，与学员在视觉上保持动作运动方向的一致性。这种示范的优点是可以与学员产生交流沟通，并随时观察场地内的一切情况，缺点是使得学员的动作学习难度增加，尤其涉及复杂动作时，更加考验学员的动作学习能力（见表4-14）。

表4-14　"背面"和"镜面"教学的优缺点

优缺点	背面示范	镜面示范
优点	动作学习难度低	便于相互沟通，观察全场情况
缺点	缺少沟通	动作学习难度高

在教学过程中，教练员在一整堂课程中不可能仅通过一种动作示范方式进行教学，那样会显得较为枯燥和单调，因此要求教练员在授课过程中采用"背面"和"镜面"相结合的方式进行教学。对于难度较高的动作建议采取"背面示范"的教学方式，对于较为简单的动作或是需要与学员进行沟通时建议采用"镜面示范"的教学方式。在某些情况下为保证教授过程的持续性，教练员需要在两种动作示范中来回切换，如使用"镜面示范"与学员沟通完毕后马上进行下一组动作的练习或教授时，又如在组合练习过程中，某些难度较大的动作教授完毕后需要与学员与之进行互动和沟通，了解学员对所教授动作的反馈时，此时就需要"背面示范"与"镜面示范"的相互切换。在这个切换的过程中教练员作为动作的引导者，不能停下来，而要采取使学员看起来很"流畅"的方式，因此在"背、镜面"示范切换时要选择简单的"调整类"动作，如原地踏步（March）或侧并步（Step touch）。以侧并步（Step touch）为例，当动作开始时启动脚为"右侧"，教练员在"背面示范"时与学员的启动脚保持一致，而转向"镜面示范"后，学员的启动脚保持不变，但教练员的启动脚则从"右"变成了"左"，从视觉上来看，在完成这个转换的过程要尽可能的自然和流畅。

动作视频

五、基础动作教授方式

上文提到有氧健身操的 36 个基础动作，这些动作通常都会作为有氧健身操的基础动作出现，任何难度的有氧健身操动作组合都是通过这些基础动作的组合和动作变形来实现的，也就是说这些基础动作构成了有氧健身操。人们练习有氧健身操的目的有很多，这其中以增强体质、锻炼身体、愉悦身心为最主要目的，那么要使学员达到这些目的就需要让他们至少学会教练员所要教授的动作组合，并且还要在练习过程中保持一定的运动量，这样的有氧健身操课程才称得上是一节高质量的课程。同时，作为一名有氧健身操教练员，需要在授课过程中应对各类的突发情况，有时我们面对的学员也许是一群没有一点运动基础的"小白"，这时教练员除了要有足够的耐心之外，更应采用合适的方式继续开展教学，当然这里不建议采取牺牲运动强度来强调动作教学，如将音乐停下来一个一个地进行动作讲解。这一节将对 36 个有氧健身操基础动作如何进行分步教学进行举例讲解。

在对 36 个有氧健身操基础动作讲解之前，我们可以回忆一下上文提到过的，在所有动作分类中我们将动作分为两类，一类称为"换脚动作"，另一类则称为"不换脚动作"，不换脚动作可以用原地踏步或侧并步作为最初始的动作，从这两个动作我们可以变换出很多基础动作，举几个例子，如表 4-15 所示。

表 4-15　后交叉步 [Grapevine（cross）] 教授步骤

步骤	动作	英文名称
1	原地踏步	March
2	侧并步	Step touch
3	侧踏两步	Double step
4	后交叉步	Grapevine（Cross）

当我们要教授学员后交叉步时，如果学员水平不足以很快速地完成最终要教授的这个动作，那么教练员可将该动作进行拆解，按步骤一步一步地进行教授，这个过程就是遵循了"难度渐进"原则。所谓"难度渐进"原则就是指任何有氧健身操的动作教授或动作组合教授都应该是从最简单的动作开始，由一个循序渐进的过程让学员逐渐可以跟得上并且学得会，在这个过程中不会使学员感到动作学习很难，更不会由于学不会而导致放弃练习，这些都不是教练员想看到的结果，这就需要教练员在动作教授和动作拆解方面提前做好功课。我们再来举几个例子，如表 4-16 ~ 表 4-20 所示。

表4-16　恰恰+后曼波步（Cha-cha Mambo back）教授步骤

步骤	动作	英文名称
1	原地踏步	March
2	侧并步	Step touch
3	侧踏两步	Double step
4	后交叉步	Grapevine（Cross）
5	恰恰+原地踏步2次	Cha-cha and Two march
6	恰恰+后曼波步	Cha-cha Mambo back

表4-17　V字步（V-step）教授步骤

步骤	动作	英文名称
1	原地踏步	March
2	前后步	Easy walk
3	V字步	V step

注：A字步教学方法同理，建议在教授完V字步之后直接继续教授A字步。

表4-18　婴儿曼波步（Baby mambo）教授步骤

步骤	动作	英文名称
1	原地踏步	March
2	前后步	Easy walk
3	曼波步	Mambo
4	婴儿曼波步	Baby mambo

表4-19　向前扭摆（Twist）教授步骤

步骤	动作	英文名称
1	一次吸腿	Knee(Single knee)
2	扭摆	Twist

表4-20　"翻勺"跳（Scoop jumping）教授步骤

步骤	动作	英文名称
1	一次吸腿	Knee(Single knee)
2	上步后屈腿	Leg curl
3	"翻勺"跳	Scoop jumping

通过以上几个动作的例子可以发现，在这类动作拆解过程中，步骤1动作的选择和最终要教授的那个动作有以下几点相似之处：①都属于同一类动作（换脚动作为一类，不换脚动作为一类）；②步骤1动作的选择都以两类动作中最基础的动作作为开始动作；③在动作变换过程中与最终要教授的动作在运动方向上是

一致的。这提示了我们什么呢？仔细思考一下，无论是单个动作还是组合动作，只要我们在拆解过程中去寻找到那个和它相似的动作就可以找到教授这个动作的方法和过程，这就如同我们找到了这个动作的"根"或是该动作的"祖先"，顺着这个脉络就可以将动作或动作组合很好地进行归类之后拆解。以上三点不但适用于单个动作的拆解和教授，同样适用于动作组合的拆解和教授，这一部分将在后面进行详细说明。

六、身体朝向点位说明

在有氧健身操的组合练习过程中，身体正面的朝向经常会发生变化，为了让学员更好、更快地理解教练员动作教授时的准确方位，在有氧健身操练习时将场地内依据钟表的走向，顺时针方向分成了 12 个点，这样就会更方便和准确地告知学员每一个动作在进行时身体正面所处的位置，具体如图 4-7 所示。

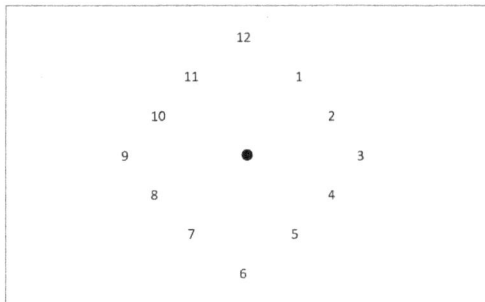

图4-7　身体方位图

七、成套动作拆解方法

注意，此部分灰色区域为较上一步骤的变化部分。

（1）高级课程（★★★）示例组合 1（见表 4-21）

动作视频

表4-21　高级课程（★★★）示例组合1

步骤	动作（以右侧为例）	变化动作说明	重点注意事项	拍节数	拍节校对
1	1 Knee（左）+March			2×8拍	1～2拍　1 Knee（左） 3～16拍　March

步骤	动作（以右侧为例）	变化动作说明	重点注意事项	拍节数	拍节校对
2	1 Knee（左）+1 Manbo（右）+March	加入1个Manbo		2×8拍	1~2拍 1 Knee（左） 4拍 1 Manbo（右） 5~16拍 March
3	1 Knee（左）&Turn+1 Manbo（右）+March	加入1个Turn	迈右脚向左侧做Turn同时做吸腿动作	2×8拍	1~2拍 1 Knee（左）&Turn 4拍 1 Manbo（右） 5~16拍 March
4	1 Knee（左）&Turn+1 Manbo&1 Knee&1 Cha cha（右）+March	加入1个Knee和1个Cha cha	Cha cha时原地进行	2×8拍	1~2拍 1 Knee（左）&Turn 4拍 1 Manbo（右） 5~8拍 1 Knee&1 Cha cha（右） 9~16拍 March
5	1 Knee（左）&Turn+1 Manbo&1 侧踢腿&1 Shuffle（右）+March	将第2个Knee变形为侧踢腿，将Cha cha变形为Shuffle	Shuffle时身体朝向3点方向	2×8拍	1~2拍 1 Knee（左）&Turn 4拍 1 Manbo（右） 5~8拍 1 侧踢腿&1 Shuffle（右） 9~16拍 March
6	1 Knee（左）&Turn+1 Manbo&1 侧踢腿&1 Shuffle（右）+1 Manbo（左）+March	加入1个Manbo		4×8拍	1~2拍 1 Knee（左）&Turn 4拍 1 Manbo（右） 5~8拍 1 侧踢腿&1 Shuffle（右） 9~10拍 1 Manbo（左） 11~32拍 March
7	1 Knee（左）&Turn+1 Manbo&1 侧踢腿&1 Shuffle（右）+1 Manbo&后撤步（左）+1 Knee（右）+March2拍+9 Step touch	加入1个后撤步、1个Knee，将剩余March动作改为9个Step touch		4×8拍	1~2拍 1 Knee（左）&Turn 4拍 1 Manbo（右） 5~8拍 1 侧踢腿&1 Shuffle（右） 9~10拍 1 Manbo（左） 11~12拍 后撤步（左）+1 Knee（右） 13~14拍 March2拍 15~32拍 9 Step touch

续表

步骤	动作（以右侧为例）	变化动作说明	重点注意事项	拍节数	拍节校对
8	1 Knee（左）&Turn+1 Manbo&1 侧踢腿&1 Shuffle（右）+1 Manbo&后撤Freeze（左）+March2拍+9 Step touch	将第2个Knee变形为后撤Freeze	Freeze为2拍	4×8拍	1~2拍　1 Knee（左）&Turn 4拍　1 Manbo（右） 5~8拍　1 侧踢腿&1 Shuffle（右） 9~10拍 1 Manbo（左） 11~12拍　后撤Freeze（左） 13~14拍　March2拍 15~32拍　9 Step touch
9	1 Knee（左）&Turn+1 Manbo&1 侧踢腿&1 Shuffle（右）+1 Manbo&Twist（左）+March2拍+9 Step touch	将Freeze变形为Twist	Twist向左后侧转体至9点，原地2次March，利用Step touch调整身体方向重新朝向12点位置	4×8拍	1~2拍　1 Knee（左）&Turn 4拍　1 Manbo（右） 5~8拍　1 侧踢腿&1 Shuffle（右） 9~10拍 1 Manbo（左） 11~12拍　Twist（左） 13~14拍　March2拍 15~32拍　9 Step touch
10	1 Knee（左）&Turn+1 Manbo&1 侧踢腿&1 Shuffle（右）+1 Manbo&Twist（左）+Turn+9 Step touch	将March2拍变形为Turn	第二个Turn向左侧转体一圈重新回到9点	4×8拍	1~2拍　1 Knee（左）&Turn 4拍　1 Manbo（右） 5~8拍　1 侧踢腿&1 Shuffle（右） 9~10拍 1 Manbo（左） 11~12拍　Twist（左） 13~14拍　Turn 15~32拍　9 Step touch

步骤	动作（以右侧为例）	变化动作说明	重点注意事项	拍节数	拍节校对
11	1 Knee（左）&Turn+1 Manbo&1 侧踢腿&1 Shuffle（右）+1 Manbo&Twist（左）+Turn+1 Step touch+Cross（左）+Samba（右）+March 6拍+1 Knee（右）+March	将9次Step touch变形为Cross+Samba+March 6拍+1 Knee，剩余拍节用March代替	做Cross+Samba时身体朝向9点同时向6点移动	4×8拍	1~2拍 1 Knee（左）&Turn 4拍 1 Manbo（右） 5~8拍 1 侧踢腿&1 Shuffle（右） 9~10拍 1 Manbo（左） 11~12拍 Twist（左） 13~14拍 Turn 15~16拍 1 Step touch 17~22拍 Cross（左）+Samba（右） 23~28拍 March 6拍 29~30拍 1 Knee（右） 31~32拍 March
12	1 Knee（左）&Turn+1 Manbo&1 侧踢腿&1 Shuffle（右）+1 Manbo&Twist（左）+Turn+1 Step touch+Cross（左）+Samba（右）+Box-step+March 2拍+1 Knee（右）+March	将March 6拍变形为Box-step+March 2拍	做Box-step时身体依旧朝向9点	4×8拍	1~2拍 1 Knee（左）&Turn 4拍 1 Manbo（右） 5~8拍 1 侧踢腿&1 Shuffle（右） 9~10拍 1 Manbo（左） 11~12拍 Twist（左） 13~14拍 Turn 15~16拍 1 Step touch 17~22拍 Cross（左）+Samba（右） 23~26拍 Box-step 27~28拍 March 2拍 29~30拍 1 Knee（右） 31~32拍 March

步骤	动作（以右侧为例）	变化动作说明	重点注意事项	拍节数	拍节校对
13	1 Knee（左）&Turn+1 Manbo&1 侧踢腿&1 Shuffle（右）+1 Manbo&Twist（左）+Turn+1 Step touch+Cross（左）+Samba（右）+Box-step+Turn+1 Knee（右）+March	将March 2拍变形为Turn	第三个Turn向左侧转体至12点	4×8拍	1~2拍　1 Knee（左）&Turn 4拍　1 Manbo（右） 5~8拍　1 侧踢腿&1 Shuffle（右） 9~10拍　1 Manbo（左） 11~12拍　Twist（左） 13~14拍　Turn 15~16拍　1 Step touch 17~22拍　Cross（左）+Samba（右） 23~26拍　Box-step 27~28拍　Turn 29~30拍　1 Knee（右） 31~32拍　March
14	1 Knee（左）&Turn+1 Manbo&1 侧踢腿&1 Shuffle（右）+1 Manbo&Twist（左）+Turn+1 Step touch+Cross（左）+Samba（右）+Box-step+Turn+Side tap（右）+March	将Knee变形为Side tap	做Side tap时左脚向左侧迈一步，身体朝向12点	4×8拍	1~2拍　1 Knee（左）&Turn 4拍　1 Manbo（右） 5~8拍　1 侧踢腿&1 Shuffle（右） 9~10拍　1 Manbo（左） 11~12拍　Twist（左） 13~14拍　Turn 15~16拍　1 Step touch 17~22拍　Cross（左）+Samba（右） 23~26拍　Box-step 27~28拍　March 2拍 29~30拍　Side tap（右） 31~32拍　March

步骤	动作（以右侧为例）	变化动作说明	重点注意事项	拍节数	拍节校对
15	1 Knee（左）&Turn+1 Manbo&1 侧踢腿&1 Shuffle（右）+1 Manbo&Twist（左）+Turn+1 Step touch+Cross（左）+Samba（右）+Box-step+Turn+Side tap（右）+Turn	将March变形为Turn	第四个Turn向右侧转体至12点	4×8拍	1~2拍 1 Knee（左）&Turn 4拍 1 Manbo（右） 5~8拍 1 侧踢腿&1 Shuffle（右） 9~10拍 1 Manbo（左） 11~12拍 Twist（左） 13~14拍 Turn 15~16拍 1 Step touch 17~22拍 Cross（左）+Samba（右） 23~26拍 Box-step 27~28拍 March 2拍 29~30拍 Side tap（右） 31~32拍 Turn

（2）高级课程（★★★）示例组合2（见表4-22）

表4-22　高级课程（★★★）示例组合2

步骤	动作（以右侧为例）	变化动作说明	重点注意事项	拍节数	拍节校对
1	3 Shasse+4 March			2×8拍	1~12拍 3 Shasse 13~16拍 4 March
2	1 Shasse+1 Cha cha&Manbo+1 Cha cha+6 March	将3个Shasse变形为1个Shasse+1个Cha cha&Manbo+1个Cha cha		2×8拍	1~4拍 1 Shasse 5~8拍 1 Cha cha&Manbo 9~10拍 1 Cha cha 11~16拍 6 March
3	1 Shasse+1 Cha cha&Manbo+1 Cha cha+6 March	改变动作方向	Cha cha&Manbo由向3点移动变为向6点移动	2×8拍	1~4拍 1 Shasse 5~8拍 1 Cha cha&Manbo 9~10拍 1 Cha cha 11~16拍 6 March
4	1 Shasse&Turn+1 Cha cha&Manbo+1 Cha cha+6 March	在Shasse中加入一个Turn	做Shasse同时做向左后方的Turn	2×8拍	1~4拍 1 Shasse&Turn 5~8拍 1 Cha cha&Manbo 9~10拍 1 Cha cha 11~16拍 6 March

续表

步骤	动作（以右侧为例）	变化动作说明	重点注意事项	拍节数	拍节校对
5	1 Shasse&Turn+1 Cha cha&Manbo+1 Cha cha&Turn+4 March	在第2个Cha cha中加入一个Turn	做第2个Cha cha同时做一向右后方的Turn	2×8拍	1～4拍　1 Shasse&Turn 5～8拍　1 Cha cha&Manbo 9～12拍　1 Cha cha&Turn 13～16拍　4 March
6	1 Shasse&Turn+1 Cha cha&Manbo+1 Cha cha&Turn+4 March摆髋	将4个March变形为摆髋March	将4 March变形为摆髋分腿的March	2×8拍	1～4拍　1 Shasse&Turn 5～8拍　1 Cha cha&Manbo 9～12拍　1 Cha cha&Turn 13～16拍　4 March摆髋
7	4 March摆髋同时甩手臂	单独教授手臂动作	双手臂同时甩向右下侧45°后向反方向绕一圈甩向左下侧45°（注：此时如需教授对侧动作时可用3 Knee来交换至反方向）	4拍	1～4拍　4 March摆髋
8	4 March摆髋同时甩手臂+1 Manbo+March 2拍	加入手臂动作后的脚下动作	朝向12点做Manbo（注：此时如需教授对侧动作时可用3 Knee来交换至反方向）	1×8拍	1～4拍　4 March摆髋 5～6拍　1 Manbo 7～8拍　March 2拍
9	1 Shasse&Turn+1 Cha cha&Manbo+1 Cha cha&Turn+4 March摆髋同时甩手臂+1 Manbo+March 14拍	从头全部连接		4×8拍	1～4拍　1 Shasse&Turn 5～8拍　1 Cha cha&Manbo 9～12拍　1 Cha cha&Turn 13～16拍　4 March摆髋同时甩手臂 17～18拍　1 Manbo 19～32拍　March 14拍

续表

步骤	动作（以右侧为例）	变化动作说明	重点注意事项	拍节数	拍节校对
10	1 Shasse&Turn+1 Cha cha&Manbo+1 Cha cha&Turn+4 March摆髋同时甩手臂+2 Heel touch+1 Manbo+March 12拍	加入2个Heel touch	做Heel touch时动作要快速	4×8拍	1~4拍 1 Shasse&Turn 5~8拍 1 Cha cha&Manbo 9~12拍 1 Cha cha&Turn 13~16拍 4 March摆髋同时甩手臂 17~18拍 2 Heel touch 19~20拍 1 Manbo 21~32拍 March 12拍
11	1 Shasse&Turn+1 Cha cha&Manbo+1 Cha cha&Turn+4 March摆髋同时甩手臂+2 Heel touch&1 Cross+March 12拍	加入2个Heel touch，将第2个Manbo变形为Cross	此时的Cross应为左脚在前右脚在后快速交叉，且身体稍向右侧移动	4×8拍	1~4拍 1 Shasse&Turn 5~8拍 1 Cha cha&Manbo 9~12拍 1 Cha cha&Turn 13~16拍 4 March摆髋同时甩手臂 17~20拍 2 Heel touch&1 Cross 21~32拍 March 12拍
12	2 Heel touch&1 Cross+March 2拍+2 Heel touch&1 Cross+March 6拍	在加入2个Heel touch之后教授转体衔接	做完第一遍Heel touch&Cross时应利用March转向6点准备第二遍Heel touch&Cross，之后利用March继续向右侧转身还原至12点（注：此时如需教授对侧动作时可用3 Knee来交换至反方向）	2×8拍	1~4拍 2 Heel touch&1 Cross 5~6拍 March 2拍 7~10拍 2 Heel touch&1 Cross 11~16拍 March 6拍

续表

步骤	动作（以右侧为例）	变化动作说明	重点注意事项	拍节数	拍节校对
13	1 Shasse&Turn+1 Cha cha&Manbo+1 Cha cha&Turn+4 March摆髋同时甩手臂+2 Heel touch&1 Cross+March 2拍+2 Heel touch&1 Cross+March 6拍	从头全部连接		4×8拍	1～4拍　1 Shasse&Turn 5～8拍　1 Cha cha&Manbo 9～12拍　1 Cha cha&Turn 13～16拍　4 March摆髋同时甩手臂 17～20拍　2 Heel touch&1 Cross 21～22拍　March 2拍 23～26拍　2 Heel touch&1 Cross 27～32拍　March 6拍
14	1 Shasse&Turn+1 Cha cha&Manbo+1 Cha cha&Turn+4 March摆髋同时甩手臂+2 Heel touch&1 Cross+March 2拍+2 Heel touch&1 Cross+1 Shuffle+1 Knee	将March 6拍变形为1个Shuffle+1个Knee	Shuffle的启动脚为右脚，Knee也为右侧		1～4拍　1 Shasse&Turn 5～8拍　1 Cha cha&Manbo 9～12拍　1 Cha cha&Turn 13～16拍　4 March摆髋同时甩手臂 17～20拍　2 Heel touch&1 Cross 21～22拍　March 2拍 23～26拍　2 Heel touch&1 Cross 27～30拍　1 Shuffle 31～32拍　1 Knee
15	1 Shasse&Turn+1 Cha cha&Manbo+1 Cha cha&Turn+4 March摆髋同时甩手臂+2 Heel touch&1 Cross+March 2拍+2 Heel touch&1 Cross+1 Shuffle+1 Knee&Turn	在最后一个Knee中加入Turn	做Knee&Turn时应向右后转体	4×8拍	1～4拍　1 Shasse&Turn 5～8拍　1 Cha cha&Manbo 9～12拍　1 Cha cha&Turn 13～16拍　4 March摆髋同时甩手臂 17～20拍　2 Heel touch&1 Cross 21～22拍　March 2拍 23～26拍　2 Heel touch&1 Cross 27～30拍　1 Shuffle 31～32拍　1 Knee&Turn

（3）高级课程（★★★）示例组合 3（见表 4-23）

表4-23　高级课程（★★★）示例组合3

步骤	动作（以右侧为例）	变化动作说明	重点注意事项	拍节数	拍节校对
1	4 Knee+4 Step touch		做Knee时身体朝向2点	2×8拍	1～8拍　4 Knee 9～16拍　4 Step touch
2	1 Stomp+3 Knee+4 Step touch	加入1个Stomp		2×8拍	1～2拍　1 Stomp 3～8拍　3 Knee 9～16拍　4 Step touch
3	1 Freeze+侧向跳跃步+3 Knee+4 Step touch	将Stomp变形为1个Freeze+侧向跳跃步	做Freeze+侧向跳跃步时向2点移动	2×8拍	1～2拍　1 Freeze 3～8拍　3 Knee 9～16拍　4 Step touch
4	1 Freeze+侧向跳跃步+1 Manbo+2 Knee+4 Step touch	加入1个Manbo，减少1个Knee		2×8拍	1～2拍　1 Freeze 2～4拍　侧向跳跃步+1 Manbo 5～8拍　2 Knee 9～16拍　4 Step touch
5	1 Freeze+侧向跳跃步+1 Twist+2 Knee+4 Step touch	将Manbo变形为Twist	Twist向右后侧转体至7点后直接抬左脚做2次Knee	2×8拍	1～2拍　1 Freeze 2～4拍　侧向跳跃步+1 Twist 5～8拍　2 Knee 9～16拍　4 Step touch
6	1 Freeze+侧向跳跃步+1 Twist+1 Kick ball change+4 Step touch	将2个Knee变形为1个Kick ball change	做Kick ball change时身体朝向7点	2×8拍	1～2拍　1 Freeze 2～4拍　侧向跳跃步+1 Twist 5～8拍　1 Kick ball change 9～16拍　4 Step touch
7	1 Freeze+侧向跳跃步+1 Twist+1 Kick ball change&Turn+4 Step touch	在Kick ball change后加入转体	利用Kick ball change完成后的1拍马上向左后转体，身体朝向12点	2×8拍	1～2拍　1 Freeze 2～4拍　侧向跳跃步+1 Twist 5～8拍　1 Kick ball change&Turn 9～16拍　4 Step touch

续表

步骤	动作（以右侧为例）	变化动作说明	重点注意事项	拍节数	拍节校对
8	1 Freeze+侧向跳跃步+1 Twist+1 Kick ball change&Turn+1 Stomp+2 Leg curl+2 March	将4个Step touch变形为1个Stomp+2个Leg curl+2个March		2×8拍	1～2拍 1 Freeze 2～4拍 侧向跳跃步+1 Twist 5～8拍 1 Kick ball change&Turn 9～10拍 1 Stomp 11～14拍 2 Leg curl 15～16拍 2 March
9	1 Freeze+侧向跳跃步+1 Twist+1 Kick ball change&Turn+2 Tap+2 Leg curl+2 March	将1个Stomp变形为2个Tap	做Tap时右脚向10点和3点方向分别各点地一次	2×8拍	1～2拍 1 Freeze 2～4拍 侧向跳跃步+1 Twist 5～8拍 1 Kick ball change&Turn 9～11拍 2 Tap 12～14拍 2 Leg curl 15～16拍 2 March
10	1 Freeze+侧向跳跃步+1 Twist+1 Kick ball change&Turn+2 Tap+1 Shuffle+1 Leg curl+2 March	将2个Leg curl变形为1个Shuffle+1个Leg curl	右脚在做完2次Tap后马上做Shuffle，身体朝向2点	2×8拍	1～2拍 1 Freeze 2～4拍 侧向跳跃步+1 Twist 5～8拍 1 Kick ball change&Turn 9～13拍 2 Tap+1 Shuffle 14拍 Leg curl 15～16拍 2 March
11	1 Freeze+侧向跳跃步+1 Twist+1 Kick ball change&Turn+2 Tap+1 Shuffle+1 Cha cha+March	将1个Leg curl+2个March变形为Cha cha+March	做Cha cha时向9点稍做移动，身体朝向12点，做March时踏1次	2×8拍	1～2拍 1 Freeze 2～4拍 侧向跳跃步+1 Twist 5～8拍 1 Kick ball change&Turn 9～13拍 2 Tap+1 Shuffle 14～16拍 1 Cha cha+March
12	1 Freeze+侧向跳跃步+1 Twist+1 Kick ball change&Turn+2 Tap+1 Shuffle+1 Cha cha+Turn	在Cha cha后加入Turn	做Turn时身体顺势向左后转，身体最终朝向12点	2×8拍	1～2拍 1 Freeze 2～4拍 侧向跳跃步+1 Twist 5～8拍 1 Kick ball change&Turn 9～13拍 2 Tap+1 Shuffle 14～16拍 1 Cha cha+Turn

八、常见教学气氛调节方法及设计

一堂好的有氧健身操课程可以从以下几个方面进行衡量：第一，课堂中 80% 以上的学员能够学会和完成本堂课所教授的动作内容；第二，课程进行过程中没有学员中途选择离开（除个别因个人原因离开）；第三，课程强度适中，适中体现在大部分学员最大心率的 65 % ～ 85 %，并不会出现学员因强度过大选择放弃的现象；第四，课程氛围轻松愉快，尤其在课程的展示或表演环节学员能够全情投入；第五，教练员深受学员追捧，课堂经常出现爆满的情况；第六，课程因教练员可以产出额外价值，在健身俱乐部中常以学员购买收费团操课程、延长会籍时间、愿意购买因此课程延伸出来的各类周边产品等方式体现。

我们如何能够让学员沉浸在一堂愉快、轻松的课程氛围之中，是需要每一位教练员考虑的重要问题之一。良好的课堂气氛不仅能够提升自身的价值，也能够让更多的学员喜欢上你的课，下面就来谈谈通过哪些方法是可以帮助你提升课堂气氛的。

1. 音乐法

音乐是有氧健身操课程的灵魂，在音乐的选择上大多时候多为英文歌曲，这就需要教练员随时关注英文音乐的流行趋势，将那些当下最受人们欢迎和追捧的英文歌曲通过正规渠道下载下来之后运用音乐软件连接在一起（音乐的剪辑内容将在本书的第五章节详细讲解），形成一首不少于 50 分钟的连续乐曲。当然，在这其中也可以在不影响整体视听效果的基础上加入一到两首中文流行音乐，通常放到整段连曲的开头和结尾。再者，在表演展示环节可运用一首音乐风格区别于课程教学环节连曲的音乐，这样可以提升学员的兴奋程度。更为高级的方法可以将表演展示环节的音乐与本堂课程动作完美结合，在音乐播放完的同时动作也随之结束，带给学员一种真正的舞台表演体验。

2. 音量大小

科学实验显示，外部环境对人体神经可以起到正向或负向的刺激作用，可以提升或降低人体神经中枢的兴奋程度，从而支配自身肢体行为。实践证明，在有氧健身操的课程中，音乐音量的大小是可以对学员的兴奋程度或参与的积极性造成一定影响的，这里并不是说音乐的音量增大就一定会使学员产生兴奋感，减小后这种感觉就会丧失，这还与教练员的教学水平、操厅内音响的质量、每位学员对音量大小的接受程度有关。但多数情况下，通过将音量大小调至一定合适的范围内，是可以让学员产生兴奋感的，在教学过程中过大的音量将会导致学员听不清楚教练员的口令，因此一般在最后的表演展示环节将音乐音量调大，此时教练员不再需要过多的口令引导，只需适当的鼓励即可，此时应让学员尽情地享受表演所带来的愉悦感和满足感，营造一种沉浸式的课程体验感。

3. 教练员的人格魅力

人格魅力指一个人在性格、气质、能力、道德品质等方面具有的很能吸引人的力量。教练员的人格魅力也是可以打造一堂成功的有氧健身操课程的关键所在。一个人的人格魅力是区别于他人而特殊独立存在的，笔者将它分为内在和外在两部分。在课堂的教学过程中，教练员可以通过外在个性装扮、区别于他人的时尚服饰、健康并且完美的身材、独特的音乐风格选择以及内在具有个人特色的动作编排和教授方式、富有个人风格语言及沟通方式、积极开朗乐观的性格、优雅的谈吐等，来组成属于你自己的人格魅力，这也是你提升课堂氛围的秘密武器。

4. 方向或队形的变化

多数时候，大部分人总是会对新鲜事物产生浓厚的兴趣，这点也同样体现在有氧健身操的课堂当中。有一个很有意思的统计，在健身俱乐部参与团操课程的学员当中，有相当一部分人每节课程所选择的锻炼位置是相同的，已经成为其个人的一种运动习惯，因此教练员可以打破或适当改变这种习惯，营造一种新鲜感的同时能够给其他学员在场地选择上多一些可选空间。（备注：健身俱乐部中入会年头较长的学员及参与课程时间较久的学员会经常选择靠近教练舞台或操厅前几排的好位置，这就造成新加入的学员永远只能是在操厅的后排或角落里进行锻炼，这显然是不公平的，作为教练员应在合适的情况下进行改变，即便是暂时性的改变。）

教练员可通过以下几种方式进行方向或队形的变化：

（1）在课程进行一段时间后可以要求学员进行前后排或左右列的位置调换；

（2）在动作设计中加入两人，最多不超过四人的配合动作，增加学员间的互动；

（3）改变自己的教学方向和位置，要求学员后转180°，此时最后一排的学

员变成了第一排；

（4）在表演展示环节加入整体队形的变化，如手拉手形成大圆圈、从中分成两块面对面展示动作等，也可自行设计队形，当然需要建立在安全的基础之上进行。

5. 合理并有趣的动作编排

好的动作编排会使学员在学习过程中不会感到枯燥，也不会让人觉得课程时间十分漫长。因此，在动作的编排方面要充分考虑前文讲到的"身体惯性"，不要设计使身体感到很别扭的动作，这也是对教练员编排水平的一种考验。建议在动作编排中加入一些反差感大的动作，如柔美的身体波浪、具有明显特征的其他舞种的动作等，也可以加入一些模仿动作，如模仿动物的动作等，这一部分需要教练员开动自己的创新思维进行设计，但要注意遵循设计原则。

6. 学员上台引领展示

所谓学员上台引领展示，其实是一种示范效应，人都会有争强好胜的心理，也会有相互攀比的心理，这里所列举的并不是代表一种负面的行为，而是一种正面积极的行为。正是利用了这种心理状态，当教练员选择一位本场表现好的学员上台展示时，就会激发起其他学员的这种心理反应，促使他们更为投入地去完成动作，以获取可以上台的机会。其次对于上台展示者也是一种行为上的肯定和鼓励，让其更有信心去继续跟随教练员完成更多的课程挑战。无论从哪一点上来看，这都会对学员起到激励的作用，以此来树立一种积极向上的课堂氛围。但是，作为教练员也不要忘了无论是台上还是台下的学员，在完成全部动作后不要忘了通过击掌、语言肯定、眼神肯定等方式给予其充分鼓励，以增强学员自信心。

九、如何提升课程难度

在有氧健身操的课程当中，课程按照级别区分，课程的难度随着课程的级别提高而上升，这么做的目的一来可以让课程形成一套有连续性的课程体系，二来可以满足不同学院的需求。提高课程中的动作难度可以分成两部分：一是在课程的教学过程中可以通过什么样的方法提升课程难度；二是在表演展示的环节如何让学员感到更具挑战性。

（一）教学环节

1.通过加入较为复杂的动作组合

所谓较为复杂的动作组合很难从量化标准去界定，教练员可以通过自我实践感受的方式来定义何为复杂的动作组合。一般来讲，作为教授课程的教练员，是具备一定的有氧健身操的基础的，在动作技术和基础上要好于学员；再者，教练员所要教授的动作是其在课前准备好的，对于动作组合比学员更加熟悉，因此在备课的过程当中如果教练员对某一段或某一个动作组合在跳过六遍及以上时，对于动作还没有清晰的把握，这就可以被定义为难度最高的组合动作，在教练员跳过三遍及以上的动作才能够熟记的动作组合，可以被定义为中等难度的动作组合。这就需要教练员结合自身主观感受和对所教授学员基础的熟悉程度来判定了。

2.在教学过程中多采用方向的变化来提升难度

方向感也称对方位认知，是人体对物体所处方向的感觉，如对东西南北、前后左右上下等方向的感觉。很多人对方向感的感觉并不很明显。在现有的科学研究中，大量的数据支持形成了基本上公认的结论——在人类和很多动物中，雄性动物具有相比于雌性动物更好的空间能力。因此，在统计意义上，女性平均比男性的空间能力弱，这说明了先天因素的影响力。方向感在我们的日常生活中无时无刻不在体现，但这方面的能力存在人与人之间，尤其是性别之间的个体差异，这就需要"后天"的练习去弥补。有氧健身操课程其中有一个很重要的功能是通过动作方向的不断变换来帮助学员提升其方向感，并且在课程中的主要参与群体为女性，而研究证实女性在方向感上往往要弱于男性，因此通过有氧健身操的练习可以很好地提升这部分的能力。

课程中教练员可以加入一些不断改变方向的动作组合来提升课程的难度，如在做婴儿曼波步时可以改变其方向，面向侧面去完成，这里需要教练员在编排动作时考虑上下两个动作的衔接问题，原则是不要让动作显得很突兀或感到很别扭。

3.将动作中加入"嗒拍"动作

"嗒拍"是在两个一拍音符之间加入一个半拍音符。在动作练习中，如果我们在一个动作中加入半拍，相当于我们的动作从一拍一动瞬间需要改变成半拍一动，这样突然性的变化需要大脑进行快速反应，通常动作中存在"嗒拍"时需要借用脚下的快速跳跃来完成，那么动作的强度也会瞬间变大，同时"嗒拍"动作

需要双脚依次离开地面并依次落地，且要与音乐节奏相互配合，动作需要快速完成，更要求动作不僵硬且协调，因此动作的练习难度也随之提高，这也使得动作更具有挑战性。在基础动作中恰恰步、滑步、交换步等都在动作中存在"嗒拍"，如恰恰步的拍子为"1 嗒 2"，如果将其中的"嗒拍"去掉，动作其实就变成了一个侧并步，正是因为有"嗒拍"的存在，恰恰步的难度和强度都要高于侧并步。与此同时，有氧健身操中的很多基础动作都可以在动作中加入"嗒拍"来提升动作难度和强度，如婴儿曼波步，在正常动作中双脚进行依次的交叉来完成此动作，节奏为"1，2，3，4，5，6"，六拍动作，在第 2 拍和第 3 拍中间加入一个"嗒拍"，此时双脚要通过相互配合快速完成一个跳跃，这样这个动作的难度瞬间被提高，而因"嗒拍"的存在动作的难度也被提高。

但值得注意的是，在一个不换脚的单个动作中或一个动作组合中加入"嗒拍"，会让单个动作瞬间由不换脚动作成为换脚动作，一个动作组合也由于加入了一个"嗒拍"导致这个组合在最后完成时最终结束脚将会由原来的一侧落到另外一侧，该问题出现的原因在于"嗒拍"在拍节上属于半拍，但在动作中这半个拍子是有一个实际动作加入的，如恰恰步，在没有"嗒拍"时动作主体为双脚依次向一侧的"一迈"和"一并"，而"嗒拍"的加入让这个动作在"一迈"和"一并"之间加入了一个新的移动动作，由于这个动作导致之前的"一迈"和"一并"速度需要加快，而此时这个动作其实由原来的脚下移动两次变为了移动三次，因此该动作较侧并步来讲，不但多了一次动作移动，而且是一个换脚动作。当教练员为提升课程难度而在单个动作或动作组合中加入"嗒拍"时，要根据课程的实际需求来添加，尤其在动作组合中，如果不想因为添加某个"嗒拍"动作而导致动作组合在单侧完成时由左右对称的交替进行变为只能单侧进行，那么就需要在动作组合中至少添加两个以上的偶数"嗒拍"动作。

4. 加入手脚配合的动作

有氧健身操的练习通常以脚下步伐练习为主，但在其功能中有一项是提升学员的肢体协调性。依托于这个宗旨，在有氧健身操步伐的基础上加入上肢的配合，可以很好地提升学员的肢体协调性的同时也提升了动作完成的难度。

注意在加入上肢动作时首先要保证整体动作的美观和协调，不要"为了添加而加"。其次对于不同水平的学员也要考虑加入不同的上肢动作。对于初学者来说，以学习脚下步伐为主，在动作组合中可不加入或少加入上肢动作，以保证学员能够将更多精力放在下肢动作的完成质量上，课程练习目的也是以练习下肢协调性为主；对于中级学员来说，上肢动作的加入尽量在以不影响下肢动作的基础上，可从两点进行把控，第一是上肢动作均为"一拍一动"的动作，第二是上肢动作要以左侧和右侧同时进行或相互对称为主；对于高级学员，上肢动作可加入"嗒拍"或是左、右侧不对称的动作，充分挖掘学员的潜力。

5. 加入"空"拍动作

"空"拍在音乐中的通俗理解是在一首音乐中出现的没有任何音乐节奏的空白，但其通常又具有一定的规律性。在有氧健身操中的"空"拍动作是指在两个动作（分别以 A 动作和 B 动作指代）的衔接过程中，在 A 动作或 B 动作上做短暂停留，这个停留是占用音乐的拍节的，只是动作上停止，通常情况下会停留 2 ~ 4 拍的偶数拍，也可停留奇数拍，奇数拍会使动作难度再次提升。

（二）表演展示环节

1. 将音乐的 BPM 加快

这个很好理解，通过改变音乐速度来提升动作展示过程中的难度。后面章节将会讲解如何改变音乐的 BPM 。

2. 改变表演展示时惯用的空间方位

上文提到，在健身俱乐部中一部分入会时间较长、参与课程时间较长的学员会习惯于在教室的某个固定位置上课。人往往习惯于某个空间或位置时，当换到一个陌生的空间或位置时首先要调整的是自身的适应能力，那么作为有氧健身操的课程来说，就需要帮助学员提升这种快速适应的能力，减短其适应的时间，因此在表演展示时可运用以下两种方法：

（1）让学员调转方向，由面向舞台改为面向侧或向后；

（2）学员间前后左右进行位置互换。

两种方法可在一堂课程中的表演展示环节交叉使用。

3. 将学员分为两组，面对面进行展示

采用的类似街舞中 Battle 对战的形式，将学员分成两组面对面进行表演展示，动作不做任何改变，这时学员可以看到在自己对面的另一部分学员的动作是和自

已方向相反的，对其起到干扰的作用，由此来提升学员的抗干扰能力，同时难度也随之提升。

十、如何提升课程的运动强度

运动强度是指做动作时用力的大小和身体的紧张程度。研究表明，人体对体育运动的精确反应，主要取决于运动强度，其次是时间、频率和环境以及个体生理状态等因素。因此，无论是在运动生理的实验研究中，还是在运动训练的计划和实施中，首先考虑的应是强度问题。适宜的运动强度能有效地促进身体机能的提高，增强体质。如果强度过大，超过身体的承受能力，反会使身体机能减退，甚至损害身体健康。

一堂 50 分钟的有氧健身操课程可以消耗大约 350 卡路里的热量，属于一项中等强度的有氧运动，教练员要在保证学员身体安全的前提下来完成这项体育运动。但是教练员在课程中对于运动强度的把控能力普遍是偏弱的，这需要在平时不断积累经验的同时也要注重相关知识的学习。在课程进行过程中，教练员可通过几点最简单的"直观观察"来判定课程的运动强度是否适合本节课的大部分学员，若出现如下情况则证明课程强度过大：①超过一半的学员在课程进行中途，没到教练员设定的补水、休息时间时自行休息；②超过三分之一的学员在课程进行过程中选择离开（此种情况发生的原因较为综合，也可能由于课程难度过大等原因）；③学员在进行跳跃动作时选择不跳或不尽力去完成；④在课程进行到一半之后学员出现因动作完成度不够导致的运动损伤情况（此种情况发生的原因较为综合，也可能是由于学员自身不具备完成此类动作的技能）；⑤学员在课程进行至后半部分时出现晕厥、呕吐、胸闷等突发状况（场地的空气质量和环境也是诱发此类情况的诱因）；⑥大部分学员在课程中途进行补水，休息时或在课程结束后出现急促的大口呼吸情况；⑦超过一半的学员在课程中途进行补水、休息或在课程结束后选择"席地而坐"，且久久不愿离去；⑧课程进行过程中部分学员要求教练员给予一定休息时间，或直接要求教练员降低练习强度。需要说明的是，"直观观察"法的观察依据并不充分，这是在限定条件下的一种相对较为有效的观察，观察目的为判定本节课程的强度高低，是对参与课程的全部学员进行观察后再对课程内容进行临时性调整的基础依据。

此外，除了课程的强度过大之外，还有可能出现课程强度不足的情况，下面我们将讨论如何在课程进行过程中，当教练员可以直观感受到本堂课程的运动强度不够时，该如何提高学员的运动强度。

（1）缩短或减少休息时间。以 50 分钟课程为例，中间的休息次数一般为 2 ~ 3 次，每次在 1 ~ 2 分钟为宜。

（2）改变音的 BPM。改变音乐的 BPM 可以使动作之间的衔接更为紧凑，动作速率更快，运动强度也随之增高。

（3）增加动作的练习次数。这也是一个很简单的快速提升运动强度的方法，但要注意避免过于枯燥。

（4）让学员加大动作幅度。教练员可通过加大自身示范动作、语言的提醒、不断的鼓励来提醒学员增大动作幅度，以求提升运动强度。

第五章　音乐选择、制作与剪辑

音乐是有氧健身操课程的灵魂，更是不可或缺的重要组成部分。音乐本身就是人类在发展过程中创造美、发现美的表现形式，是人类进步的象征。音乐也是人传递情感的载体，旋律的起伏可以使人的情绪发生变化，让人产生时而激动、时而悲伤、时而兴奋、时而低沉的情感体验。而体育和音乐的共通之处在于二者都是人表达情感、传递价值取向的重要载体，因此体育和音乐的结合可以让学员在练习过程中实现美育价值功能的同时，还对提升学员的精神文明生活，推动社会和谐发展具有重要意义。

第一节　音乐基本常识

一、音乐术语

（1）旋律：指若干乐音经过艺术构思而形成的有组织、有节奏的序列，是乐曲中最能体现艺术价值的部分。当人们在聆听一首乐曲时最先传递到脑海中和最先捕捉到的就是一首乐曲的旋律。

（2）节奏：指一段无序的节拍流被组合成长短不同的模式，音乐旋律进行中音阶、音符或者音节的长短和强弱等。节奏是乐曲的基本要素。乐曲中节奏的长短与强弱是最容易被人感知到的部分。

（3）节拍：指乐曲中具有规律性且交替呈现出的重拍和弱拍的总称。

（4）速度：指乐曲中节奏的快慢程度。现代音乐中常以"拍每分钟"作为计算单位，也就是我们常见的 BPM，全称为 Beats Per Minute。

（5）力度：指曲谱或音乐表演中音的高低强弱。通过不同乐器间高低强弱的变化来展现出乐曲中所蕴含的情感，是一种富有"魔力"的音乐要素。

（6）音色：指声音特有的属性，乐曲中包含的人声、乐器演奏声之所以可能被人分辨出来，就是源于其不同的音色，也是提升乐曲表现力的重要手段。

（7）和声：指两个或两个以上不同的音按一定的法则同时发声而构成的音响组合。它包括和弦、和声进行两部分，是通过对不同音的结合产生的一种相对规律且相对平衡的美。和声对于音乐节奏的快慢程度、音乐的爆发力与表现力、音乐的情感与效果有直接影响作用。

二、音乐的结构

音乐不是实物，它是看不见并且摸不着的，是虚拟的产物，但在所有的艺术表现形式中，音乐是最具有结构力的。聆听者通过对音乐片段的把握，经过大脑的想象，集合整理成一幅完整的画面，对音乐结构理解程度的高低取决于个人对音乐的欣赏能力和应用水平。

下面将对音乐结构中的要素进行分别阐述。

（1）前奏：英文简称" Intro "，英文全称" Introduction "，指歌曲开始前，主题思想的预先表达，对感情、意境和气氛的提前渲染，也是整首歌曲的"开端"。

（2）间奏：英文简称" Instr "，英文全称" Instrumental "，指存在于歌曲各乐段和乐句之间的器乐演奏，其作用在于承接整首歌曲的前奏并对后续音乐发展进行铺垫，使整首歌曲表达自然流畅。

（3）主歌：英文简称" V "，英文全称" Verse "，指对整首歌曲的故事背景、情感表达等进行具体的描述或交代，是出现在歌曲高潮之前的部分，也是将整首歌曲逐渐推向高潮的重要过程，更是一首歌曲的"主干"。

（4）副歌：英文简称" C "，英文全称" Chorus "，指在整首歌曲中，两段主歌演奏完成后的部分，可称为整首歌曲的"高潮"，是对主歌所表达主题思想的提炼和升华，也是整首歌曲中最容易让人印象深刻的部分。对一首歌曲来讲，人们经常容易哼唱的部分一般都为副歌部分。如歌曲《最炫民族风》中的"你是我天边最美的云彩，让我用心把你留下来（留下来），悠悠地唱着最炫的民族风，让爱卷走所有的尘埃"就是该首歌曲的副歌部分。

（5）桥段：英文简称" Br "，英文全称" Bridge "，指出现在主歌和副歌之后的部分，通常为无唱词的乐曲，起到过渡和承上启下的作用。

（6）尾声：英文简称" O "，英文全称" Outtro "，指歌曲的结尾部分，但并

不意味着歌曲的结束，而是对歌曲思想和情感的延续表达，使整首歌曲听觉上呈现出更为完美的效果。

第二节　音乐选择

有氧健身操课程的音乐选择常见为不间断的连续音乐，音乐长度多为 60 分钟以上的英文歌曲。这里首先要说明为什么我们要选择英文歌曲作为课程音乐，而少见用中文音乐。由于我们在上课过程中所采用的授课语言多为中文，如采用中文音乐作为授课背景音乐容易造成学员在听觉上受到音乐歌词的干扰而导致听不清教练发出的口令；其次，由于有氧健身操是在健美操的基础上发展而来的，而健美操起源于国外，因此从历史发展上我们很自然地选择了英文歌曲作为授课音乐；最后，课程中所采用的音乐多为国外流行歌曲，常见音乐风格有 Hip-hop 风格、Rap 风格、R&B 风格、House 风格的音乐，这些音乐由于具有明显的鼓点因此适用于有氧健身操的练习，而以上风格音乐在中文歌曲中较少，所以较难选择。

在制作有氧健身操的音乐时，将所有音乐连接在一起后还需注意音乐的 BPM，也就是音乐的播放速度。通常来讲有氧健身操的音乐 BPM 一般在 125 ~ 140，低于或高于这个区间都将使学员产生不适感，但是在表演展示环节所采用的音乐根据现场学员的情况 BPM 是可以高于 140 的，建议在 140 ~ 145 范围，过于快速的音乐会增加练习过程中的风险性。并且，在一首完整的授课音乐中，音乐的速度也不是一成不变的，音乐的速度也是随着音乐的播放逐渐提升的，只不过这个过程较为缓慢，留给课程的学员逐步适应的时间较长。

一、音乐获取渠道

在授课音乐方面教练员可以通过两种方式获取，一种是直接购买完整的授课音乐；另一种是通过正规渠道购买下载自己喜欢的音乐后运用软件将其连接到一起，这种方法对教练员的要求较高，但可以使课程更具明显的个人风格。

在音乐获取渠道上可以通过以下几种方式获取：

（1）自行通过"酷我音乐盒""网易音乐"等软件购买正版音乐；

（2）在各类网络购物平台软件内搜索"有氧健身操音乐"进行完整音乐的

购买；

（3）参加各类大师班（Master class）以获取最新、最流行的有氧音乐；

（4）通过专业的音乐 DJ 获取合适的音乐；

（5）从其他教练员手中换取或购买音乐。

通过以上五种方式，可以让你获取到有氧健身操音乐或适合进行有氧健身操课程的音乐，除此之外各位读者也可以通过其他正规渠道获取相关音乐。

二、对音乐的把控

具备一定水准的教练员在课程教授过程中对音乐的把控力理应是非常强的，那么我们应该从哪些方面对音乐进行把控，如何做到让你的课堂对学员产生吸引力呢？以下将对此部分进行尽可能详细的阐述。

对于音乐把控能力的增强最直接的益处就是能够让你的课堂氛围更好，使更多的人可以参与到你的课程当中，打造具有独特魅力的课堂，帮助你成为一名具有个人风格的教练员。笔者提出以下几点建议供读者参考：

（1）课程前对于音乐风格和音乐速度的选择应与本节课程的授课对象、外部环境及所期望达到的课程气氛相符合，如在教授较大年纪学员时，应选择 BPM 相对较慢且鼓点明确的乐曲；在教授年轻学员时，对于音乐的 BPM 选择上可适当向有氧健身操建议音乐 BPM 区间的上限靠近，风格上也可选择较为时尚的音乐。

（2）在课前教练员应对所选择音乐的音乐结构进行充分了解并熟知其中的特殊段落，整段有氧健身操音乐是一个高低起伏的过程，因此要对整段音乐中何时高潮，何时低潮进行充分把握。就视听感受来看，需自行感受音乐中的不同部分，以提升对音乐的熟悉程度。建议在试听过程中可将整段音乐分为内容教授、段落练习、阶段性整理恢复三部分来整理，在段落练习中一般选择音乐的高潮部分，阶段性整理中一般选择音乐的低潮部分，除此之外均可作为内容教授时的音乐，整理好这部分内容将为教练员后续的创编工作打下良好基础。需要特别提示的是，有氧健身操的音乐在高潮部分来临前通常会有一段音乐作为铺垫，可以理解为高潮部分到来前的一个渐进过程，而低潮部分出现的往往较为突然，这就需要教练员进行准确的把握。

（3）教练员在设计课程教授内容时要注意与整段音乐相结合，在音乐高潮部分来临之前的铺垫部分可通过对学员的情绪调动来让整个课堂氛围达到阶段性的饱满状态，如可通过加大口令及提示声的音量、音乐音量、手势及肢体的提示动作等形式，此外也可采用与学员产生其他形式的互动等方式来提升课堂氛围。进入高潮部分时要随着音乐情感的增强而加大动作的幅度，在低潮部分可以设计一些调整类动作，通过以上的课程设计以期达到课程内容与音乐起伏在情感表达上相匹配。必要时教练员可对所选用音乐作品的创作背景、作者及歌词部分进行详细了解，更为透彻地体会音乐创作者想表达的情感。适当时可将动作设计与音乐的情感表达相融合，通过有氧健身操特有的肢体语言来表达音乐所希望传递出的情感价值。

（4）教练员在音乐选择和课程内容设计完成后，要通过不断的练习来熟悉教授过程中的每一个细节，就像一名话剧演员在表演前不断进行彩排一样，将所期望达到的效果通过一次又一次的练习来增强印象，同时在练习过程中不断对音乐和动作的认知加深的基础上可就课程内容进行局部修改和完善，以达到尽可能完美的效果。

第三节　如何制作音乐

下面将就音乐剪辑进行讲解。本书以音乐剪辑软件 Cool Edit Pro 2.1 英文版软件及 MixMeister Fusion 7.3.5.1 中文版软件在 Windows 系统下运行为例进行讲解，利用 Cool Edit Pro 软件讲解音乐的剪切和连接，利用 MixMeister Fusion 软件讲解音乐速度的加减。

当然应用市场还存在其他音乐剪辑软件，读者可自行进行知识扩充。此章节的目的在于对软件基本功能进行讲解，便于教练员学习其基础功能，从而可以自行对音乐进行剪辑。

Cool Edit Pro 是美国 Adobe Systems 公司（前 Syntrillium Software Corporation）开发的一款功能强大、效果出色的多轨录音和音频处理软件。它提供多种特效为音乐作品增色：放大、降低噪声、压缩、扩展、回声、失真、延迟等。可以同时处理多个文件，轻松地在几个文件中进行剪切、粘贴、合并、重叠声音操作。使用它可以生成的声音有：噪声、低音、静音、电话信号等。该软件还包含 CD 播放器。其他功能包括：支持可选的插件、崩溃恢复、支持多文件、自动静音检测和删除、自动节拍查找、录制等。另外，它还可以在 AIF、AU、MP3、Raw PCM、SAM、VOC、VOX、WAV 等文件格式之间进行转换，并且能够保存为 RealAudio 格式。

本小节只对如何剪切音乐、如何将多首音乐进行连接、如何淡入和淡出音乐、如何制作静音效果、常用功能键几个板块进行讲解，如读者想学习其他更多功能请自行学习。

一、剪切音乐

音乐的剪切在日常音乐制作中经常会用到，我们可以通过剪切的方法将喜欢的音乐加长或缩短，也可以在音乐中间加入自己喜欢的段落或节奏，让整首音乐更具有个人风格特点。

步骤一，打开软件后点击左上角的"File"，之后点击"Open"，选择需要打开的音乐软件。

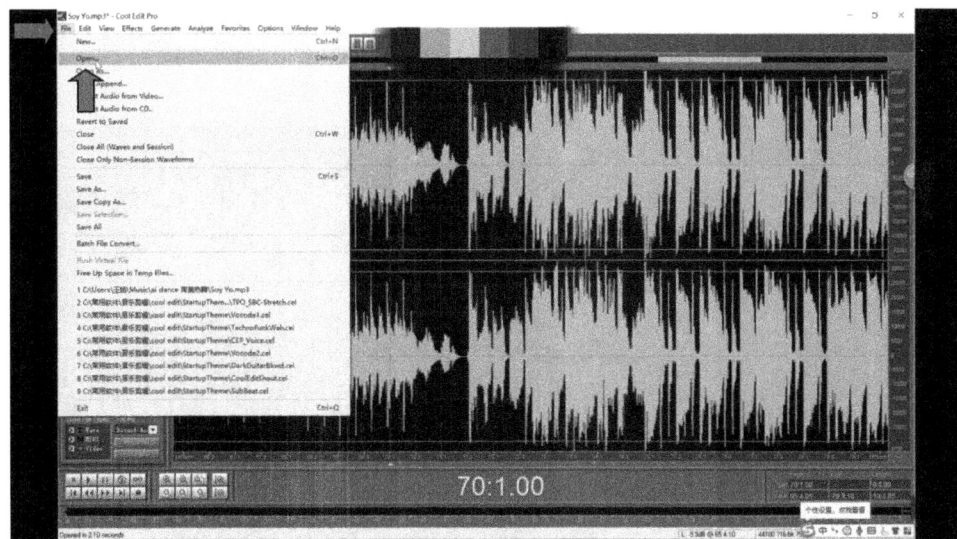

步骤二，选择好音乐曲目后点击"Open"，需要注意的是，由于音乐文件格式不同，因此如找不到自己电脑内的音乐时，可选择"文件类型"中的"All files"。

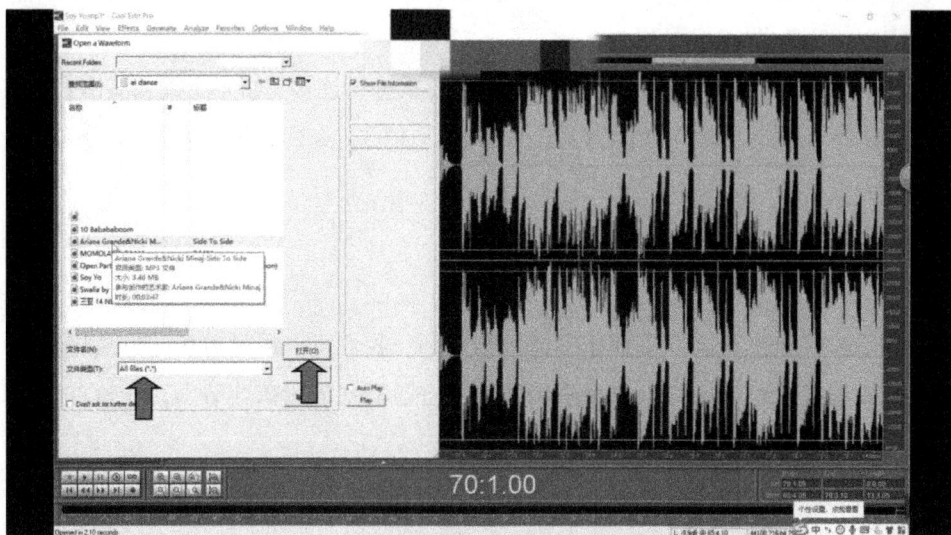

步骤三，鼠标左键选中要复制区域，待复制区域底色变白后，右击鼠标右键选择"copy"。

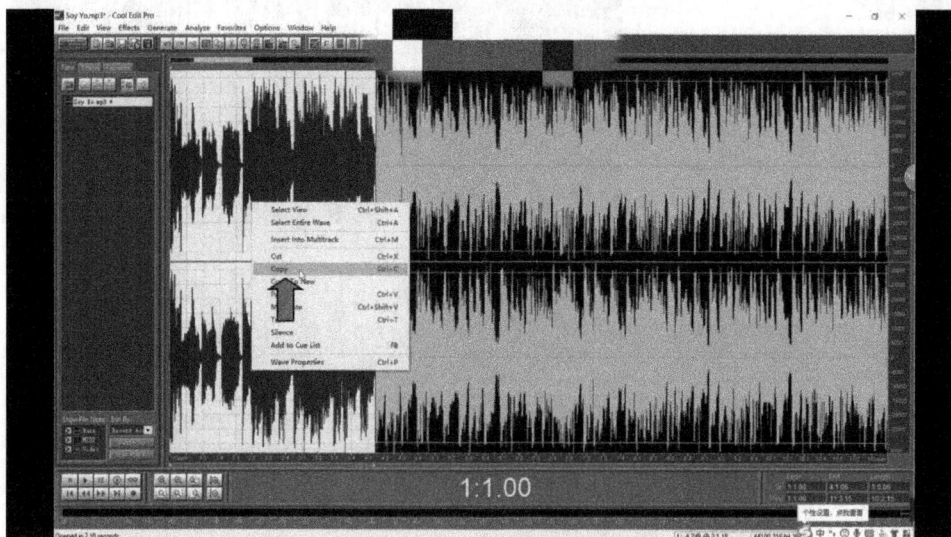

步骤四，之后将复制好的内容在要放置的区域点击鼠标左键，出现一条黄色虚线后，点击鼠标右键选择"Paste"进行粘贴。

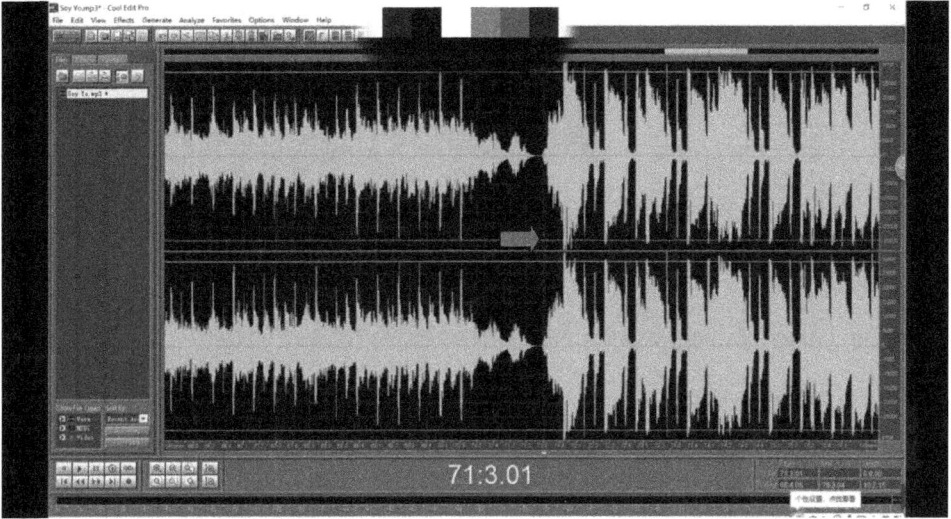

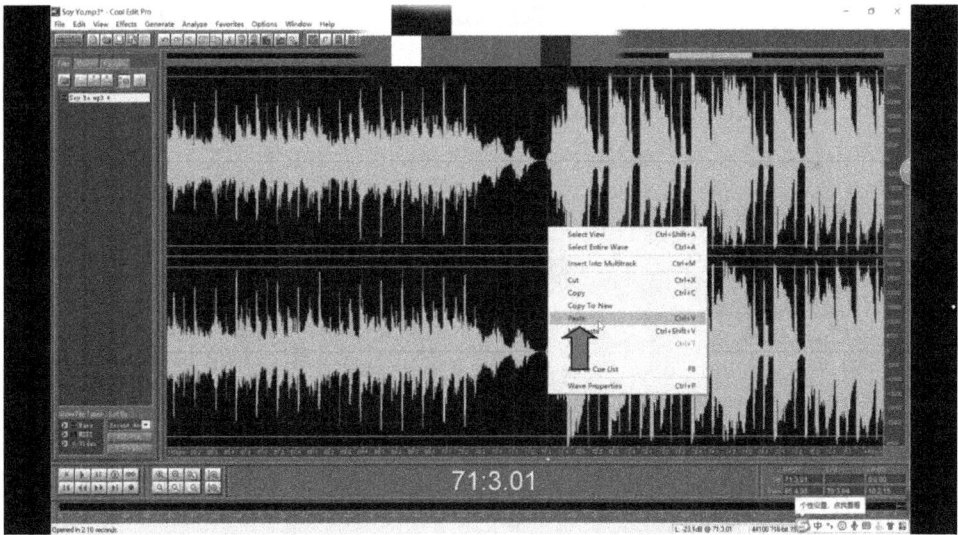

步骤五，对音乐进行剪辑完毕后点击右上角"File"之后点击"Save as"进行保存，注意此文件保存后并非覆盖了原文件，只是进行了"另存为"保存文件。

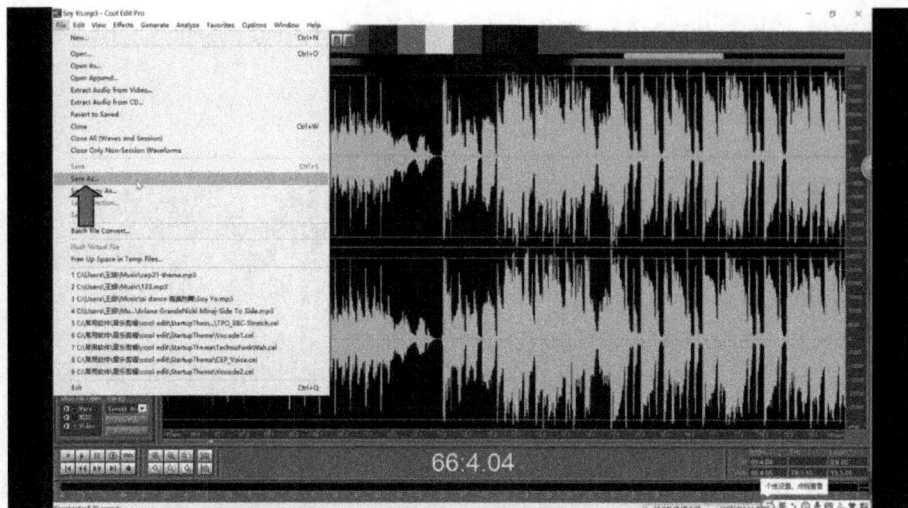

二、多音乐连接

有氧健身操的音乐多为 60 分钟以上的连续音乐，因此如何将多首音乐进行连接也是教练员需要必备的常用技能之一。依照以下方法，教练员可将自己喜欢的音乐风或是在曲风上相近、类似的音乐连接在一起，形成一首适宜有氧健身操使用的乐曲。

步骤一，依照上文方法，依次打开两个或两个以上音乐文件，之后按以下方法分别点击每首音乐：①点击鼠标左键使软件内的音乐文件变蓝；②点击鼠标右键选择" Insert Into Multitrack "，将文件插入多轨音频中。

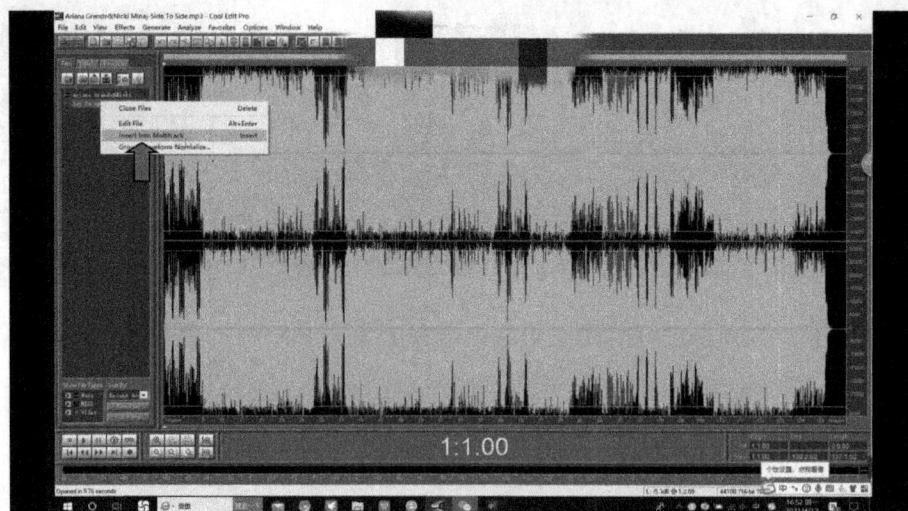

步骤二，点击左上角箭头所示，将界面切换到多轨界面。

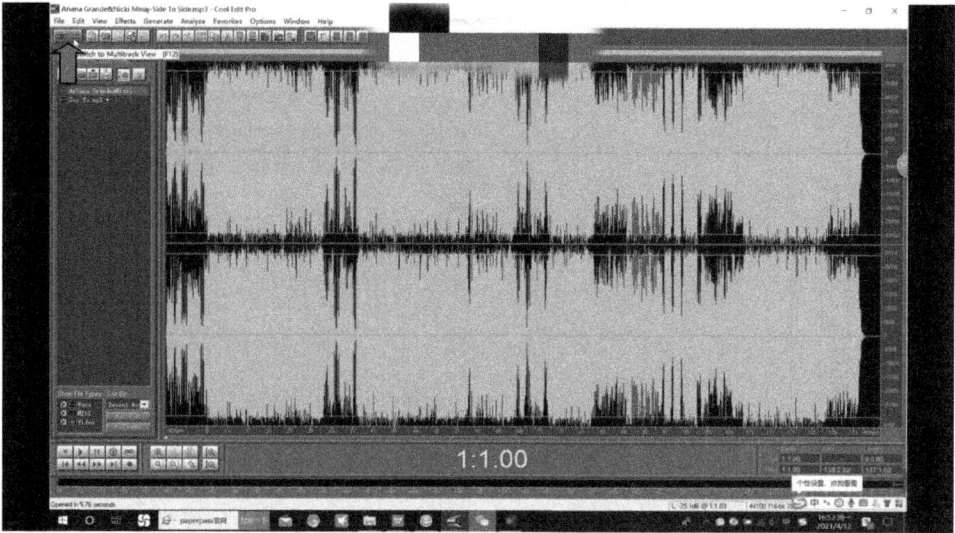

步骤三，如下图所示，进入到多轨界面。

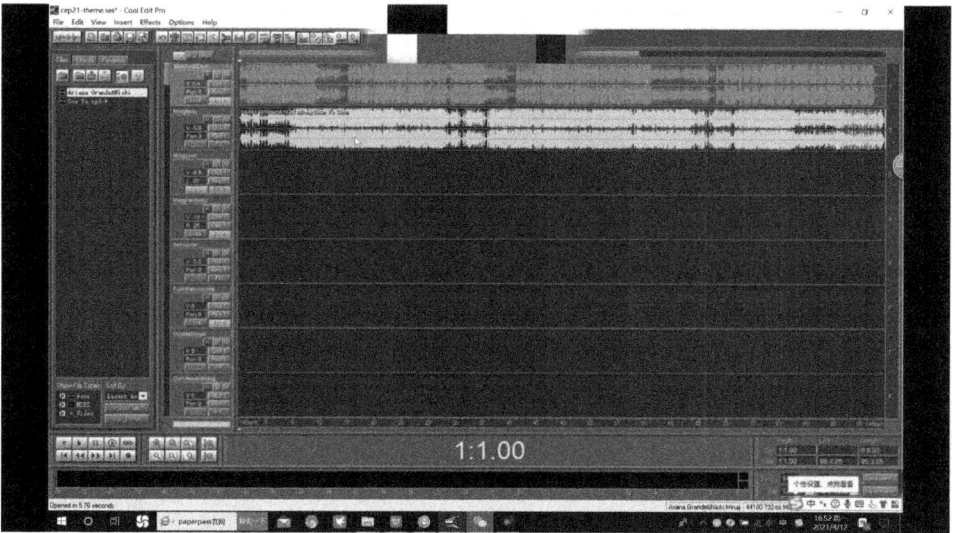

步骤四，按住鼠标右键拖动音频文件左右移动，调整至大致位置，利用箭头所指位置的"＋"和"－"来调整音频文件的长度，此方法可以精确文件连接位置。

步骤五，调整完成后，依次点击左上角"File"和"Save All"进行文件保存。

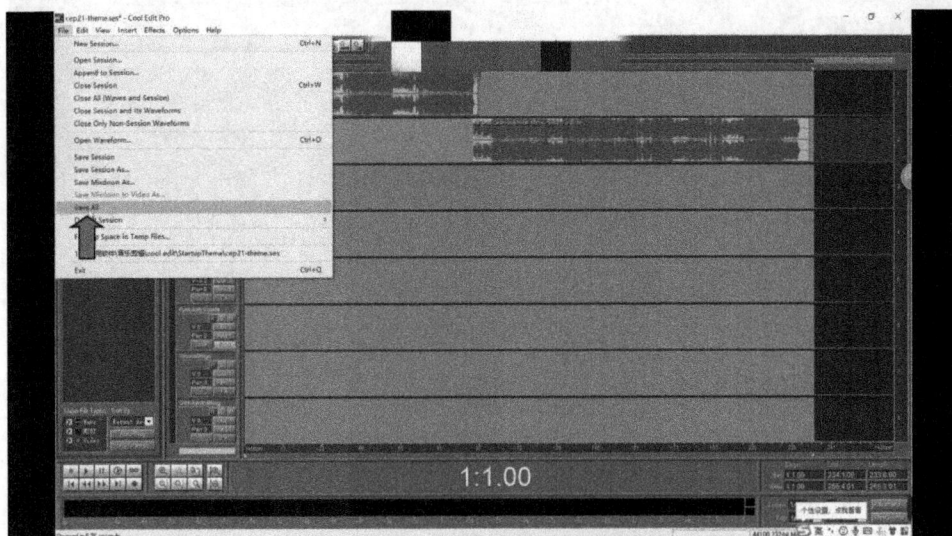

步骤六，之后出现以下界面连续点击"OK"后出现保存进度条。

三、淡入和淡出

淡入和淡出在两首音乐进行连接时常会用到，这么做可以使不同的两首音乐能够很"舒服"地连接在一起（这里需考虑两首音乐的风格、BPM 等因素）。在连接之前，教练员应对所要连接的音乐风格进行区分，建议至少按照乐曲与乐曲进行连接，歌曲与歌曲进行连接，避免有唱词的歌曲与无唱词的乐曲连接，这样

会显得整首音乐很突兀，听起来很不舒服。下面将分别进行讲解。

1.淡入

步骤一，点击鼠标左键圈住要淡入的区域，如图中箭头所示。

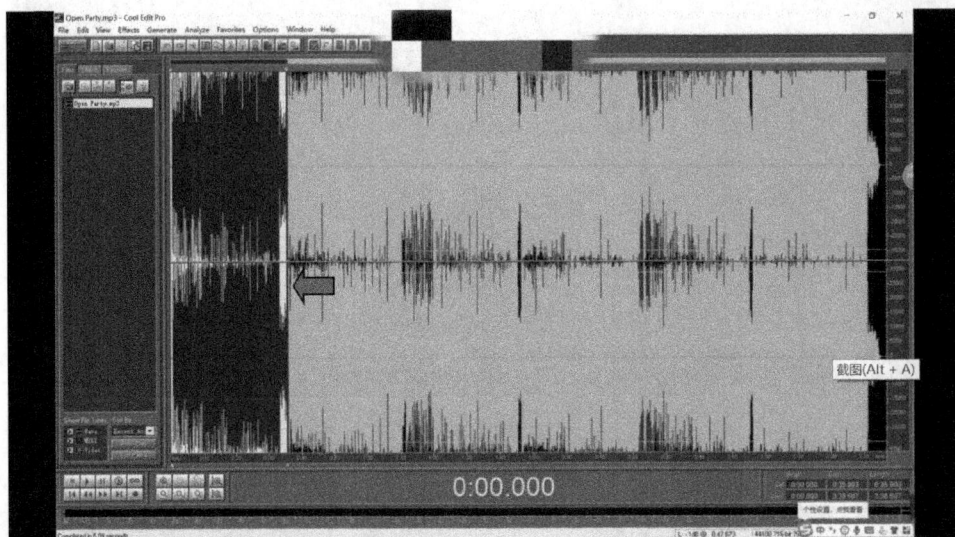

步骤二，点击"Favorites"中的"Fade in"即可。

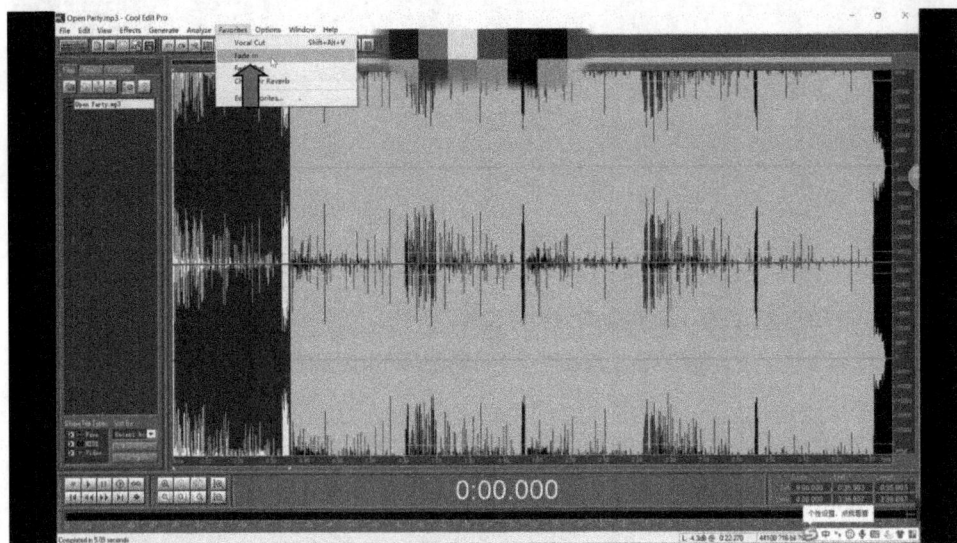

步骤三，之后呈现出箭头所示效果。

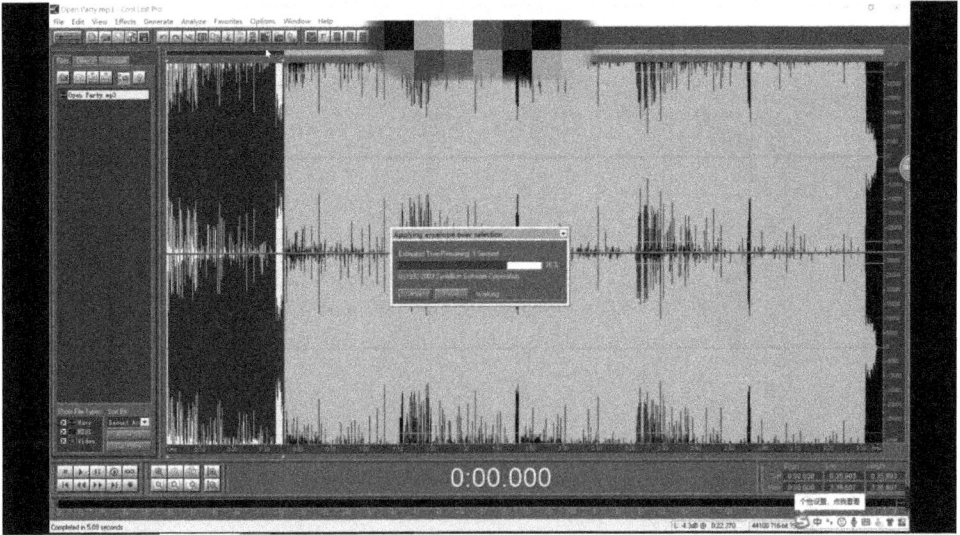

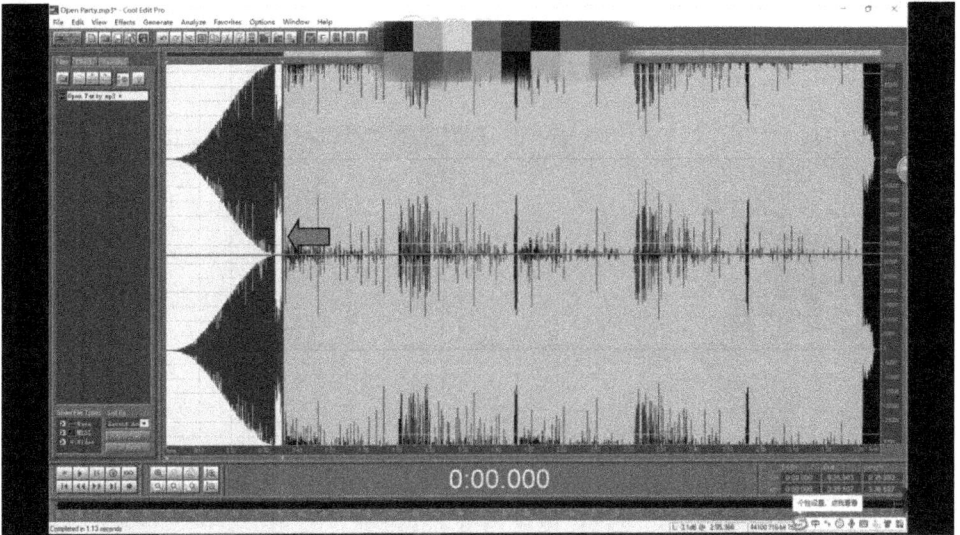

2.淡出

步骤一，点击鼠标左键圈住要淡出的区域，如图中箭头所示。

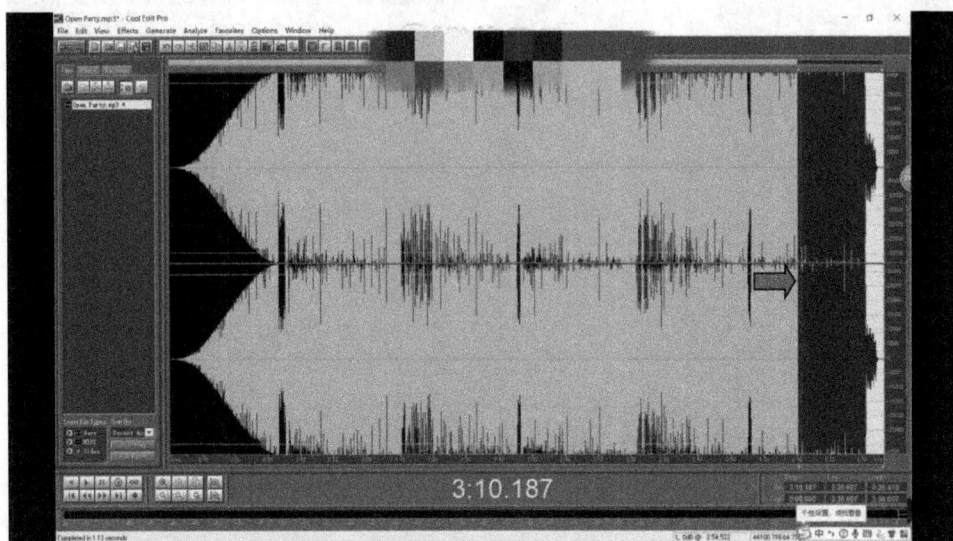

步骤二，点击"Favorites"中的"Fade out"即可。

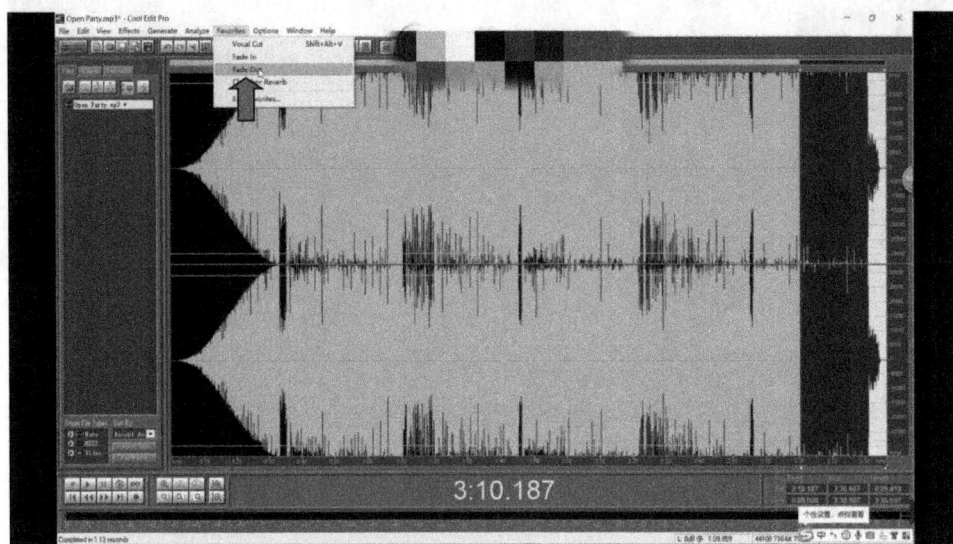

步骤三，之后呈现出箭头所示效果。

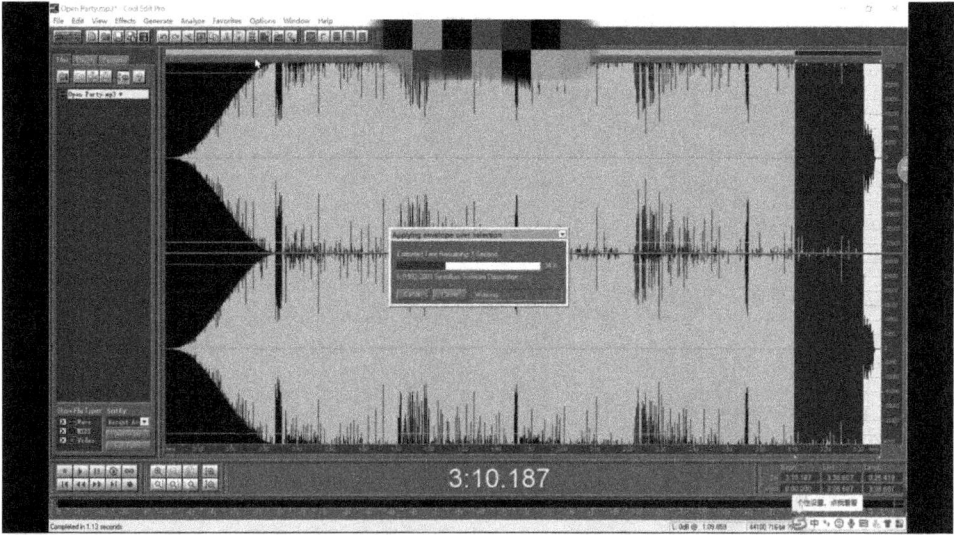

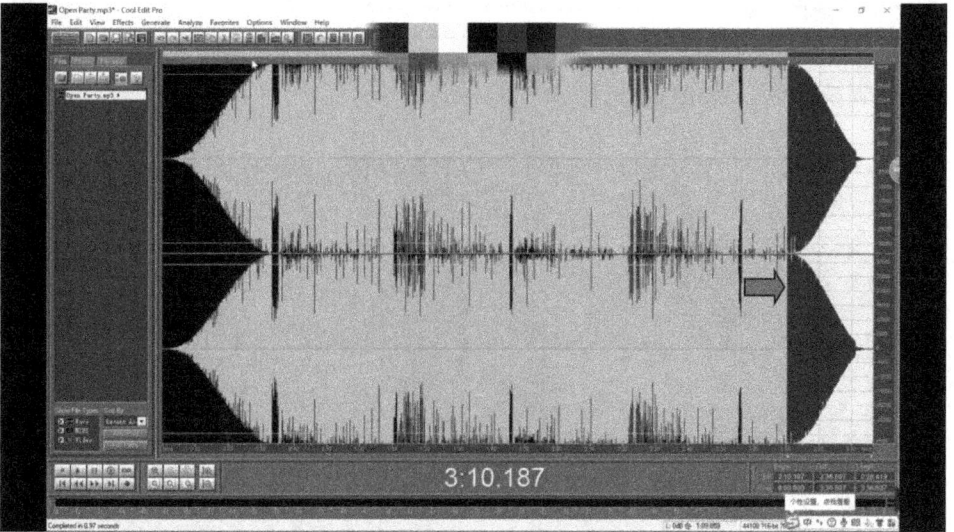

3.静音

步骤一，单击鼠标左键圈住要静音的区域，如图中箭头所示。

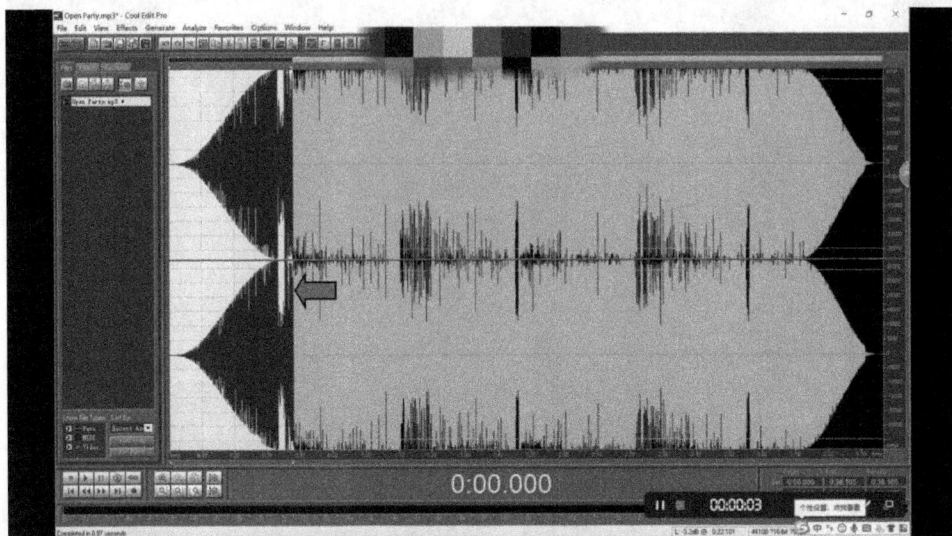

步骤二，单击鼠标右键选择"Silence"。

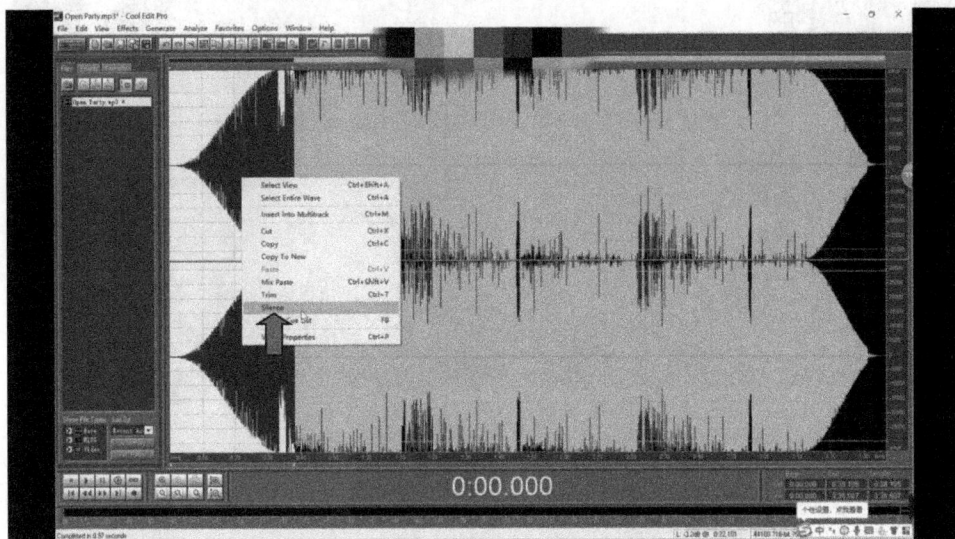

步骤三，之后呈现出箭头所示效果。

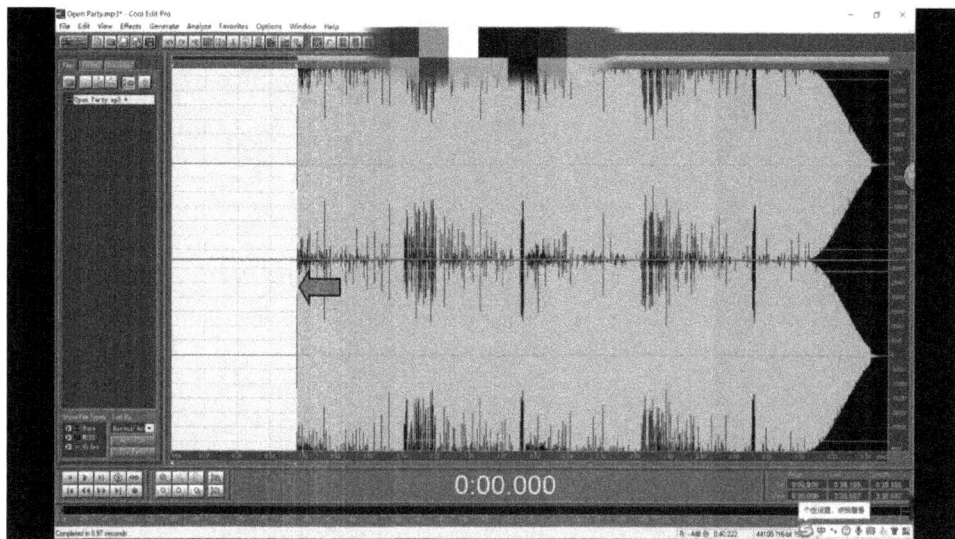

四、常用功能键介绍

在日常剪辑音乐过程中还有其他使用率较高的功能，下面进行简单介绍。

1. 撤销粘贴键

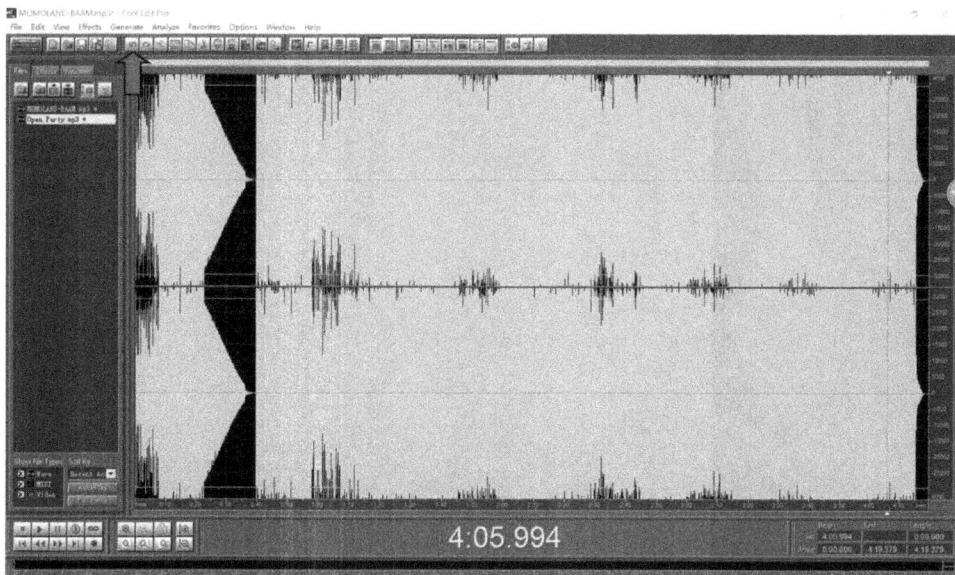

2. 删除键

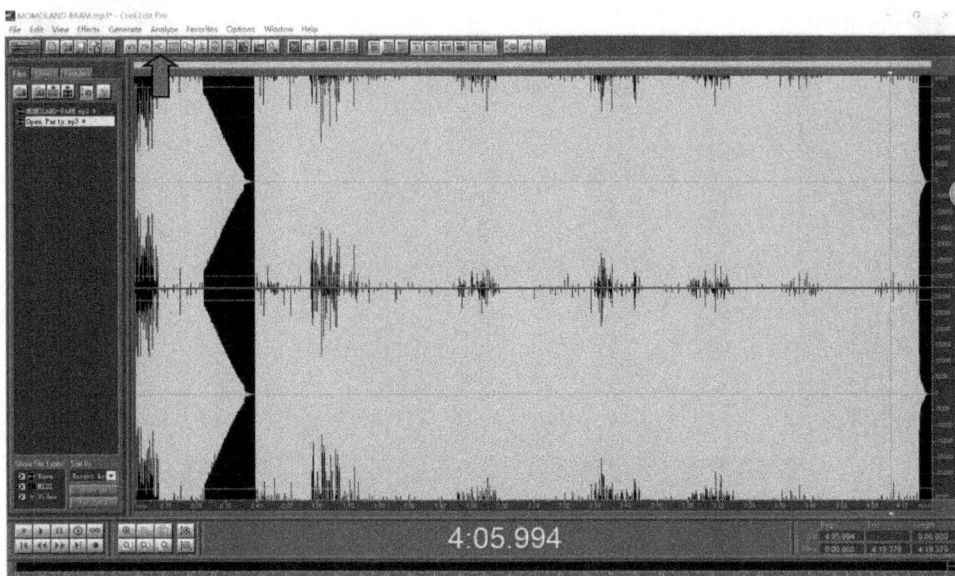

3. 音轨拉长放大键

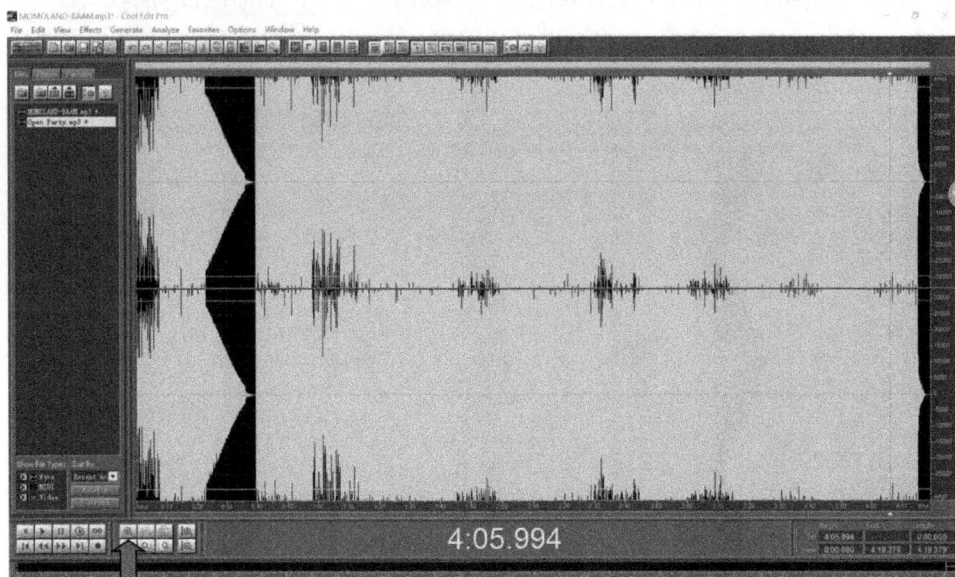

4. 音轨拉长缩小键

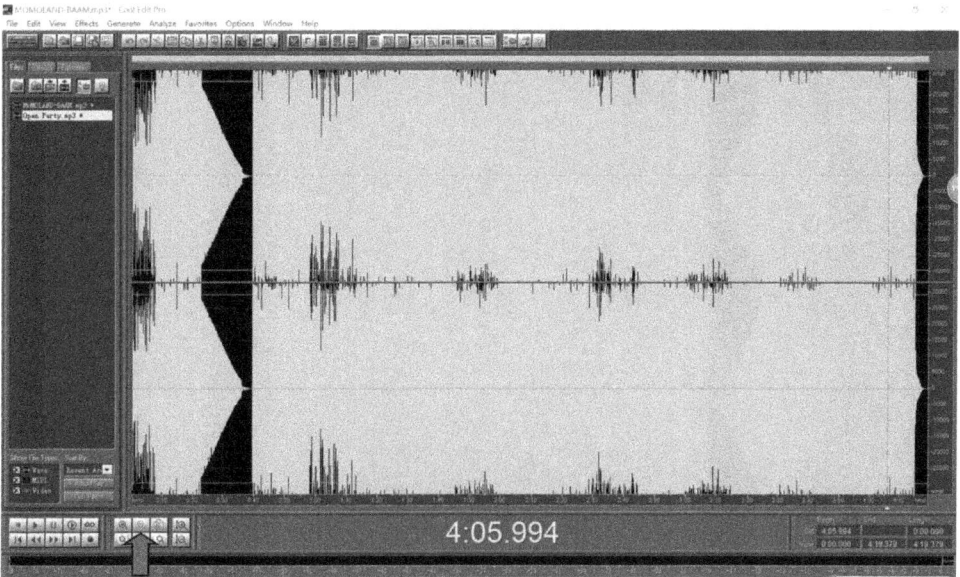

5. 音乐播放键

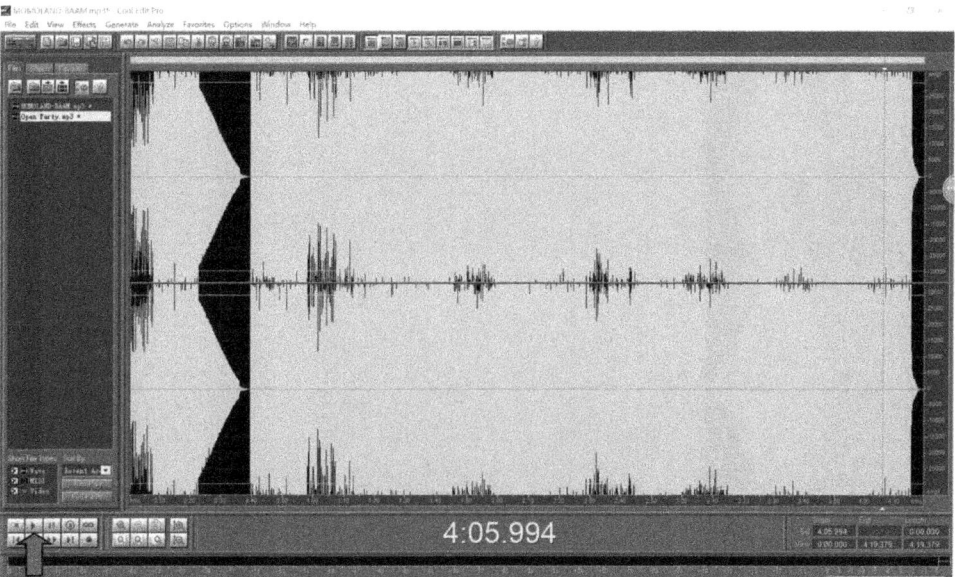

6. 音乐停止键

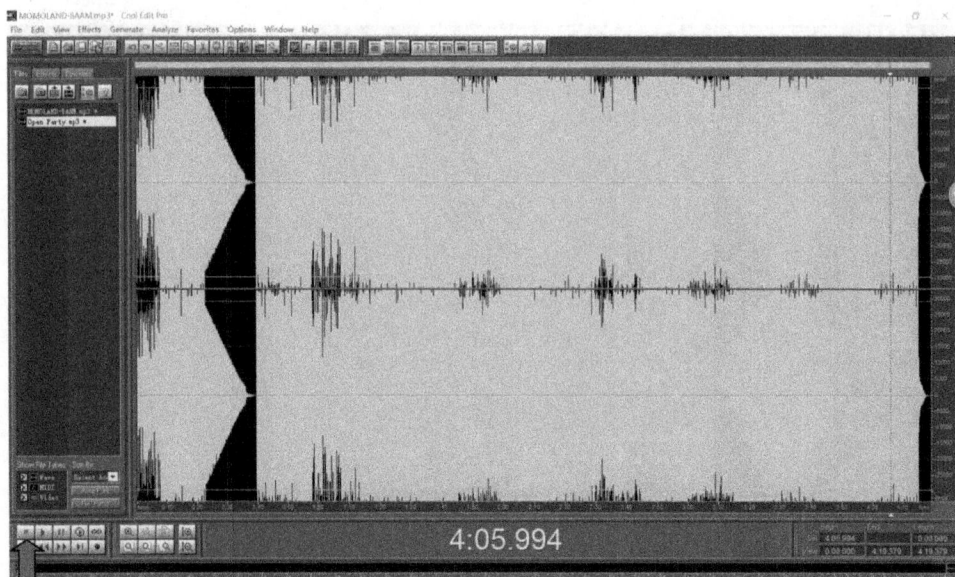

7. 音乐暂停键

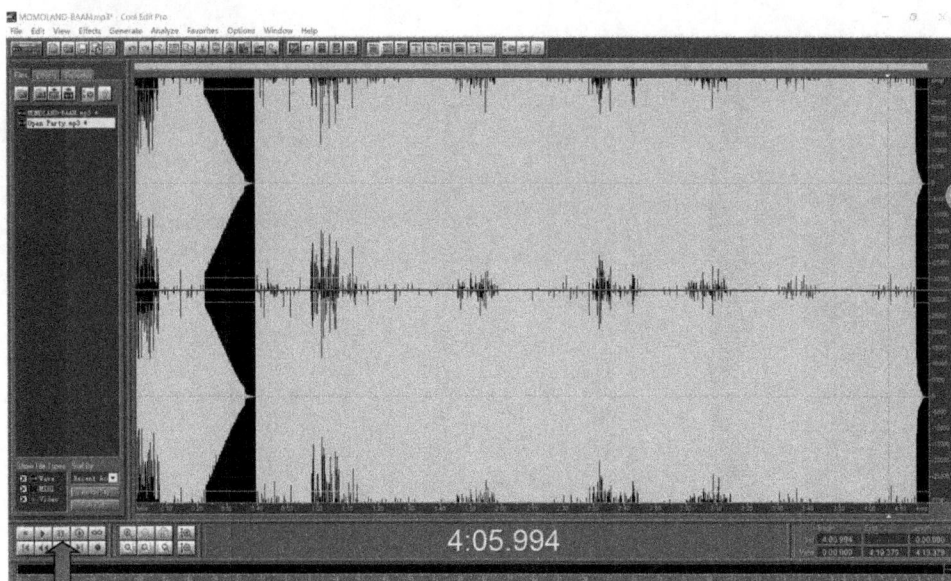

8. 上一曲键

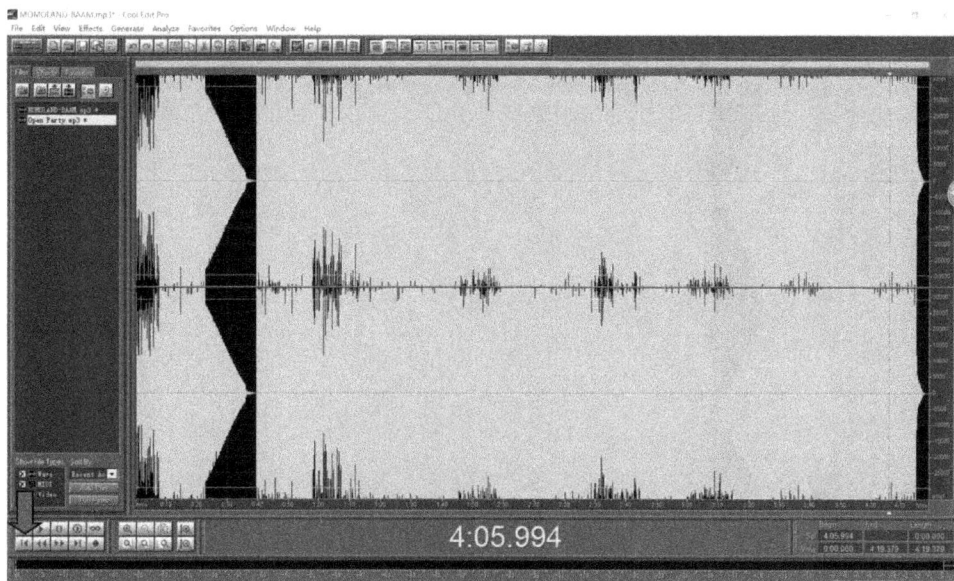

9. 快退键

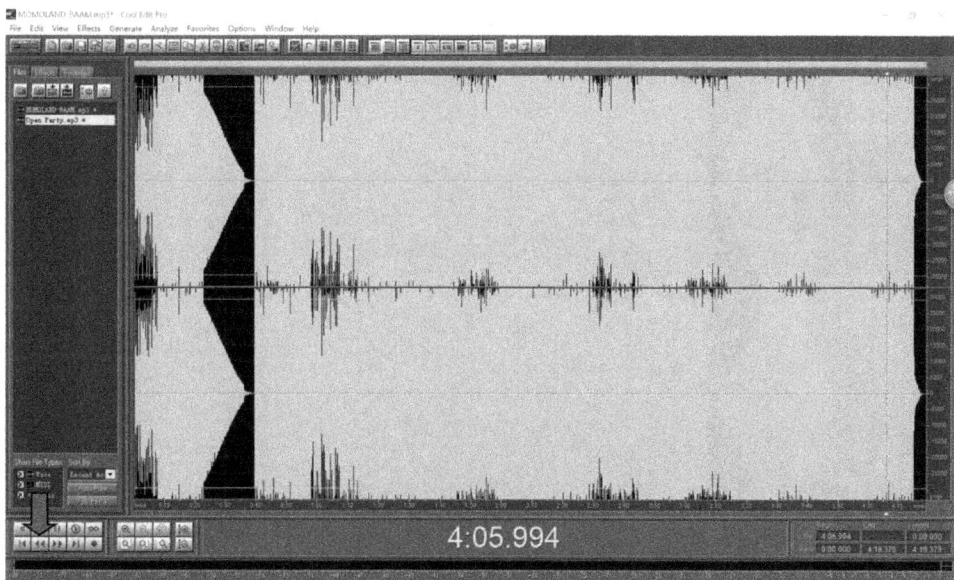

10. 快进键

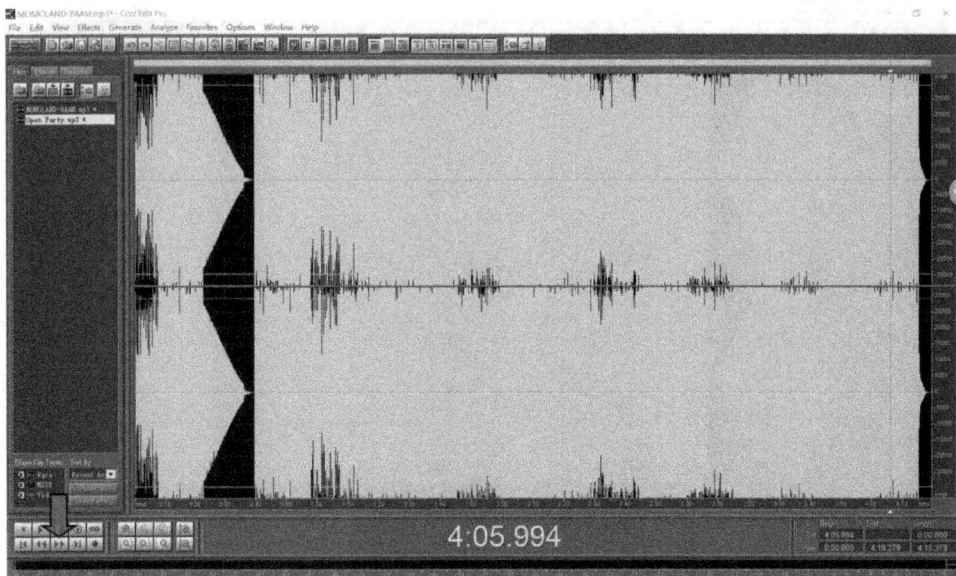

11. 下一曲键

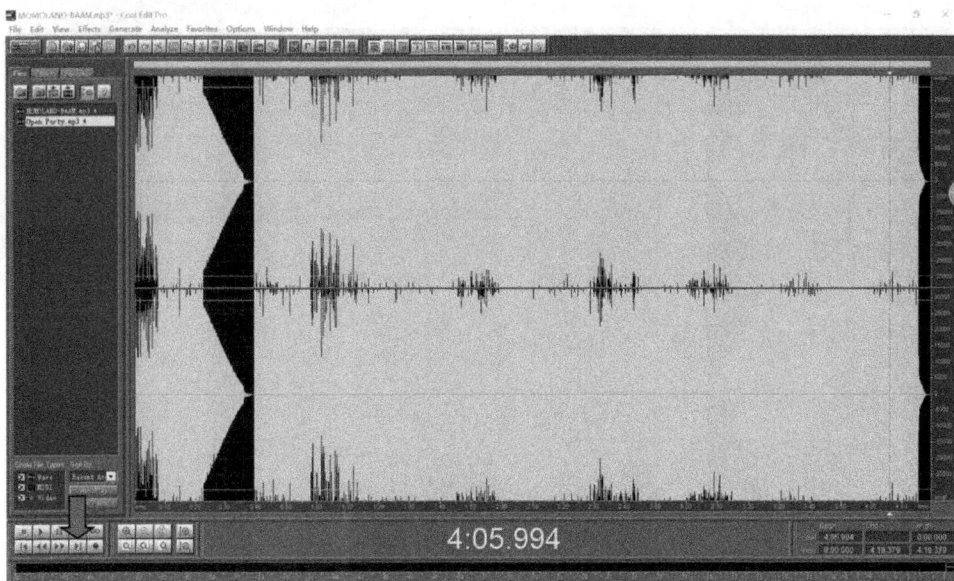

12. 录制音频键

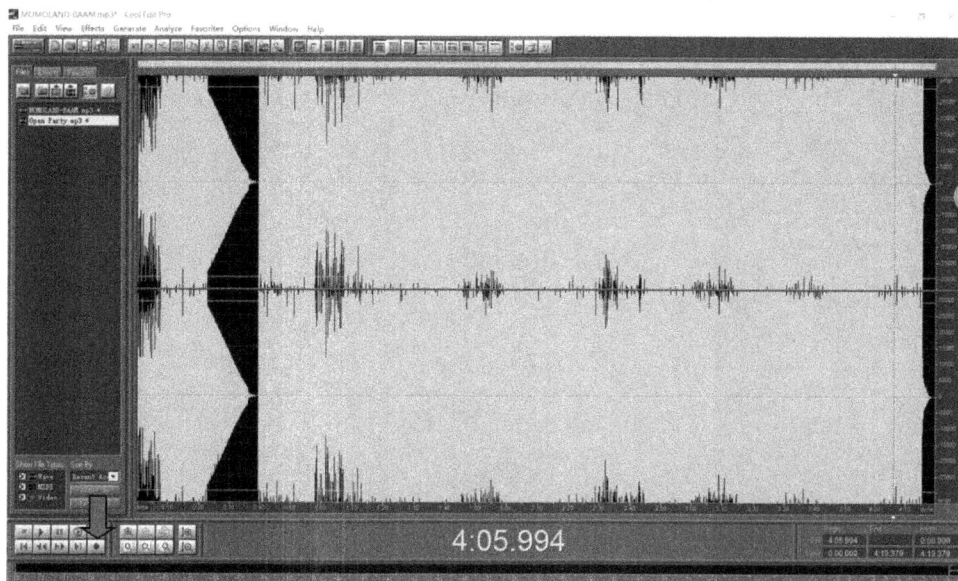

五、音乐速度加减

有氧健身训练需要众多嗨爆的音乐，这些音乐需要优秀的处理软件处理才能够达到特殊效果。MixMeister Fusion 官方版是一款专业的音乐剪辑软件，非常适合用户为各种潮流音乐进行编辑，可以通过软件制作出各种给力的 DJ 音乐，还支持用户导出到 CD 上进行播放。如果你想要录制混音音乐，那么这款支持 8 条音轨同时处理的软件，能够让你轻松制作出想要的混音、电音、循环、VST 影响谐波等，可以通过 MixMeister 中文破解版轻松制作潮流 DJ 舞曲。通过 MIDI 硬件接入，用户还可以扩展融合的现场表演能力，将多种多样的音乐通过我们的软件记录并制作成完整的 MP3 音乐导出，然后就可以在任何一台设备上播放。

步骤一，打开软件后点击左上角"＋"，添加音乐文件。

步骤二，选择"添加单个文件"或"添加整个文件夹的文件"。以"添加单个文件"为例。

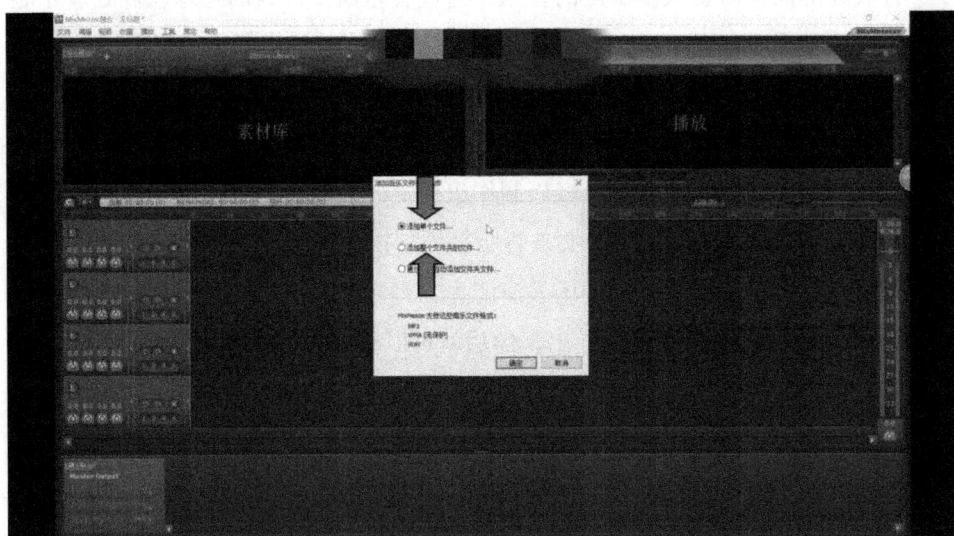

步骤三，如出现下图中提示，选择"否"选项。

步骤四，之后选择的音乐文件会出现在箭头所指区域，并且可以看到音乐文件的 BPM 值。

步骤五，单击鼠标左键将音乐文件拖入音轨。

步骤六，单击箭头所指数字区域，变蓝后可以对此音乐开头部分的 BPM 进行修改。

步骤七，在此段音乐的末尾单击鼠标右键之后点击"添加节奏标记"。

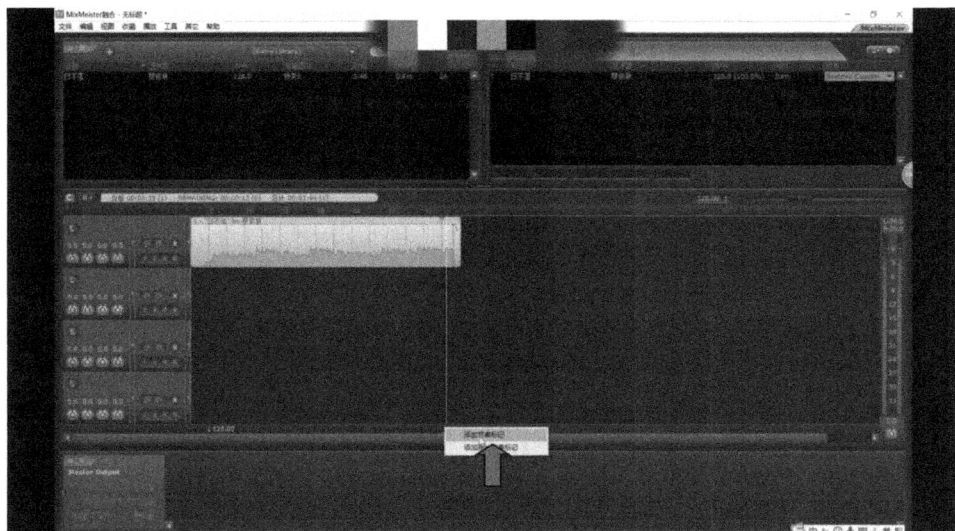

步骤八，出现音乐 BPM 数值后右击鼠标点击"编辑"进行修改即可（注意：在完成步骤七和步骤八之后，两头的 BPM 数值代表此段音乐在播放过程中的 BPM 速度）。

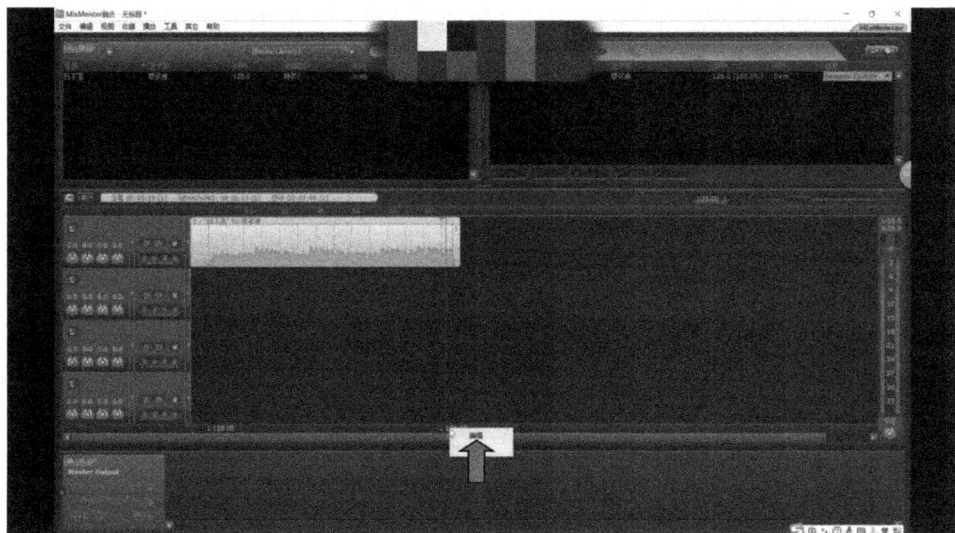

步骤九，更改完毕后，点击右上角剪头所示位置进行保存。

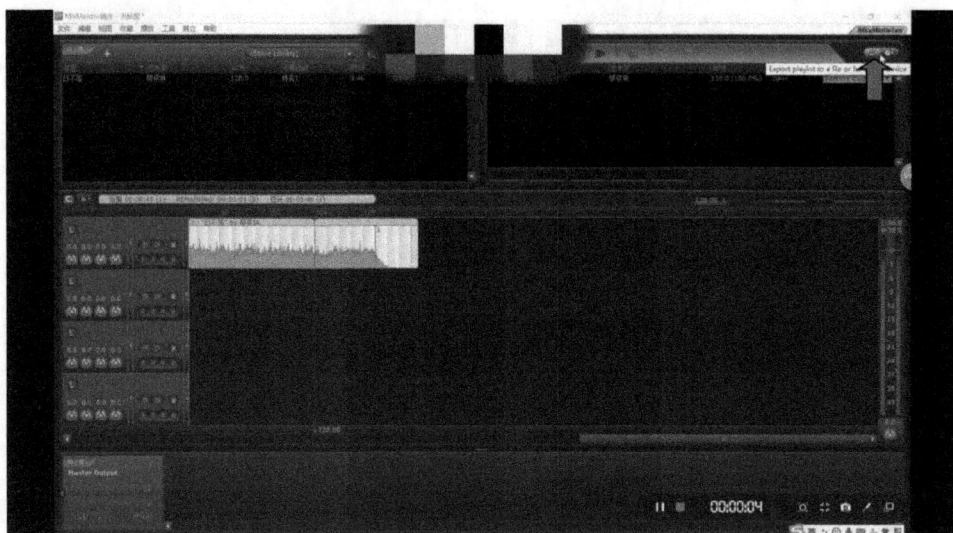

步骤十，选择"对一个或更多文件导出我的播放表"，点击"确定"。

步骤十一，对文件名进行修改。

步骤十二，选择"保存"类型，一般常见保存为 MP3 或 WMA 格式。

步骤十三，以保存为 MP3 格式为例，在"格式"一栏中选择"320kbps"即可，之后点击"保存"。

第六章　有氧健身操教练必备综合能力培养及职业发展

第一节　有氧健身操教练必备综合能力培养

作为有氧健身操教练员，除了必备基础技术和教学能力外，还需要具备其他综合能力。本章将会对教练员所需具备其他能力进行梳理和介绍，这些额外的能力不仅可以帮助教练员赢得更多学员的喜爱和欢迎，而且能帮助自身立足行业发展，不被行业所淘汰的利器。

一、沟通能力

沟通能力包含表达能力、倾听能力和设计能力（形象设计、动作设计、环境设计）。沟通能力看起来是外在的东西，而实际上是个人素质的重要体现，它关系着一个人的知识、能力和品德。有氧健身操教练员是一项与人沟通频繁的工作，在日常的教学过程中经常会遇到形形色色、来自各行各业的学员，这些学员因为有着共同的爱好临时性地聚集在一起，教练员就成了临时的领导者。在这里教练员是集"教师""管理者""服务人员"于一身的角色，这些角色有一个共同的特点，就是都需要与人进行交流沟通。作为教练员不仅要教授学员关于有氧健身操的各项技术，与这些学员的沟通更是其本职工作之一，那么我们需要如何保质保量地完成这项工作呢？首先我们要明白作为教练员，与学员的沟通都需要在什么时候进行，需要注意的是这里所说的沟通并不是关于授课过程中与学员的沟通，而是一般出现在课程前和课程后两个时间段内的沟通，那么我们将以这两个节点为参照，分别进行详细说明。

1. 课前沟通

前面介绍了沟通能力包含表达能力、倾听能力和设计能力，这三个能力构成了沟通能力。在上课之前，作为教练员要让学员在一个相对轻松的环境下开始课程，这就需要教练员在进入教学场地之前首先解决的是设计能力，这里包含教练员的着装和形象以及言谈举止。着装上是否符合大众审美，不存在极端个性的服饰，个人形象方面是否符合健身教练或健身指导者的身份角色属性，言谈举止方面是否能够给对方带来不适合的压力，这些都是在进入教学场地之前可以解决的，这一方面建议教练员多去参考行业内知名或受欢迎教练员的做法。在进入场地后首先要提醒自己时刻保持微笑，不要过分刻意或伪装，但要表现出真诚，这也是与他人建立良好沟通的基础。其次，要主动与来参与课程的学员打招呼，尤其是新学员，教练员往往是这节课程的中心点，这时候更要主动与他人建立联系。笔者建议可以在每节课前有选择地与个别学员进行沟通，内容上务必选择能够使学员放松的话题，如"×××，最近看上去气色好多了。""今天您看起来非常开心，有什么好的事情可以跟我们分享一下吗？""×××，您今天的服装搭配看起来十分年轻。"在面对新学员时，可以用"您今天是第一天来参加课程吗？一定要加油完成这节课哦，我会时刻关注你的。"等鼓励性语句，尽量使用称赞对方优点的语言，这么做既能够调节气氛，又能够增加学员自信，从而可以以一个轻松的心态参与到课程当中。

2. 课后沟通

课程结束后，此时，大部分学员会陆续走出场地，但是在两种情况下学员是暂时不会离开操厅的，一种是对本节课程内容或教练员，抑或是因为其他关于课程问题需要与教练员进行沟通的；另一种情况是场地内彼此较为熟悉的老学员会自行留下来聊天，同时继续做一些拉伸或对所学内容进行加强练习。以上两种情况的发生都对教练员与学员间的沟通创造了条件。作为教练员此时要积极询问学员本节课或参与课程的感受，多数情况下学员会将自己的真实感受告知教练员，此时无论学员的答复是否是正面的、良性的，作为教练员都应对学员的真实感受进行收集，并在课后进行课程教学反思。还有一种情况，在遇到学员对本节课或是其他关于服务质量等进行投诉时，就会用到上文提到的第一种和第二种能力的结合，这时你首先需要做的是一名倾听者，尽可能地听清楚学员的诉求。注意在倾听的过程中不要打断学员的发言，此时应让学员将心中的不满或抱怨全部发泄出来，在这之后，对于可以现场回复的、解决的问题要快速给予反馈，在面对解决不了或超出自身能力外的问题，应诚实地以一种合适的口吻进行答复。即遵循以下步骤：倾听、表示理解、停顿、给反馈。

通过以上四个步骤，我们可以很好地解决在健身俱乐部中出现的各类客诉，下面笔者将以一个案例的形式进行讲解。

"某天，学员 A 女士在参与完教练 B 的有氧健身操后找到教练员。由于当日正值夏季，操厅人多且闷热，当天俱乐部内排风设施又因损坏已维修多日，但由于工作疏忽并未在前台贴出告知书，就这个问题学员 A 女士找到教练 B，此时出现以下对话：

A 女士：今天上课的人这么多，运动量又这么大，这操厅排风都坏这么多天了，还没有修好，也没个通知，这要是出现危险怎么办……（此处略去 1000 字的抱怨）

这时教练员需要做的就是以真诚的目光望向 A 女士，并不时地以"嗯"来回应对方，让对方感到你是在认真听她的倾诉，不要打断 A 女士的话语，待 A 女士的不满完全倾诉完毕后再做应答。

教练：您好，您此时的心情我完全理解。首先这个问题确实是由于我们的工作疏忽导致的，在这里首先向您道歉。这个事我一会儿就会反馈给我们领导，争取马上解决这个问题，如在近期无法解决我们也会及时在前台张贴通知书告知大家。再次向您致歉，也谢谢您对我们工作的监督。您看这么解决可以吗？（切记语言表述要诚恳）

双方这时可利用短暂的语言停顿，目的使双方尤其是学员的情绪可以得到缓解。

教练：您如果方便的话可以留下您的联系方式，我在 x 天内会将处理结果向您反馈。谢谢您的理解。

以上流程遵循了之前介绍的四个步骤，这也是健身俱乐部中常见的解决客诉的方法。试想一下你如果是学员，此时的情绪是不是已经被缓解了一多半呢？当然，你也可以在此基础上加入一些自己灵活的处理方式。总之在解决关于客诉问题时，要尽可能地站在学员的角度考虑问题，尽量去安抚学员的情绪，在对方情绪得以舒缓后更要及时找出解决方法，在任何情况下都不要与学员发生争执。这

个过程中，作为教练员也要及时对自己的情绪进行把控，不能将个人情感或情绪带入解决学员客诉的过程中。整个过程中无不考验着教练员的沟通能力。

二、把控能力

这里所说的把控能力是指教练员在授课过程中对场面的控制，包括对课程节奏、时间把控、现场气氛、突发事件的应对等方面。作为一名团体操课教练员，对课程进行过程中的控制能力十分重要，一名优秀的教练员不仅可以让学员感受到高质量的课程，同样在面对上课过程中出现的一切突发事件都有行之有效的应对措施。下面将对教练员如何提升课程的把控能力进行详细讲解。

1. 课程节奏

所谓课程节奏是指在课程进行过程中由教练员来掌握课程的整体进度，例如在学员对某些动作掌握不了时可以多教授几遍，多练习几遍，反而在大部分学员学得很快的动作上可以减少教授和练习的时间，这么做的目的是能够让时间充分得到利用，增加课程的效率，达到最好的练习效果。在课程进行过程中，除了对动作教授的把控之外，还包括热身时间、放松拉伸时间和休息时间，这些时间的安排都应是在教练员授课前的备课过程中进行安排的，并依据现场情况由教练员进行略微调动而已。良好的课程节奏会使得学员产生非常好的锻炼感受，增加学员的学习兴趣，促使其可以全身心地投入课程当中去。

2. 时间把控

一节完整的有氧健身操课程或其他团体健身课程，课程时间通常为 50 ~ 60分钟，在课程时间上的科学合理安排将会使课程的效果得以最大化地体现，这就要求教练员在课前的备课阶段对有可能出现的关于课程内容和课程时间二者相互匹配的问题有所准备。在一些新教练员的课程中常会出现课程的下课时间还没有到，而教练员本节课程的动作已经全部教完，或是已到下课时间而教练员准备的动作还没有教完，从而影响到下一节课的开展。在面对这个问题时，首先教练员要做的是需要提前准备应对预案，这种预案通常情况下是在备课时完成的，在备课过程中可以模拟一节课程的教学，这样可以看出备课内容的教授与整堂课程的时间大致相差多少，并在此基础上可以多准备出 4~8 个 8 拍的动作（以有氧健身操课程为例），这样就可以确保在授课过程中遇到因为突发原因导致动作不够教的问题时，可以随时拿出这些 8 拍的备选动作进行补充；在动作教不完时可以采取在距离下课时间还有 10 分钟左右时，在教授至整八拍动作后停止，如 2 × 8 拍、4 × 8 拍、8 × 8 拍的动作，剩余时间可以作为动作展示及拉伸放松的时间。教练员要切忌在课程进行过程中因动作提前教完或教不完而早下课或晚下课的情况发生，要清楚，学员大部分来跳操的目的在于健身，学会动作仅作为次选项，动作内容对于大部分学员来说只是一个进行锻炼的手段而已，因此作为教练员要合理把控和安排授课时间。

3. 现场气氛

授课过程中良好的课堂气氛可以增加学员的愉悦感，并减少因课程强度所导致的劳累感以及枯燥感，能带给学员良好的课程体验。但在不少教练员的概念中认为，像有氧健身操这样的动态课程就是要一味地追求"嗨"，认为只有这样才能使学员得以全身心地投入课堂当中，追求一种极致发泄的感觉。当然这样的课程体验并不应该被完全否定，一节好的有氧健身操课程是应该可以给学员带来这种感受的，但要注意保持在一个"度"上，过度亢奋的情绪容易带来一些意外情况的发生，如运动损伤、过度劳累等，这也与课程的目的是背道而驰的，所以我们需要在一个合理的范围内调动学员的情绪，既不会让学员在课程中产生极致疯狂的行为，也要让整节课有趣、不枯燥。这里笔者将提供几条思路，仅供参考。

在一整节有氧健身操的课程当中，气氛的调动除教练员的个人因素外，还可以尝试用其他方法进行调节，如使用音量的大小，这种体验感类似于人们在 KTV 或舞厅当中的感觉，适当将音量调高可以短暂刺激到学员的听觉感官，达到短暂的兴奋感，这是由于在大脑短暂接收到动感的高音量音乐时会刺激人体大脑中枢神经，分泌出更多可以让人产生愉悦的物质——多巴胺；另外运用队形和方向的变化也是一个调节气氛的不错选择，这么做可以使学员产生新鲜感，并且方向的转变使动作难度提升，激发学员的挑战欲望，这种循序渐进的目标设定犹如我们在爬山时面对最后一段距离就可到达山顶前的那种迫切追求胜利和挑战自我的心理；其他还包括教练员大声的语言激励、合理的休息调整时间、学员之间和教练与学员间的肢体互动，如击掌等行为，通过这些语言和肢体的提示，不断地鼓励学员完成设定目标的同时，增加学员参与的乐趣。以上这些方式都可以使人体分泌大量的肾上腺素，这种激素可以暂时激发人的力量，但需要注意的是肾上腺素

分泌过多可能会引发血压升高、心率失常等不良反应。因此，对于气氛的把控方面，通常会根据整节课程的运动强度波峰来进行调整，不能过于兴奋，也不能一直保持沉闷的气氛。

以 25 岁成年女性为例，成年人的心率范围通常在 60 ~ 100 次 / 分，以中位数 80 次 / 分为初始心率，依照中等运动强度（最大心率的 65% ~ 85%）以 75% 通过公式计算得知，其目标心率为 150 次 / 分。具体如图 6-1 所示。

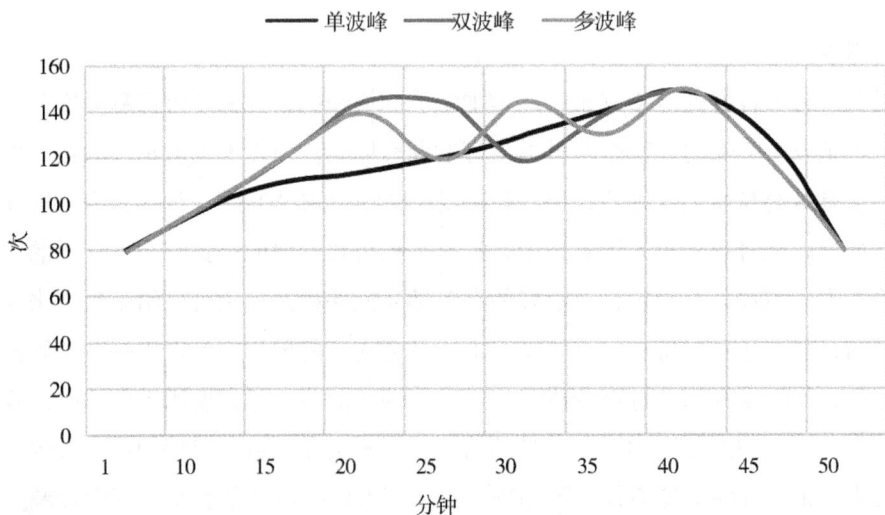

图6-1 心率波峰图

通过图 6-1 可以看出，按照心率在课程中每一时段的不同变化，我们可以将课程设计为"单波峰""双波峰"和"多波峰"的课程，波峰越多意味着课程的难度越大，对于学员的挑战也就越大，这里我们不做详细的赘述。教练员可以利用心率的变化来调节课程的气氛，当心率值向某一阶段目标心率峰值进行爬升时，可采用适当的方法来调动课堂气氛，提升学员向自身目标心率峰值冲刺的决心和信心。

4. 突发事件应对

有氧健身操课程是一项聚集性的室内体育运动，因此在运动的过程中难免会出现一些突发情况，如人员受伤等，这就需要教练员具备基础的医学常识和急救手段。教练员在上岗前应取得相关的岗位资质，作为健身行业的从业者，我们常会遇见各类运动受伤或由运动引发的各类突发病症，这就需要教练员具备一定基础的医护常识。（备注：由中国红十字总会颁发的救护员证书是健身教练员上岗前应该取得的资质之一，具体考取办法可自行网络搜索。）除此之外，在课程的进行过程中还会遇到诸如音响设备突然故障、会员之间的突发矛盾以及其他不可控的突发情况等，教练员在面对这类突发情况时，首先要保持冷静思考，如自己具备解决突发情况的能力可迅速解决，如遇到自己无法解决的问题时，在向场地内学员说明情况后迅速将情况反映至俱乐部前台客服人员处或就近的其他工作人员，以此来寻求帮助，之后马上返回操厅，如现场情况对其他学员锻炼不造成影响，可继续课程。

三、问题收集反馈能力

因有氧健身操教练员更多时候是存在于各类的健身俱乐部当中，因此这里以健身俱乐部为例进行讲解。这里为了更便于读者理解，首先先来定义什么是健身俱乐部。笔者查阅了大量相关文献，发现甚少有对健身俱乐部进行具体定义的概念讲解，笔者将尝试对健身俱乐部的文字概念进行描述。健身俱乐部起源欧美，从功能上将其定义为一个可以满足人们健身锻炼需求的特定场所，将对身体健康有特殊需求的爱好者临时性地聚集在一起的特定空间，在这里经营者提供场地、器材及服务，其他人根据自己的需求购买经营者所提供的服务，从而产生交易行为，我们把这一类具有健身性质的会员制场所称之为商业健身俱乐部。当然，除此之外还存在不以营利为目的的健身场所，如户外健身场地、小区物业提供的为满足业主需求的社区健身会所等。我们了解了健身俱乐部的定义和分类后，便于对本节所讲内容进行理解。

有氧健身操教练员作为团体操课教练的一种，其工作场地常见于各类健身俱乐部当中，主要以教授内部学员有氧健身操技能为主。在有氧健身操教练所需具备的各项能力当中，对各类问题的收集和反馈以及发现问题的能力也是十分重要的，作为教练员不仅只是教授会员关于课程的技术、技能，要明白，当一位团体操课教练员进入某间健身俱乐部时，所代表的决不仅是一个个体，而是代表着授课所在的健身俱乐部形象，因此教练员除了在言谈举止方面需要注意外，还要对会员所关心的问题及俱乐部内出现的问题及时总结并且反馈，这不仅可以提升个人的价值，增强学员对教练员的信赖感，也能够帮助完善俱乐部的服务水平，从

而取得俱乐部的充分信任，更能体现出自身的不同价值。

在一家健身俱乐部当中往往存在着各式各样的问题，这些问题归根到底大部分是以俱乐部会员个人权益受到侵害为主，那么在健身俱乐部中有哪些常见的问题，在这里笔者将进行一一列举，帮助团操教练今后走向工作岗位后养成发现问题的良好习惯。

1.关于团操课程问题

（1）某位教练员课程难度太大，跟不上。

（2）部分会员有事来不了。

（3）某课程强度太大／太小。

（4）上课时音乐声音太大／太小。

（5）团操课程器械不够用／器械有损坏。

（6）操厅内温度太低／太高。

（7）某位教练员教学水平不够／课程中对学员的关注不够。

（8）某位教练上课总迟到／拖堂。

以上是常见的关于团操课程问题的总结，在遇到此类问题时应灵活运用之前的客诉解决方法，之后尽快向俱乐部内的团体操课经理／总监进行反馈。

2.关于私教课程问题（这类问题团体操课教练员不太常会遇到，多数情况下会员会向私教经理／总监直接反馈）

（1）某位教练上课时总是看手机，不认真。

（2）某位教练的课程效果不明显，强度不够。

（3）某位教练总是推销各类运动补剂或要求会员续课。

（4）某位教练上课不按规定时间，总少上或拖堂。

（5）某位教练上课时着装不专业。

（6）某位教练授课时与会员的肢体接触，引起会员的不适。

（7）某位教练与会员存在不正当关系。

（8）某位教练私自勾画会员私教课程的课时数。

（9）某位教练在非上课时间经常骚扰会员。

以上是常见的关于私人教练课程问题的总结，在遇到此类问题时应灵活运用之前的客诉解决方法，之后尽快向俱乐部内的私人教练经理／总监进行反馈。

3.关于服务问题

（1）俱乐部内的热水供应不足/不热。

（2）俱乐部内某台器械损坏，影响会员锻炼。

（3）俱乐部内通风不好，导致存在异味。

（4）俱乐部内因会员太多导致更衣柜/淋浴间/运动器械不够用。

（5）俱乐部内前台服务态度不好，不能及时为会员刷卡进场、没有礼貌用语等。

（6）俱乐部员工经常通过电话或在场地内推销私教课程/会员卡的续费。

（7）俱乐部能否增加×××设备/器械/服务等。

（8）俱乐部相关负责人对会员反馈问题答复不及时。

以上是常见的关于俱乐部内服务问题的总结，在遇到此类问题时尝试灵活运用之前的客诉解决方法，之后尽快向俱乐部内的客户服务经理（简称"客服经理"）/总监进行反馈。因此类问题在健身俱乐部中存在较多，尤其当会员量增加到一定数目时，此时要注意及时给会员进行答复。

除此之外，作为一名团体操课教练员也要有一双发现问题，尤其是发现本领域范围内问题的眼睛，如：

（1）音响设备能否正常使用；

（2）调音台、功放的正确使用方法；

（3）操厅内电源，包括舞台电源及操厅内灯光是否按照使用要求进行使用，是否存在损坏。

（4）对操厅内的团操器械设备是否能够在使用后放置在规定位置。

当将以上观察变成一种习惯后，相信你的综合能力也将会有很大的提升，并且你也距离晋升又近了一步。

四、宣传及自我宣传能力

在健身俱乐部内部为了维系与会员的良好关系，以及提升服务质量，增加俱乐部与会员之间的"黏性"（通常是指俱乐部与会员间的一种相互需求的良好关系），活动的最终目的也是为增加俱乐部的收益，这其中包括长期收益和短期收益。（长期收益：以每一次活动作为提升服务的铺垫，以提升会员对于俱乐部的

满意度和依懒性，达到会员持续续卡消费的目的。短期收益：以某一次活动为契机，在其中穿插达成销售目的。）因此俱乐部常常会举办一系列的活动，这些活动大致包括两类，一类是在室内，也就是俱乐部的场地内开展的；另一类是在俱乐部外。常见的室内活动一般都是由两个部门作为活动的执行，一个部门是私教部（有些地方称"康体部"），另一个部门就是团操部。在俱乐部外的活动一般都是由市场部门联络或发起，具体执行环节需要多部门的配合完成。

俱乐部常举办的活动主要形式有以下几类：①冷餐会；②某项课程的公开课活动；③体育游戏竞赛；④与其他跨界品牌合作的活动，如餐饮打折、外出郊游、电影观赏等；⑤各类关于健康、健身知识类的讲座。以上五类基本涵盖大部分俱乐部中常见的活动形式，作为一名团操教练员，无论是专职还是兼职教练员，都有义务和责任辅助俱乐部进行此类宣传活动，我们该如何辅助俱乐部内部的一些宣传活动以及作为个体如何进行自我宣传？

（1）要主动了解俱乐部近期要举办的活动。一般在俱乐部举办各类活动之前，会在俱乐部场地内、俱乐部各类网络公众号中进行活动报名及预热，这就需要教练员主动关注你所在俱乐部近期的情况。

（2）俱乐部相关人员会主动联系团操教练员，邀请其参与到活动中的某一部分中去。

（3）主动向俱乐部提出自己的活动构想，并制订出详细的执行方案。方案中须明确活动目的、参与主体、活动时间、人数限制、活动协调以及经费预算，之后上报到俱乐部。

无论通过以上哪种方式参与，都需要对活动的整体流程有所了解。一般来讲，俱乐部在举办这类会员活动时都希望会员能够积极地参与进来，那么在前期的宣传过程中可以通过团操教练员在上课前和课后对会员进行讲解说明，因为团体操课在健身俱乐部中是唯一一项可以将会员聚集在一起进行锻炼的项目，因此可以通过这样的方式扩大宣传面。这就要求教练员要通过准确的语言描述对活动进行讲解，这也凸显了团操教练员必须要具备的一种能力——语言表达能力。

下面给大家一份活动方案的模板，读者可进行参考。

××健身团操公开课

时间： 20××年×月××日

晚 7:25–8:45

课程名称： 有氧健身操

授课老师： ×× 和 ××

地点： 大操厅

参与人员： 俱乐部内部会员

人数限制： ×××人

所需物品： 1. 条幅 × 条（活动内容）

2. 瓶装水，参与人员每人一瓶，瓶装水上面张贴俱乐部品牌 logo

奖品提供： ×××××

配合部门： 团操部、市场部、客服部

所需工作人员： × 名（具体安排另附表格）

活动流程：

7:25–7:35　工作人员布置会场（如时间允许或大型活动需至少前一天布置）

7:35–7:40　签到入场

7:40–8:30　公开课程展示

8:30–8:35　合影留念

8:35–8:45　发放奖品提问环节

8:45–8:55　工作人员整理场地，不影响后面课程

建议邀约话术：

您好，我是 ×× 健身俱乐部的 ×××（职位）×××（姓名），我们将在3月10日周六的晚上 7：30 举办一场大型的有氧健身操公开课程，我们为答谢会员对俱乐部的支持，本次公开课公司花重金邀请到知名健身教练 ×× 老师给我们的会员带来一场课程展示，此课程受到众多会员的追捧，是一种老少皆宜的健身课程，对减脂塑性十分有效。此次活动限额 ×× 人，凡参加的会员我们将专门为您提供一瓶矿泉水，全程参与的会员，我们将在课程结束后抽取 ×× 等精美礼品，给您致电看您到时可否有空，我帮您预留一个名额。

成功邀约：感谢您对 ×× 健身的支持，期待与您周一见面，我们已经帮您成功预约，您如有变动当天来不了现场请务必提前一天告知 ××（员工姓名），您的微信是多少我添加您，提前一天我会再次与您确认时间。

未成功邀约：感谢您对 ×× 健身的支持，期待您下次参与我们的会员活动，您的微信是多少，我会时刻督促您锻炼保持好身材。

活动前一天所有人员再次与预约客户取得联系确定当天是否到场，如不确定人员直接按不能到场空缺名额，由其他人补缺。

店内广播语：尊敬的会员您好，本健身中心为给会员带来更优质的健身团体课程，将于本月 10 号邀请到知名健身教练 ×× 老师亲临授课，名额限制 ××，先到先得，报名请至前台联系工作人员，活动当天不接受任何形式报名（备注：报名在前台准备一个报名表，由前台客服负责填写，填写成功后将得到入场手环一个或相关证明标识，表格填写完毕后由前台妥善保管）。

场地预热布置：

1. 所有客流集中区域墙面张贴宣传海报，场地内海报按每一百平方米不少于 2 张计算。

2. 在前台放置两个展架，一个宣传课程，另一个宣传授课老师。

3. 在一楼门口或前台醒目区域拉一条幅。

4. 前台每日在下午五点到闭店时，每半小时播放一次活动介绍，具体话术包含：活动时间、地点、人数限制、抽取礼品、教练大致介绍。

5. 店内全员对于活动及活动内容需十分清晰，便于任意会员询问。

团操教练员在不同的活动中往往会以某一种角色加入活动中去，常见的身份有活动主持人、公开课授课老师、活动中节目的表演者三个身份，其中除主持人外其余两个身份与本职工作内容相差无几。客串活动的主持人是团操教练员经常遇到的，这就像前文提到的，教练员的语言表达能力在除技能之外的其他能力中是非常重要的。

除了对活动的宣传外，教练员还应具备自我宣传的能力。随着网络的迅速普及，当今早已不是"酒香不怕巷子深"的年代，好的产品也需要精美的包装或广告进行推广。作为一名团操教练员也是一样的，不同的是，我们自身既是产品也是一名推销产品的推销员，如何做好这两种角色的转换至关重要。同时要摒弃一种思想，就是只要课上得好学员自然会爆满，试想一下如果一件精美的衣服放在商场里的展柜中和放到批发市场的货架上你会有什么样的心理感受，它们的售卖价格能否一样？显然不是的，这就告诉我们好的产品首先需要外在的衬托，其次还需要好的营销，绝不仅仅是产品的使用价值。随着生活质量的提升，人们除了关注商品的使用价值外，也慢慢看中商品的附带价值，所以作为一名团操教练要学会如何向你的学员或不是你的学员的人推销自己及自己的课程，这是一项很重要的工作。

第一，业务能力是基础。无论外在推广宣传多么好，技术和教授课程的能力是核心价值，这是成功的基础。

第二，切勿拿自己的课程与任何教练员或课程进行对比，无论你比他好还是比他坏。一节团操课程的好坏本来就是一种主观行为，仁者见仁智者见智的事情，只要能够帮助学员达到健身的目的，其本质来说是没有好坏或优劣之分的。人的最高境界永远是我明知道比你优秀，但永远不要从自己嘴里说出来，这与我们受到传统中庸思想的影响存在一定关系，孔子的"温良恭俭让"自古至今一直是我们中国人做人做事的风格，也造就了我们谦卑的脾气秉性。

第三，要不失时机地对自己的课程尽心宣传。在对自己的课程进行宣传的时候要注意自己的措辞，不要很直观地夸自己课程有多么好。先要让会员了解你的课程的专业程度，例如你是从哪里经过培训来代课的，跟哪些名师学习过专业知识，都有哪些专业的资格认证等；之后要鼓励学员坚持来参加你的课程，并且在这时你可以展示你的专业知识，如持续进行团操课程可以给自身带来哪些好处，并且在宣传自己及课程时也要顺带对其他老师的课程进行赞美和夸奖，鼓励学员要想达到健身效果需要参加不同教练和不同类型的课程。这么做既可以达到对自我宣传的目的，又会让学员觉得你是一名职业感很强的健身教练。

第四，多去参加各类的健身比赛、演出及媒体节目，通过这些露脸的机会来增加自己的曝光度，并且可以积累更为丰富的经验，用这样的方式来提升自己的商业价值。在你能够向更多人传播你所擅长领域的知识时，说明你的能力至少在行业内是一流水平，会被大多数人认为是行业的专家，代表行业的权威，因而你会得到更多的尊重。

第五，要善于利用网络。多去拍摄一些正能量健身课程的视频发布到网上，多去利用网络分享一些你的健身心得或健身知识，主动让更多的人去认识你，也

能够通过这样的方式将你的健身理念分享给更多的人，体现你的社会价值。

当然，除了以上五种方式外还有很多其他的方法，总之，你所做的一切是要将你擅长的东西或知识展示给更多的人，并努力通过实际行动得到更多人的认可，这样做你就可以达到自我宣传的目的了。

五、基础销售能力

所谓"销售"就是以有偿的方式将产品或服务提供给第三方，在这个过程中为达成目的而采取的相关辅助活动，如通过广告、促销、服务等方式加深第三方对其所购买的产品或服务的信任感，同时也能使购买者的需求得以被满足。作为一名有氧健身操教练员也需要具备一定的基础销售能力，这不仅是自身综合价值得以体现的一种方式，也可以通过向特定群体推销相关产品或服务来提升自身收入。中国有句俗话"酒香不怕巷子深"，这其中隐含着对自身所售卖产品质量过硬的一种自信，但时至今日，互联网的快速发展已将人们的生活方式彻底改变，拉近了人与人距离的同时更能够使人的眼界得以前所未有的开阔，与此同时随着市场经济的快速发展，产品间同质化现象日益严重，垄断性产品在百姓的日常用品中并不常见，取而代之的是同种类、同类型产品越来越激烈的竞争，这种同品类产品除了在产品质量、售卖价格、生产成本及售后服务等方面进行比拼外，更离不开好的销售方案和计划，同时也需要有优秀的销售人员来进行售卖，才能达成好的销售业绩。

有氧健身操教练员的授课对象大部分是热爱运动且对生活品质有一定要求的女性，这类群体本身就具有较为活跃的消费思维和较为开放的消费理念，同时也具备一定的消费能力，因此有氧健身操教练员是可以并且应该为这类群体发掘和提供所需的相关产品和服务，建立好这个思维对于教练员自身职业生涯的横向拓展将起到促进作用。

有氧健身操教练员所销售产品或服务应与其所授课程或健身领域高度相关，并且对所售卖的产品或服务要有充分的了解。在向他人进行推销时应建立在所授课程能够得到多数会员认可的前提下，要首先与会员保持良好的沟通，同时对他们的需求有一定的了解，之后再有针对性地进行推销。不同于其他销售人员的是，对于大部分有氧健身教练员来说仅需要具备基础的销售能力即可，这部分不可占用自身过多的精力和时间。下面介绍一些有氧健身操教练员可以向会员推销的产品或服务类型，仅供参考。

1. 收费课程

收费课程是指，面对不同客户在健身需求上存在的差异性，制订的具有个性化和针对性的健身课程，其特点是将授课人数进行限制，让教练员能够有更多的时间和精力去指导每一位学员，从而使学员达到在某方面技能快速进步的目的。区别于免费课的是，收费课程的目的性更为明确，起到的效果更为显著，教练员的指导更为细致。收费课程大致分为两类，一类是小团体收费课，另一类是一对一的收费课，二者的主要区别在于课程参与人数和所售卖价格。

2. 所在健身俱乐部内售卖的相关产品或服务

教练员授课通常在某些健身俱乐部内，而健身俱乐部为会员所提供的服务和产品种类是多元的，有氧健身操教练可选择其中与所授课会员高度相关的产品，也可将俱乐部内近期开展的一系列促销活动利用上课前或课后的时间向会员进行说明。一名优秀的有氧健身操教练员是会被会员所认可和信赖的，会员的这种信赖基于对教练员课程认可的基础之上；而健身俱乐部之所以能够为一名教练员提供授课的机会，也充分说明了俱乐部对该教练员的信任以及对其授课水平的高度认可。因此作为教练员要善于运用这种信赖，及时并有效地向学员推广俱乐部内的相关产品，以此为健身俱乐部提高销售业绩的同时发掘并满足会员的需求，从而帮助建立起俱乐部与会员间互信的桥梁。

3. 与健身高度相关的产品

在征得所授课健身俱乐部或公司同意的前提下，教练员可向会员推销与健身高度相关的产品，但需要在此之前对产品的特性、适用范围、生产资质及效用等问题进行充分了解之后再向会员进行推广，这类产品可包括但并不限于运动服装、运动器材、健身辅助工具等品类。

有氧健身操教练员通过自身的销售行为不仅能够为俱乐部创造价值，也能够满足会员的相关需求，同时也为自己营造了良好的形象和提高自身收入，使俱乐部、会员和教练员之间形成一种互通有无的三方关系，增进彼此之间的信任感。

六、维护客户能力

对于有氧健身操教练员来说，授课对象就是客户，通常为健身俱乐部的会员，教练员让客户满意的最基础方式就是把所教授的课程上好，这也是最直接和最有效的客户维护方式，在此基础上还包含情感关系的维护，可以通过语言的沟通、课后的定期指导以及通过聊天工具进行沟通等方式。但需要注意的是，并不是一味地满足客户提出的所有诉求就是好的维护客户的方式，而是要注意衡量标准，以满足多数会员的普遍诉求基础上尽可能地满足客户的个性化合理诉求为尺度，同时在沟通频次上也不要与某位个体沟通得过于频繁，在初次或与新客户沟通时要注意礼貌用语，多用"您""请"等词语，以此彰显出教练员的个人品德修养及职业道德。教练员通过提高自身的主动服务意识来提升服务能力，从而做到让客户满意。简单来讲，维护客户能力与本章节提到的前五种能力密切相关，具备前五种能力的教练员基本可以成为一名具有较好客户维护能力的有氧健身操教练。

第二节　有氧健身操教练员职业发展

一、薪资构成

作为一名有氧健身操教练员，薪资结构相对简单，薪资中的一大部分来源于授课费用，也就是课时费。那么教练员除了课时费还存在其他的收入吗？因为有氧健身操教练员属于团体操课教练范畴，所以这里拿团体操课教练员（简称"团操教练"）的收入进行详细说明。

团操教练以其工作性质和工作内容分为专职教练员和兼职教练员两种。所谓专职/全职教练员是指在某一单一健身品牌下的健身俱乐部中授课，除此之外，一般情况下不得去其他健身品牌上课，这可以说是健身俱乐部维持自身核心竞争力的一种人才战略。市场上的健身俱乐部往往在服务项目、器械种类等有很高的相似程度，因此"人才"就成为品牌间竞争的主要手段之一，将市面上好的教练员招致麾下的好处可以帮助俱乐部带来更多的学员，从而增加俱乐部的收益。对于专职/全职教练员来说，服务于一家大的健身品牌不仅在待遇上会有保证，对个人来说大的平台也可以带来更为宽广的未来发展空间，因此无论对于俱乐部还是对于教练员来说这是一个双赢的局面。

专职/全职教练员的工资结构中除了上述提到的课时费外，还有所属岗位的岗位工资，有些俱乐部将岗位工资中加入了绩效（KPI）的考核，这样对于教练员来说就会更有动力去完成好自己的相关工作。在工作角色上，专职/全职教练员隶属于团操部门管理，部门设置一位团操经理，在店面数量多的俱乐部中还会设有团操总监一职，在此之下为团操专职/全职教练员，部门结构设置较为简单。专职/全职教练员的课时费普遍要略高于兼职教练，这是因为一般来讲，可以成为某品牌的专职/全职教练员的教练在授课能力和会员受欢迎程度以及专业性上要好于兼职教练，各品牌还会根据自身情况会设置成为专职/全职团操教练员的门槛，通常最低门槛为一名教练员可以熟练掌握三种以上的操课。依照全国范围来看，专职团操教练员的课时费起薪一般都会在85元/节以上，并且在课程安排上也会优先安排专职/全职教练，课时数比较有保障；在底薪部分，一般都会在1500～5000元/月不等，如果你可以成为团操经理或是团操总监，课时费一般都会是你所在俱乐部所有教练员中最高的，同样底薪部分也会比一般的专职/全职教练员高出30%～50%。根据俱乐部的不同情况，在一些大型连锁品牌，还将对中层以上的管理者有其他奖励措施，如年终奖、公司盈利分红等，在这不作为普遍情况讲解。除此之外，现在越来越多的健身连锁品牌开始设立自己的健身培训学院，通过此种方式来培养自己公司所需的人才，为自己的公司"造血"并且"输血"，这样做的目的不仅可以增加母公司的业务板块，提高盈利，还能够持续不断地培养出新的员工，可谓一举两得。这块业务的开展势必包含团操板块，那么如果你足够优秀的话就可以通过公司考核成为某一项目的培训师或讲师，你的收入还将理所应得地多出一部分，那就是培训讲师费，一般按照天数或小时来计算，这笔收入也是非常可观的。综上所述，专职/全职团操教练员的收入主要包括了三部分：课时费、底薪、培训费。

很少有一个健身品牌中全部都是专职/全职的团操教练员，一来这样会给公司带来人员成本的压力，二来也不利于俱乐部课程的多元化，因此在大部分俱乐部中还存在着一部分数量庞大的团操教练员队伍，那就是兼职教练员。这一部分教练员可以分成两类，第一类教练员是无其他工作，专门在各个不同品牌健身俱乐部之间上课的教练员，这类教练员一般只带1～2种课程，并且喜欢弹性的工作时间，不愿意被上下班打卡所约束；第二类教练员是自身本来有其本职工作，

只是出于增加个人额外收入或出于兴趣爱好，利用下班空余时间在俱乐部内进行代课。无论以上哪一类兼职教练员，他们的收入都只有课时费，没有其他额外收入，个别情况下会有俱乐部会员购买某一位教练员的一对一的私教课，那么私教课程中还会有一部分授课费用和提成，因此类情况发生较为偶然并且不固定，不进行额外说明。兼职教练员的课时费普遍较专职／全职教练员课时费要低一些，这也是俱乐部保护专职／全职教练员的一种方式。根据目前全国情况来看，兼职教练员的课时费起薪一般在 75 元／节以上，当然很多优秀的兼职教练员的课时费起薪在 100 元／节以上的也很常见，但是在俱乐部中如何面试和评定兼职教练员课时费的工作通常由专职教练员来完成，并且由团操经理／总监向公司进行汇报。

通过以上内容，我们了解了团操教练员的薪资结构。要注意的是，因每个地域不同会出现个别情况的差异，属于正常现象。

二、职业规划发展

有很多不了解健身行业的人对健身教练"吃"青春饭的观点无比的认同，认为健身教练员更多的是依靠年轻时的体力和外在的形象去从事这个行业，随着年龄越来越大受欢迎程度也会随之降低，从而被迫转型去做其他行业。就目前而言，提到健身教练职业的前景，很多人认为发展过于局限，职业生涯非常短暂，包括很多的从业者也只是将健身教练的职业当成一个积累经验、丰富阅历的跳板。在这里不可否认的一点是，从千禧年到现在，整个中国健身行业的发展才刚刚经历了第一个二十年，在这二十年间经历了跌宕起伏的发展历程，这也充分证明了任何事物的发展都不是一帆风顺的。在未来随着行业的逐渐完善，相信人们对待健身行业从业者的认知也会发生改变。

健身教练这个职业的出现得益于商业健身俱乐部的快速发展，健身教练是指为健身俱乐部中的会员提供健身指导和健身服务的人员，这其中包括私人健身教练（简称"私教"，英文为 Personal trainer ）和团体操课教练（英文为 Group gym coach ）两种，通常前者为俱乐部会员提供有偿的一对一的健身指导，后者为会员提供免费的团体健身指导，这两种类型的健身教练员在职业发展方面有着很多极为类似的发展方向。我们将两类教练合二为一进行说明。首先对于刚刚踏入健身行业的教练员来说，最重要的工作不是要考虑十年以后的自己还会不会从事这个行业，而是要想着如何才能提升自己的能力和学习更多的知识。中国有句俗语"技多不压身"，无论未来你会不会转行到其他行业，学习到的健身知识和本领是你一辈子受益的，在私教岗位你要想着如何从一名巡场／助理教练员（健身俱乐部中常见的对于新入职的教练员要经过一段时间的考察期，这一阶段的工作职责通常是维持训练场地的安全，以及对会员进行免费的健身指导）晋升为真正的私教，作为团操教练你要争取如何让自己的课程更受欢迎，增加自己的人气，同时还要扩展自己在其他课种上的能力，早日成为专职／全职教练员或明星教练员。

当你通过自身的努力达成第一步后，那么恭喜你，你在健身行业的工作进入了正轨。这之后你更要对自己严格要求，在目前的健身行业中，评价一位私教成功与否的标准通常有两部分，第一条标准是私教的授课水平，也就是说，是否在过往的课程中有较为成功的私教课程案例，也就是自身的专业技能是否达标；第二条标准是你是否可以得到更多会员的认可，这可以从私教每月所售卖的课程数中体现，也就是每月的业绩。团操教练的衡量标准通常不会非常的量化，一般是看教练员上课时的人气，因为人气高的操课教练是可以帮助俱乐部提升与会员间的"黏性"的，以此来带动会员的持续续费。

在完成前两步目标后，你就可以"窥视"一下领导的岗位了。一般情况下，大部分健身品牌是非常重视工作年限较长的教练员的，因为工作年限一来可以代表一定的经验和阅历，是侧面能够证明你的专业度和职业感的，二来也代表了你对所供职公司的忠诚度，这样的员工老板是愿意提供机会帮助其进一步发展的，不会轻易将其辞退，这等于给了自己竞争的机会，所以你可以通过公司内部的晋升制度进行岗位的晋升。一般来讲晋升会有两种方式，一种是竞聘上岗，另一种是你的上司向公司推荐。在私人教练之上的管理岗位是单店的私教部门经理，在团操教练之上的管理岗通常为单店的团操部门经理，如果你可以走到管理层，今后你除了可以学习到更多的本领域专业知识外还将会学习到管理方面的知识，在此你需要承担的不仅只是上好课程那么简单了，你还要承担更多的人员管理责任，对你部门的员工要积极的鞭策，帮助其进步，从而为公司创造更大价值。公司对管理层的考核指标通常是私教部门每月的业绩达成率。团操部门的考核指标简单来说就是会员对课程和教练员的满意程度，是否有会员对课程投诉等。当你实现这一步时，你就可以给自己提供一条全新的路径，就是培训。你可以利用自

身的工作优势，对自己部门的员工开展一些培训工作，这样不仅可以积累自身的培训经验，也能够使本部门员工迅速成长。

如果你是一个积极上进的人，你一定不会停下你要向上晋升的想法，而去安于现状。这一步将是你职业生涯最为关键的一步，在此时你应该做出你自己的选择，摆在你面前的有三个方向，其一，你可以继续在你所供职的公司进一步的晋升到更高层的岗位上；其二，不出意外的话你此时应该具备一定的培训能力，你可以转型专门做相关的培训师工作；其三，你在此前积累的经验可以支持你去外面自己创业，创办一间属于自己的健身工作室，当然这要建立在你有经济基础并且可以承担失败的基础上。在公司内，你可以考虑更高一层次的管理岗位，在私教及团操部门的单店部门经理之上设置有区域的私教/团操总监一职（根据各俱乐部情况不同，有俱乐部在单店部门经理与总监之间还会设置"区域经理"一职），这个职位的责任就不单单只是对某一间店面负责，而是你所就职公司的全部店面，换个角度说你所承担的责任就会更大了。当然，你的未来发展以及你的个人职业生涯的履历上也会画上浓墨重彩的一笔，你的收入也会水涨船高。培训师的工作目前来看在一些大型的健身俱乐部连锁品牌中可以在公司内部进行转型，这样你付出的代价并不会很大，当然如果你想到业内较为认可或更为专业的健身培训类公司的话，你就要辞掉现在的工作。创业有时也是一个不错的选择，但是选择这个选项的通常更多的会是私教，目前私教工作室在国内一线城市的发展速度和势头很猛，随着大城市人们对于健身的需求程度的细分化，更多的会员能够明确自己在健身时的需求，这也是能够解释为什么健身工作室发展迅速的原因之一。至于团操工作室，目前国内还处在尝试性的阶段，虽然有类似于"超级猩猩"等品牌进行了多轮的融资，但就前景发展来看还需要一段时间，并且一名优秀的团操教练员的成长时间一点也不比一名优秀的私人教练短。

在国外很多健身教练年龄都在 50 岁以上，很多人认为年龄大的健身教练更为可靠，他们的指导经验可以很好地帮助会员进行练习，所以随着国内健身行业在未来的稳步发展，人们对健身教练员的认识也会逐步加深，这对于行业的发展具有很好的推动作用。那时也会减少人们对于健身教练员的偏见，更不会认为健身教练员的职业是一个依靠青春并且不稳定的职业。在这个问题上作为从业者，我们更应保持正确清醒的认识。

第七章　健身俱乐部团操管理

团操部作为俱乐部内最为重要的部门之一，是俱乐部维系与大部分会员的纽带，也是俱乐部良好口碑的缔造部门之一。但是与私教部或会籍部（负责健身卡售卖的部门）相比，从表面看起来团操部并不是一个可以直接产生盈利的部门，它的收益非常隐形，如果不通过一定的方法来分析很难确定它的盈利点在哪里，这也就造成了团操部门在俱乐部中的一个窘境，那就是当一个健身俱乐部业绩好的时候往往对团操部门的各项支出预算加以支持，当业绩不好的时候团操部门很容易成为俱乐部内第一批要求开源节流的部门。所以你如果作为行业的从业者，尤其是在未来会成为团操教练甚至团操部门的管理者，该如何应对这一切，这些问题能否在发生前就可以避免，团操部能否做到在管理制度上、对公司的贡献程度上达到尽可能详细的量化标准，不至于在俱乐部出现危机的时候成为"我为鱼肉，人为刀俎"的牺牲品，那么这一章将对如何成为一名合格的团操部门管理者进行细致讲解。

第一节　团操管理者工作内容

首先，我们要明确作为一名团操部门管理者的基本要素是什么，需要具备哪些硬性的条件呢？在前文的职业规划发展中讲到了作为团操教练员的职业发展轨迹，其中提到如果要想成为团操部门经理／总监的前提之一就是你要成为某家健身俱乐部的专职／全职团操教练员，这就需要你至少要掌握三门及以上的课程，并能够得到会员们的拥戴和喜爱，有了这个前提你就可以继续朝着团操部门的管理者进军了。当然作为一个部门的管理者绝不仅仅是上好自己应该上的课程那么简单，还会涉及对所属部门人员的管理及培养，这种能力决不是一朝一夕练就的，需要你在平时认真积累，快速让自己变得羽翼丰满，这时你欠缺的就仅仅是一个机会而已。成为团操部门经理／总监的途径前文提到，有两种常见方式，一种是

竞聘上岗，另一种是其他管理者的举荐。这里简单介绍一下竞聘上岗的方式，这种方式是各公司选拔管理人才的一种方式，通过竞争的形式从中选优，那么在竞聘岗位之前你要对所竞聘的岗位及岗位职责有非常清晰的了解，同时你还要有对竞聘岗位的自我认知，也就是说，如果你竞聘成功后该如何管理你的部门，以及如何在未来发展你的部门，这些都是作为应聘者需要考虑的问题。在这之后你需要将你的所有想法和思路制作成 PPT，并结合语言进行讲解，这个步骤可能需要多次的演练，然后进行最终的修改后定稿，你要清楚在应聘当天可能你会在很多人面前进行讲解，在这一点上作为团操教练员是有很大的优势的，只要你能够展现出自己独到见解和自信，一定会有机会成功的。

下面来说说作为团操部门管理者，你的工作职责和内容都包括哪些方面。

一、对各店面内团体操课进行安排

对于一位合格的团操部经理／总监来说，对俱乐部团操课程的安排是其最为基本的工作内容。在大型连锁性质的健身俱乐部中，这部分工作往往是各店面团操经理或各区域团操经理完成的，但在中型健身俱乐部中，有时是由团操部门的经理／总监来亲自完成的。在对课程进行安排之前，你要清楚怎么样去安排课程，要明确，我们安排课程的目的是对会员提供服务的一部分，那么我们的课程安排首先要充分考虑会员的需求，让大部分会员感到满意。一般来讲，俱乐部的团操课程时间安排有两个时间段，一个是中午，一个是晚上（目前也有俱乐部在团操课程的时间安排上选择早晨和傍晚，这里只对普遍情况进行讲解）。中午一般会在 12：00 ~ 14：00 安排课程，晚上大部分从 16：00 之后就开始安排课程直到闭店，从时间上来看课程安排一般都会选择在大家休息或下班之后的时间段，中午一般安排 1 ~ 2 节课程，晚上则安排 2~ 5 节课不等，这需要根据俱乐部客流的整体情况以及上月或上季度会员参与课程的出勤率决定，这是你对于课程安排的第一步骤。在此之后你要对课表内所要安排的课程进行一个全面的了解，通常将团体操课按照以下几种方式进行分类：

（1）按照运动方式划分为静态课程和动态课程。静态课程通常在一种相对安静的环境中进行练习，如瑜伽课程、普拉提课程；动态课程通常在有激烈音乐伴奏下完成的课程，如有氧健身操课、踏板操课、街舞课程等。

（2）按照运动强度划分为低强度课程和中高强度课程。低强度课程是指课程对于人体的体能消耗量较小，如基础类瑜伽课、民族舞课、太极课等；中高强度课程是指课程对于人体的体能消耗量较大，如搏击操课、有氧健身操课、杠铃操课、单车课等。

（3）按照课程参与度划分为大众课程和小众课程。大众课程往往是相对简单的，大部分会员可以接受的，适合零基础会员参与，每节课之间的连续性较弱的课程，如单车课、有氧健身操课、杠铃操课、基础类瑜伽课等；小众课程是指部分会员对某一种课程有持续并且深入学习的需求，每节课之间的连续性较强，教练在课程中以教授动作技巧为主，运动量并不是教练首要考虑的因素，如民族舞课、拉丁舞课、街舞课等。

（4）按照课程性质划分为力量课程和有氧课程。所谓力量课程是指该课程在练习过程中不仅仅只有有氧的训练内容，还加入了肌肉力量的练习，如杠铃操课、腰腹核心课、塑形减脂类课程、搏击操课等；在操厅所进行的大部分团体操课都可以称为有氧课程。

有了以上对于课程的分门别类，我们在安排课程时就会更容易一些。安排课表不但要对每项课程进行了解，还要对如何将它们科学地组合在一起进行学习，一般来讲，为满足不同会员参与团操课程的基本需求，在课表中将动静态课、不同强度课程、大小众课、力量与有氧课程进行穿插安排，应避免连续两节或以上的同类型课程出现，这么做的目的是鼓励更多的会员加入团操课程当中来，如表7-1所示。

表7-1　团体操课课程表模板

×××健身俱乐部×月团体课程课程表（×××店）						
时间/ 日期	星期一	星期二	星期三	星期四	星期五	星期六	星期日
12:00～ 12:50	中国舞 China dance ★★	杠铃 Barbell ★★★	哈他调理 瑜伽 Yoga ★	搏击操 Boxing ★★★	拉丁舞 Latin Dance ★★	有氧 健身操 Aerobic ★★	普拉提 Pilates ★
18:00～ 18:50	民族舞 China dance ★★	普拉提 Pilates ★	有氧健身操 Aerobic ★★★	中国健身舞 Sino Square Move ★★★	太极 Taiji ★	哈他混 合瑜伽 Yoga ★	芭蕾形体 Ballet body ★

×××健身俱乐部×月团体课程课程表（×××店）						
时间/日期	星期一	星期二	星期三	星期四	星期五	星期六	星期日
19:00~19:50	南美热舞 SA Hot Dance ★★★	肚皮舞 Belly Dance ★★	哈他混合瑜伽 Yoga ★	哈他调理瑜伽 Yoga ★	拉丁舞 Latin Dance ★★	搏击操 Boxing ★★★	杠铃操 Barbell ★★★
20:00~20:50	哈他混合瑜伽 Yoga ★	阴瑜伽 Yoga ★★	有氧舞蹈 Aerobic Dance ★★	街舞 Hip hop/Jazz ★★	哈他调理瑜伽 Yoga ★	普拉提 Pilates ★	肩颈瑜伽 Yoga ★★
Spinning Studio/动感单车厅						
19:00~19:45	单车 Cycling ★★		单车 Cycling ★★		单车 Cycling ★★		单车 Cycling ★★
20:00~20:45		单车 Cycling ★★		单车 Cycling ★★		单车 Cycling ★★	

二、制定团操部门经费预算

制定团操部门经费预算，一般分为月度、季度、年度。所谓预算是指在本月度／季度／年度时，要根据上一月度／季度／年度的费用支出情况，并结合其他可以预见的费用支出，对下一月度／季度／年度的费用支出情况进行预估。团操部门的经费预算主要包括教练员课时费预算、专职／全职教练员的岗位薪资预算、操房器材维修及维护费用预算、操房器材采购费用预算及其他杂费（团建费、演出服装费、额外奖励费等）。作为团操部门的管理者，有义务对本部门的支出预算进行整理，同时也必须建立在可以为公司在节约支出与获得最大效益中间找到最合适"平衡点"的责任。那么我们该如何对团操部门进行费用的预算呢，这里我们就要对一个独立店面的收益情况有所了解。通常情况下，一个店面的团操费用支出占这个店面当月业绩额的 2 % ~ 5 %，这个费用预算包含了之前提到的团操部门所产生的所有费用，那么依照这个逻辑，如果团操部门希望可以得到更多的费用预算，作为团操部门的每一位教练员都应有意识主动为店面的业绩提升贡献自己的力量，这么做也能够提升店面员工的凝聚力。

一般情况下，月度预算的提交应在当月 10 号前提交下月度的预算表格；季度预算应在本季度第一个月内完成对下一季度的预算提交；下一年度的预算最晚不应晚于当年的 11 月，一般会在公司管理层年会上进行提交。参考格式见表 7-2。

表7-2　健身俱乐部单店团操部运营资金预算表

___年___月___店运营资金预算表									
项目优先级	项目名称	项目说明	协作部门	款项应用说明	支付时间	金额		本月计划支出（项目合计）	实际支出金额	执行人签字
						上月实际花费	本月计划支出			
高										
高										
高										
高										
中										
中										
中										
中										
低										
低										
低										
低										
合计										

三、根据会员需求定期对课表中的操课进行调整

尽可能建立完善的与会员的沟通机制，尽可能满足会员对俱乐部内操课程的需求。对于会员反馈较大的课程要及时进行调整，作为管理者要清醒地认识到被调整课程是由于课程的内容问题还是教练问题或是课程时间问题造成会员的客诉，并在课程调整之后向会员及时反馈结果，这样做有助于提升会员对于俱乐部课程的满意度，以此来帮助俱乐部提升服务质量。在这里切记要善于区分群体需求和个体需求，对于群体需要我们要及时纠正并满足，对于个体需求就需要管理者对会员进行耐心劝导和解释，如果不对二者进行区分，很有可能造成会员间群

体与个体的对立，或群体与群体间的对立，进而产生矛盾使事情复杂化。在对课程进行调整的时候也要尽量遵循课程安排的原则，尤其在课程的更换方面，要做到调整的课程尽可能找到与它同类型的课程来替代。如在很长一段时间内基本没有出现会员对于课程的客诉情况，也要定期以各种方式开展与会员的沟通，常用方式有设立会员建议信箱、发放会员意见调查问卷、通过教练员以口头的方式对会员进行建议询问，并对获取来的信息进行整理汇总，在召开部门会议时进行群体讨论，制定应对方案。

四、组织创编、研发新的团操课程，丰富课程种类

一个健身俱乐部中团操课程是留存会员最多的服务项目之一，好的课程及优秀的教练员是可以让会员长期稳定进行锻炼的，因此在健身俱乐部中团操课程的种类和质量十分重要。那么作为管理者就要定期对课程的内容、授课质量进行监督，对课程的种类定期加以调整和扩充，以便帮助俱乐部留下更多的会员。目前健身俱乐部内的团操课程中一部分课程是需要向课程内容提供方购买加盟的，定期支付加盟费用，如常见的莱美（Lesmills）体系课程、尊巴（Zumba）课程等。教授这一类课程的教练员首先要通过培训取得授课的资质，之后才可以在俱乐部中进行授课，这也保证了教练员的授课质量，同时课程提供方对课程内容进行定期更新，教练员可以通过不断地参与线下培训和购买光碟自学的方式对所授课程进行内容更新，这一类课程省去了教练员自行创编课程内容的环节，课程的动作及编排较为科学且安全性高，但是教练员也慢慢丧失了自主的创编能力，并且统一化的课程在有些时候并不能对不同地区、不同品牌的俱乐部会员完全受用。除此之外的其他课程，更多时候需要教练员自行创编，并能够根据不同会员的需求对创编动作进行替换和更改，这类课程可以突出教练员的个性及课程的特色，但同时不可否认的是，如果教练员不是一个经验丰富的"老手"，也许在动作创编过程中容易忽视动作的安全性。

无论以上哪种类型的课程，我们都可以经常在众多俱乐部的团操课程当中看到，这两类课程也组成了一个完整的俱乐部的团操课表。基于这两类课程的基础之上，作为专职/全职团操教练员，要和你的同伴一起根据所在俱乐部会员的需求创编属于你们的课程，通常情况下这不是一个人可以完成的工作，所以需要在

团操部门经理/总监的带领下，组织大家一起进行创编，每人负责不同的分工，并要有持续性,定期进行课程内容的更新,早晚会有属于你们的"莱美"或是"尊巴",抑或是其他的特色课程。这一类课程的出现可以帮助你在的俱乐部打造品牌特色，增加俱乐部的卖点，让更多的人能够有机会选择自己喜欢的团操课程，从而走进操房成为你的拥趸。

五、定期组织各类活动，回馈会员

团操课程是健身俱乐部维护会员以及留住会员的主要利器之一，受欢迎的团操课程或是一位受会员追捧的团操课程教练往往可以帮助俱乐部创造很多有形及无形价值。在过去健身俱乐部老板往往认为团操部门是一个支出部门，很难给俱乐部创造现实的收益，也因此很多俱乐部老板不愿意在团操方面花费很多时间和精力，甚至是金钱，但是随着大型连锁俱乐部开始对于内部的精细化、数据化管理，有越来越多的老板看到了团体操课能够为俱乐部留存会员的价值，这也慢慢地在转变经营者和投资者对于团体操课的看法。正因如此，作为团操教练或是一家健身俱乐部的团操管理者，更应在帮助俱乐部留存会员方面做更大的贡献。

定期举办各类活动的好处可分为对外和对内两部分。对外是指活动举办针对于会员及外部客户所能达成的预期目的，对内是指通过活动的不断举行来提升俱乐部内部员工及各个部门的合作意识，并且可以提升不同岗位员工的工作技能。对于团操部门来说，不断地举办活动可以提升团操教练员的业务能力，还可以提升其主动服务会员的意识。团体操课是健身俱乐部唯一一项可以由一位工作人员/教练员为众多会员进行同时服务的产品，我们可以充分利用这类产品的优势来拉紧与客户或是会员的关系。但是，在俱乐部的会员往往由于每天都在参与团操课程，很容易造成一种参与的麻木感和疲劳感，那么就要求我们不断地通过在团操课程的基础上运用商业包装的手段组织和推出区别于日常团操课程的产品，鼓励会员积极地参与进来，并且要将此类活动贯穿全年。在每一个不同的时间节点上推出不同的以团操课程为核心的活动，在此类活动中可加入一些其他的形式，如可以在新课程的推广活动中加入会员卡或其他俱乐部产品的促销活动；还可以利用课程内容的改变，鼓励会员带着其他非会员朋友来参加；又如，可以将新课程或公开课放到俱乐部操厅之外的地方举行。以上种种形式最终的目的只有两个，

一个是对于老会员关系的维护，增加会员对于服务满意度的感受，另一个是在活动中创造一些销售的机会，为俱乐部创造销售额，在此基础上也能够为俱乐部在一定范围内扩大其品牌的知名度和影响力。需要注意的是，无论运用哪种形式开展此类活动，务必要将活动流程设置精细，并且进行合适的分工，要知道每一个大型活动都不是一个部门可以完成的，这需要多个部门进行相互的配合，这就如同在拍摄电影一样，舞台上的团操教练就是电影中出境的演员，但在这之外还需要导演、舞美、服装、道具、摄影等人员或部门的通力合作，最终才能呈现出一部好的电影。

对于活动的举办要在上一年度的公司年会中，团操部门负责人要对下一年度举办的各类活动有所计划。上文提到，这类活动是需要贯穿全年举行的，那么我们该如何将活动贯穿全年呢？第一，利用好全年的每一个节日是一个不错的选择，通常情况下，人们会在全年的各类大型节日到来时放假休息，会员也有更多的时间来到健身俱乐部锻炼，这也为活动邀约会员提供了时间上的便利条件。第二，团操课程中，尤其是目前广受会员喜爱的预置套路课程（是一项由编排者提前将动作进行编排，并将每一段舞蹈动作与音乐及口令完美结合的课程，教练员只需要将每一段套路的音乐和动作背过，在教授中教练员的口令及手势也应提前有所设计，将准备好的这些在上课时全部带给会员的一种课程，通常每节课程根据课种的不同会有 8 ~ 14 个不等的套路组合，每个套路一般是以一首音乐为节点。目前健身市场较为受欢迎的预置套路课程有莱美 Lesmills 体系课程中的 Body jam、Body pump、Body combat 等课程）多为定期更新的课程，一般每季度对课程内容进行一次全面的更新，俱乐部及团操部应很好地利用这个新课程发布的机会，将其包装成为一场大型的活动。第三，每个俱乐部都会有自己的开业日期，那么每一年的周年庆典或同一品牌下的其他新店开业这类的机会也不应被放过。通过以上三种方式，再结合不同健身俱乐部的特殊需求，一年中关于团操课程活动的时间安排基本可以满足了。活动的举办遵循每月一次小型活动（1月/2月/4月/5月/7月/8月/10月/11月），每季度一次大型活动（3月/6月/9月/12月），每年度一次超大型活动（可根据内部实际情况制定举办时间），具体如表7-3所示。

表7-3　活动举办时间表

1月	2月	3月	4月	5月	6月	7月	8月	9月	10月	11月	12月
元旦	情人节	妇女节		户外	儿童节	暑期		中秋节	户外	万圣节	圣诞节

因此类团操活动的属性为增加俱乐部与会员间的黏性,可在活动中或对于忠诚度、参与度较高的会员进行一些物质奖励,如延长其会员时间、赠送一些周卡及体验卡等,以此提升会员的参与感与积极性,慢慢培养会员对于各类活动的参与习惯,最终提升会员对于俱乐部的忠诚度。

下面我们来说说活动的举办对于俱乐部内部的意义,这里只针对于团操部及团操教练员。第一,在每次活动举办前,团操部及团操教练员要对活动中的课程展示或演出进行设计和排练,这无形当中能够提升部门的凝聚力和团结协作的能力,并且在排练过程中每位教练员的专业能力也能够随之提升;第二,活动在设计过程中对于团操经理/总监的管理能力、协调能力也是一次很好的锻炼;第三,通过活动的举办也能够打造明星教练,扩大团操教练员在会员中的影响力,提升其号召力,塑造其明星效应;第四,活动的不断举办可以让老板看到团操部门的存在价值,团操部门是可以为俱乐部直接或间接创造价值的,有利于团操部门提升在公司内部的部门形象和地位。

需要注意的是,每次活动的举行必须要经过严谨的计划,并要明确每次活动的目的,预估活动所带来的效果。在活动形式上要不断进行创新,围绕团体操课开展的活动中可以尝试不同课程的组合搭配来完成,在每季度的活动策划中,应至少提前一个月进行彩排和活动的推广预热,并对每次活动的流程进行全店面的培训,确保活动顺利举行并且万无一失,以便可以达到预期效果,以免一次不成功的活动会打击到会员参与进来的热情和积极性。

最后来看一下,一场成功的团操课程推广活动需要如何制作时间倒推表(见表7-4),以一次活动中安排两种不同团操课程为例。

表7-4 团操课程推广活动时间倒推表

Week 1	Week 2	Week 3	Week 4
完成课程1教练员培训			
让教练员准备好			
开始重要性较低的内部提升			
使大家具有自发性并投入其中			
敲定时间表			
		完成课程2教练员培训	
		为推广课程分配小节	
		增加内部提升	
		联系媒体	

作为团操部门来讲，需要在活动正式开始前的至少四周时间进行准备。第一，在前两周半的时间里，需要对课程 1 的教练员培训，包括对动作的熟悉、所需的相互配合的演练（如单人授课的活动可省略）、对动作标准的统一；第二，对于教练员的想法要随时了解并掌握，且对教练员设立期望值；第三，参与教练员要对于整个活动的流程初步掌握和了解；第四，通过不断地强调以及定期的排练，培养习惯，激发教练员主动参与的积极性；第五，敲定活动的具体时间表，这里要精确到具体开始和结束时间。后两周中，第一，要完成课程 2 的教练员培训工作（具体按课程 1 教练员培训内容开展）；第二，对于课程 1 和课程 2 中每位教练员所承担的教授内容进行分配（如单人授课的活动可省略）；第三，加强教练员对于活动流程细节的了解，并熟知每一环节；第四，协助市场部联系各类媒体对活动进行宣传报道（此环节建议针对于年度超大型活动中使用）。

六、组织编排各类演出节目

上面提到团操部门在各类节日活动中应协助俱乐部组织各类活动以促进和维系与会员之间的良好关系，那么在各种各样的活动中，团操部门的教练所承担的角色往往也会有些许的不同，如有时会承担主持人的角色，有时会是授课教练的角色，有的时候又会成为一名表演者。下面将对团操教练在一场活动中如何扮演好一名合格的表演者进行细致阐述。

我们要清楚，对于演出节目而言，团操部要分为两种情况区别对待，一种是临时性的演出活动，如有时俱乐部市场部门为配合俱乐部的销售活动往往会与外部其他商家进行接洽，这时有些活动是临时安排的，时间较紧，导致没有足够的时间进行排练和彩排；另一种情况是时间较为充裕的演出活动，如公司的各阶段的庆典及年会活动，这类活动一般准备期较长，留给团操部门排练的时间也就会非常充裕。

以上两种情况需要团操部门要有两套针对方案，一套是针对临时性活动演出的，可以在日常排练好几个节目，这几个节目是可以随时登台演出的，但是存在的缺点是有可能演出的节目与活动的中心主题不是非常贴切；另一套方案是就即将开展活动主题创编演出节目，这种情况需要团操教练们要不断地进行集体排练。

无论以上哪种方案，最终呈现在舞台上的都会是一个完整的节目，这类节目在创编过程中需要展现所在俱乐部的特色，一般都会以俱乐部内较为受欢迎的课程为节目内容的基础，常见有街舞、有氧舞蹈、杠铃操、肚皮舞、瑜伽等。

在这里需要注意的是，作为一名团操部门的管理者，对演出节目的排练及审核是你工作范围内的事情，务必做到对情况的全面掌握；对于登台演出者，要随时为登台演出做好准备，包括服装、音乐等，要提前做好安排。

七、培养新教练员

作为一家健身俱乐部的管理者，对于新人的培养至关重要，这也是在为俱乐部进行自身"造血"。俱乐部的人才储备对于俱乐部的长远发展可以起到关键作用，从当下健身行业的发展趋势来看，人们在选健身品牌时更多消费者愿意相信和选择大型的连锁品牌，这样的选择能够带给消费者更好的安全感，同时连锁品牌也意味着服务质量的保证，对于健身行业这类以预付性消费为主的行业，口碑显得尤为关键。健身行业的竞争日益激烈，各个品牌在不同的区域争相发展，这主要以快速的拓展门店数量为主要特征，门店数量的快速增加将会导致人才的需求量大幅提升，那么此时哪一个品牌在人才储备和培养方面可以占得先机，将会在接下来激烈的竞争中获取一定的优势。同理，健身俱乐部之间的激烈竞争同样会在俱乐部不同部门与其他品牌中同类部门之间展开，团操部门也不会独善其身，只有时刻保持这种危机意识才能在行业中独树一帜。

团操部门对于新教练员的培养主要是指对于专／全职教练员的培养，这样能够保证所培养的人员不会流失，或投奔其他品牌。上文讲到，一名合格的专／全职教练员需要至少掌握三门以上的不同种类课程，在对于新教练的培养和储备过程中，可将此标准降低，对于可塑性较强或具备培养价值的教练员来说，降低标准是为了给其提供一个良好的成长环境和空间，我们将此类团操教练称之为"种子教练"。作为团操管理者，要对种子教练加以培养和关注，可从以下几个方面开展：①树立短期目标和长期目标，并监督其每个阶段的完成质量；②协助其制定明确的个人职业生涯规划；③给其发展空间和机会；④打造一个适合新人生存和发展的团操部门；⑤为其指定一名"师傅"，采用学徒制的方法帮助其成长。但是，要切记制定淘汰机制，任何人在一个没有竞争的环境下是不可能有主动提

升的意识的，所以这样的良性竞争更有助于"种子教练"的成长。

在具体提升种子教练业务能力方面可采用如下方式：①定期组织内训，进行内部的交流学习；②为种子教练制定每周或每月跟课任务（跟随不同课程的老教练员上课，去学习不同教练身上的优点）；③制定完善的课程培训流程；④鼓励种子教练外出参加各类提升业务能力的培训；⑤对于可以达到上课标准的种子教练，可以"老带新"的方式，一名老教练与一名种子教练共同完成一节课程的教授（这里需要处理好薪资分配的问题）；⑥科学合理的薪资结构为其主动提升提供源源不断的动力。

在种子教练的储备数量上，根据各品牌发展的实际情况而定，但至少要能保证教练的储备数量能够随时满足一个店面的课程需求。

八、对于新教练员的入职、培训及管理

作为一名团操部门的管理者，你的工作范围内理应包含对你部门所属员工的培养、培训和惯例的工作，这些都是你的日常工作所包含的内容，并且这么做的目的在于为你所供职的品牌进行人才和未来管理者的储备，因此这部分内容显得尤为重要。那么作为部门的管理者我们究竟该如何开展对新员工的培养和培训呢，如何使其成长为公司需要的合格员工呢？下面将对这一问题进行剖析。

通常来讲，一般在具备一定规模或是企业管理体系和制度相对完善的公司中，在新员工入职前会有一套流程，这套流程是让一名新员工成为一名正式员工的进阶标准考量，常见的过程涵盖面试、通过面试、入职培训、进入试用期、成为正式员工五个部分。

健身俱乐部团操部门对于新员工，或可称为新教练的面试内容主要分为两个部分，一部分针对于全职教练员的面试，面试内容相对较多，主要包括技能面试、外在形象、语言表达、沟通能力、团队协作能力、执行能力、创新创造能力等。除技能测试与外在形象外，其余能力可通过聊天或询问问题的方式获取，通常在设置此类问题时选择开放式的问询方式；另一部分是针对于兼职教练员的面试，面试内容相对简单，主要包含技能部分，其次对于其思想道德和价值观方面进行面试。两种不同内容的面试方式代表了公司及部门对于两类不同性质岗位员工的不同需求。

在通过面试后全职教练员会进入到下一个环节——入职前的培训工作，而兼职教练员因承担的主要工作是课程的教学，因此不对其进行特殊要求，可直接上岗进行授课。在对全职教练员的入职培训过程通常会持续 3～7 天的时间，也有个别公司将员工的入职培训"碎片化"，实际工作与培训穿插进行，但对于培训内容上大体一致。首先是要对于新入职员工进行公司文化的培训，一名员工入职到一家企业，就需要对于该企业的发展规划和公司历史进行了解，并且要对于公司所宣扬的价值观要充分认可，这些都是一名员工今后能否在一家公司或企业长期供职的关键因素，因此作为部门的管理者理应配合公司或企业对新员工在这些方面进行培训讲解。当然，这部分工作在目前健身企业中多数是由人事部门来完成。

通过入职培训后正式进入试用期，这也是部门管理者正式介入对新员工管理的时刻。新员工需要严格按照公司对于所有正式员工的岗位要求，作为部门管理者首先要了解新员工的长项，并让其发挥其长项，在此基础上帮助其尽快融入部门。

在职位属性上，团操总监一职一般多设立在连锁品牌的俱乐部当中，这类品牌店面数量多，涉及区域广，教练员数量多，而团操经理的岗位设置一般常见于某一特定区域的连锁健身俱乐部或单体健身俱乐部中，此类俱乐部店面数量较少，同时团操教练员也相对较少。但是，两种职位有一共同的属性，就是要对部门所属专职/全职团操教练员及兼职教练员进行管理。对于兼职教练员的管理较为简单，只要求其遵守团操部门及公司的各项规定、制度，按时上下课，保证授课质量等即可，不对其有其他方面的特殊要求；但对于专职/全职团操教练的管理更为全面和细致，在要求其遵守公司和部门各项规章制度外，还要求其不断地自我提升，包含自身业务能力和管理能力两部分，同时还要对于团操总监/经理委派的各项工作要按时保量地完成。

第二节　团操管理者工作职责

一、增进团操部门的团结性

无论对于团操部门还是任何公司的部门来讲，员工之间关系的和睦会让整个

团队斗志昂扬，并且可以为公司创造更大的价值。无论是公司领导还是部门领导，都应该将各部门间以及部门员工之间的人际关系妥善处理，这也是作为领导者的本职工作的一部分。那么很多时候作为部门的管理者应该如何确保本部门的和睦，如何让本部门的集体力量发挥到最大，下面将会结合笔者经验说明如何做好这一点。

笔者在团操部门管理岗位有 7 年的管理经验，在这 7 年的时间里从一家店面的团操部门管理开始逐渐到管理不同区域的近 20 家店面的团操工作，在这期间团操教练最多达到近百人。那么首先要做的是区分专职 / 全职教练员与兼职教练员，这要运用不同的方法，笔者暂且把专职 / 全职教练员称为"内部教练"，兼职教练员称为"外部教练"。

内部教练具备以下几个特点：工作时间固定；部门内员工彼此间碰面机会多，沟通较为频繁；工作上相互交织的部分较多；静态课程教练的平均年龄要大于动态课教练；数量上女教练往往要多于男教练。这就容易造成以下几点问题：①彼此因工作原因或是其他原因发生摩擦的概率增大；②因为动态课和静态课教练员的年龄差距容易造成沟通障碍，进而发生矛盾；③其他个体的不满情绪容易在部门内扩散。

那么，作为管理者需要做到如下几点：第一，要对部门规章制度制定得尽可能详细；第二，各项规章制度的执行过程中要一视同仁，"一碗水端平"，最重要的是要严格执行；第三，在日常工作中应及时发现本部门员工所发生的异常行为，并定期找部门员工进行沟通谈话，掌握每位员工的心理变化和情绪变化，同时适当关心每位员工在生活中遇到或面临的问题；第四，"团建"对于部门凝聚力的提升有很大的促进作用，其形式有多种，如进行团队游戏比拼、外出游玩、体育竞赛、集体聚餐等，以上几种形式可根据实际情况穿插进行（见表 7-4）；第五，作为部门领导，要以身作则，不能拉帮结派或搞小团体；第六，及时找出并清理掉部门中散布谣言、传播负能量的员工；第七，安排适量的工作，尽可能将其工作量与日常工作时间相匹配，使员工可以充实地在本岗位上进行工作。当然，除以上几点之外，还可以运用你自己的一些方式方法来达到使部门团结的目的。

表7-5　年度"团建"建议计划表（针对于全体教练员）

第一季度 Q1	一月 Jan	例会 Regular meeting		团队建设 Team construction	技能交流会 Skills exchange conference
	二月 Feb		公司聚餐 Company dinner		
	三月 Mar	例会 Regular meeting			
第二季度 Q2	四月 Apr			—	技能交流会 Skills exchange conference
	五月 May	例会 Regular meeting			
	六月 Jun				
第三季度 Q3	七月 Jul	例会 Regular meeting		旅行或团队建设 Travel or Team construction	技能交流会 Skills exchange conference
	八月 Aug				
	九月 Sept	例会 Regular meeting	公司聚餐 Company dinner		
	十月 Oct				
第四季度 Q4	十一月 Nov	例会 Regular meeting		—	技能交流会 Skills exchange conference
	十二月 Dec			年终总结会议 Year end summary meeting	

外部教练具备以下几个特点：工作时间相对松散、地点不固定；教练员彼此间碰面的机会不多，工作上的交织基本可以忽略不计；对公司的忠诚度较低。但是外部教练对于一家健身俱乐部的团操来说比重占得较大，因其工作性质，教练间发生摩擦的概率不高，但是也要尽可能地增加整体团结性。基于以上几个特点，笔者认为，首先，团结是建立在彼此相识、沟通、了解、信任的基础之上的，作为部门管理者要主动搭建外部教练员之间"相识"的桥梁，可以通过定期召开部门全体会议、聚餐、年会等场合创造可以认识和沟通的契机；其次，管理者可通过塑造其个人魅力和打造部门形象的方法，吸引外部教练主动"靠拢"，因为大部分人是愿意与比自己优秀或能力强的人交流的；最后，管理者也要建立与外部教练定期沟通的渠道。

二、帮助俱乐部开拓以团操为基础的新盈利点

在目前市场中，更多的健身俱乐部将团操课程定位在为俱乐部会员提供的一种免费的增值服务项目，并且随着市场的竞争，不少的俱乐部在此项增值项目的花费和投入上日益增加，这也就造成了团操项目对于健身俱乐部的管理者或投资者来说更多的是一种"有金钱直接投入，无金钱直接产出"的项目。但是对于有长远规划的俱乐部投资人或管理者来说，团操的投入是在金钱方面，而它的产出其实是隐形的、间接的，甚至在留存会员续会方面有时可以起到至关重要的作用。因此不少大型连锁俱乐部开始重视团操，对于团操项目无论是在硬件还是软件方面都加大投入力度，目的是在当下竞争激烈的健身市场中占得先机，拔得头筹。那么作为传统健身俱乐部的团操管理者或团操教练员来说，把自己所授课程上好是最为基础的工作，除此之外，更要利用自己所长，与团队一起探讨如何帮助俱乐部建立新的盈利点，也就是如何帮助俱乐部创造更大的有形价值和无形价值。下面笔者罗列几点，仅供参考：

（1）通过团操部发起的定期活动，在活动中配合会籍部及其他部门对非会员进行邀约，并进行详细登记，在要约会员过程中要全员行动，切忌不要将此工作落在某一部门上。同时对邀约到场会员进行详细登记，活动结束后对参与本次活动的非会员进行跟踪销售，并详细记录由本次活动所给公司创造的价值利润额。

（2）公司鼓励"全员销售"。全员销售是指所在公司的所有在职员工都可以参与到特定产品的销售当中，并且都可以从所销售产品中获取一定的提成奖励，这种方式有助于提升不同部门员工想额外为个人或公司创收的积极性。同时不可避免的是，公司在执行这项规定过程中要充分平衡销售部门的利益，不要将销售部门推向孤立的位置，这样不利于公司团结协作，因为作为销售部门，他们的主要工作职责就是做好销售工作，将公司产品卖给客户，并且对于销售人员来说也只有通过售卖公司相应产品获取相应提成这一种赚取工资的方式。而对于其他部门来说，全员销售意味着他们不仅可以通过本岗位获得报酬，还能够通过销售产品获得额外收益，从面上来看容易造成销售部门员工的心理失衡，但这就考验公司管理者或经营者的管理智慧，只要做好合理规划，这个问题就会迎刃而解。团操部门作为公司的一分子，也理应参与销售工作中，作为团操部门管理者要身先士卒，自身要主动提升自我销售意识，在销售方面不断主动学习提高，并将这种自我学习意识传递给部门其他员工，这方面具体来说就是在教练员授课过程的前后，要主动与会员进行沟通，建立良好的沟通渠道和感情基础，并通过一定的技巧向会员及时介绍公司目前所开展的各类优惠活动，对于有意向的会员可进行定期跟踪，最终尝试成交。这个过程中要把握好作为团操教练员与会员之间的沟通方式，这时团操教练员在面对会员时身上肩负着两种不同角色，一种是本职角色，另一种是销售人员角色，因此要注意二者角色的切换。

（3）充分利用团操本职工作所带来的"粉丝"效应，打造个人 IP。大部分优秀的团操教练员都会培养一批乐于上其课程的"铁粉"，这些"铁粉"对于某位优秀教练的忠诚度是可以随着时间的推移而增加的，因此教练员要善于运用这种粉丝效应，对于粉丝进行"管理"，并扩大其能够带来的最大价值，如建立粉丝群，在该群内不定期分享公司各类优惠活动；还可以通过举办教练个人与粉丝的线下活动来加深彼此了解，建立深入沟通，这也可以为后续的各类产品售卖打下良好的基础。这一块留给教练员所发挥的空间较大，只要建立在正向并且不违背公司各类规章制度的前提下，任何的方法或方式都值得一试，也许某一种方法可以给你带来意想不到的效果。

当然，还有其他各类方法，在这里就不一一进行展开介绍了，总之在当下的传统健身俱乐部中，团操部门逐渐从"投入部门"到"产出部门"的大趋势不可逆转，在这个过程中谁率先转型谁就可以走得更快、更好。在当下的市场当中，随着健身市场细分领域的不断发展壮大，更多的团操工作室或只做团操课程的俱乐部应运而生，这类店面的特点鲜明，具备现代社会年轻人的"快消"理念，如无年卡捆绑，课程按次收费；无其他销售套路，销售"简单粗暴"；课程体验感较好，课程较为新颖；只需为课程买单，无须为其他服务或自身不需要的服务进行买单等优势。这就更加需要传统健身俱乐部加速开拓出一条属于自身的团操发展道路，在发展过程中可以借鉴团操工作室或俱乐部的成功经验，在其经验上可以再次创新。总之，在当下竞争日益激烈的健身市场，"以不变应万变"的时代早已过去，下一个时代一定是看谁率先做出改变，并将这种改变持续且深入地进行下去，只有百花齐放，整个中国健身市场在未来的发展才会更加快速，才可以不断满足消费者日益增长的消费需求。

三、定期总结岗位工作并向公司汇报

这点是一名团操部门的管理者日常工作范畴内最基本的工作之一。作为管理者在公司中应起到桥梁的作用，更应有义务做好"上传下达"的工作，这些工作的展开有助于公司整体的决策，同时也影响着公司未来的发展，因此这其实是一项非常重要的工作。那么该如何更好地总结本岗位工作并如何向公司进行汇报呢？以下将展开详细说明。

笔者将把总结和汇报分别进行详细阐述，在说这两项之前首先要明确通常来讲向公司上一层进行汇报的方式大致分为书面汇报和口头汇报，书面汇报常以文字或 PPT 的形式进行，而口头汇报更显随意和随机，往往需要汇报人只做简单记录或直接口述给上级领导即可。那么在一般的健身俱乐部公司中，汇报的周期通常分为周汇报、月汇报、季度汇报、年终总结汇报四块，这也就意味着这四种汇报的内容会加以区别，一般来讲周汇报及月汇报内容更为细致，而季度汇报和年终总结汇报更多倾向于方向性、数据性、规划性、整体回顾性的汇报，因此在汇报内容上也会略显不同，当然具体内容和方式各个公司也会稍显不同。

1.总结

团操部门的总结内容通常来讲分为几部分：①部门预算与支出；②部门直接支出与直接收益；③关于团操课程安排（会员满意度、受欢迎课程、各课程平均上课人数、各时间段平均上课人数等）；④关于团操部门的会员投诉；⑤团操教练员的招聘与流失；⑥团操部门下一阶段规划及所需支持；⑦各类活动的规划与活动实施的效果。当然根据各公司需求不同，以上内容也可进行相应增加或减少，但以上内容基本涵盖四类汇报。下图将展示某健身俱乐部季度总结汇报 PPT，可供参考。

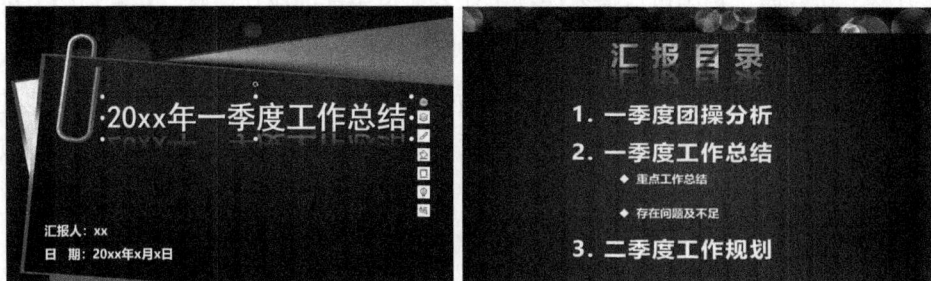

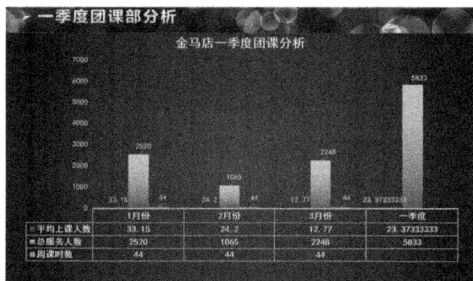

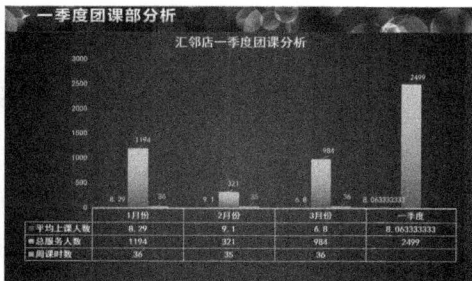

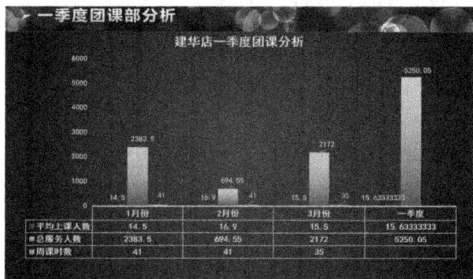

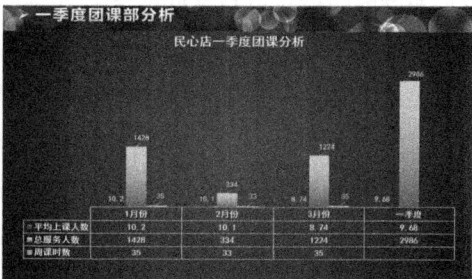

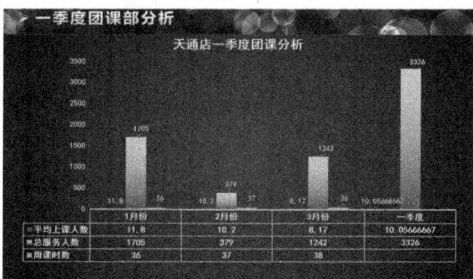

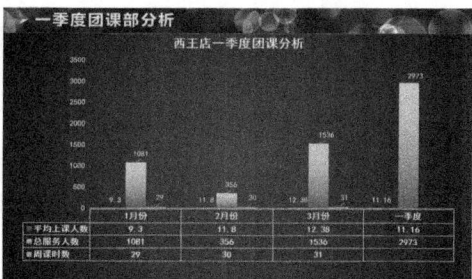

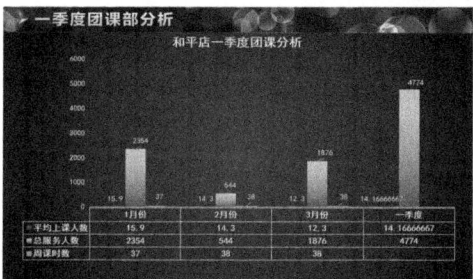

2. 汇报

对于工作总结的汇报方式上文中已做说明，在汇报的场合方面通常是在公司的周例会、月例会、季度大会和年终总结大会上进行汇报，在做工作或部门总结汇报时应注意以下几方面：（1）着装要正式，多以正装为主；（2）汇报前要对所汇报内容详细了解并掌握；（3）在做季度汇报及年终总结汇报时通常会以ppt加讲解的形式进行，此时要做好 ppt 内容，建议内容不要复杂，要简洁明了，要结合自己的语言描述对汇报内容进行讲解，要求汇报者要具备一定的语言表达能力，吐字清晰且自信；（4）公司上级领导对所汇报内容可能会发起提问或疑问，汇报者要提前做好准备，把工作汇报尽可能当成一次面试或论文答辩，确保万无一失；（5）要学会从汇报内容中找出问题、总结问题、解决问题，以及在无法解决时一定要及时向公司或上级提出自己的担忧和所需帮助。

四、发掘优秀教练员并邀请加入你的团队

健身俱乐部内的团操课程质量高低除了取决于该俱乐部团操部门管理者的管理水平外，很大一部分原因来自教练员自身能力及授课水平的高低，因此，当你作为一家健身俱乐部团操部门的管理者时，如何提升所带团队的整体水平至关重要。除了需要不断地培养新教练员外，更要通过各种方式对目前市场中存在的优秀教练员进行挖掘，邀请其加入你的团队，成为工作伙伴。

挖掘人才的过程存在诸多不可或缺的因素，其中薪资问题是不能回避的重要因素之一。对于教练员的薪资评判标准目前尚无较为全面且通用的评价体系，通常在俱乐部所能够给出的薪资范围内由团操部门管理者自行决定，俱乐部与教练员之间达成一个双方都能够接受的薪资价格。在邀请优秀教练员加入时，会遇到"讨价还价"的过程，这就需要管理者在俱乐部所能承受的薪资范围内与优秀教练员进行协商，俱乐部方可给先出略高于优秀教练员预期的薪资，这样做的好处是，不仅体现出对教练员能力的肯定，增加了优秀教练员加入本俱乐部的可能性，也能够体现出俱乐部方对于优秀人才的尊重；作为部门管理者要善于对本地区的优秀教练员数量进行了解，通过各类渠道收集教练员的信息，以表格的形式逐渐形成"人才数据库"，并从中找出适合本俱乐部的优秀教练员；再次，增加与优秀教练员的主动沟通，保持良好的情感关系，在相互学习的过程中增进彼此的友

谊，提升相互的信任感；然后，定期发起或筹办地域性的团操技能交流活动，如举办团操技能交流大赛、健身大会等，建立起一个相互交流的平台，依托于此平台吸引更多优秀教练员的加入；最后，制定完善的团操管理体系，搭建专业化、科学化的管理平台，运用平台优势吸引优秀教练员的加入，如合理的晋升体系、科学的薪资管理体系等。管理者应通过且不局限于以上几种方式努力提升团队的整体实力，建立并壮大优秀的团操教练员队伍。

第三节　团操部门制度

各品牌健身俱乐部根据自身实际情况其制度或略有不同，以下内容仅供参考。

（1）请假在一个课时内，须提前 24 小时通知团操部经理；超过一个课时，须提前一周通知团操部经理，并找同类课程替课教练，本着换人不换课原则安排替课。

（2）教练员没有提前 24 小时或临时请假的，按首次警告，第二次罚款 ×× 元执行（以季度为单位累计）。

（3）替换课按照扣除被替课教练员 ×× 元 / 节的标准补贴给当节替课教练。

（4）所有团操教练需提前 15 分钟至前台签字，至少提前 5 分钟至操厅或单车厅做好课前的相关准备。教练员迟到 10 分钟以内扣除当节 50 % 课时费，迟到 15 分钟及以上扣除当节全部课时费，当月累计迟到 2 次（含）以上者次月予以辞退，并予以处罚。

（5）对于无故缺课，导致课程无法正常开展并造成严重不良影响的教练员，视情况进行不低于 ××× 元的罚款。

（6）课时数以前台统计确认数字为准，必须签署本人真实姓名，如本人未签字或所签姓名有误确认将视为无效。

（7）所有教练员需认真做好课前各项准备工作，课后进行总结，主动提高自身业务能力。

（8）若专职 / 全职教练员自愿接受俱乐部提供的专业培训等项目，则该教练员一年之内不得因个人原因离职，并且保证承担相关培训课程的教授及安排，如有违反则按照公司有关规定进行处理。

（9）所有教练员授课期间须着运动装或相关符合所教授课程要求的专业服装，如发现着装与所授课程不相符者，按首次警告，第二次罚款 ×× 元 / 次。

（10）教练员不得延迟下课超过 5 分钟，影响到其他课程的正常进行，如发现，按首次警告，第二次罚款 ×× 元 / 次。

（11）禁止教练员上课过程中有恐吓、谩骂、侮辱等对会员身心健康造成影响的不良行为，如发现直接与其解除劳动关系，情节严重者报警处理。

（12）所有教练员在俱乐部内严禁以任何形式宣传、出售个人的任何产品和服务，对俱乐部正常的营业造成影响的，双方解除劳动合同，并追究其相关法律责任。

（13）对于表现良好的教练员，将依据相关奖励机制对其进行奖励（如现金奖励、增加上课数量、对其进行个人宣传等）。

参考文献

［1］肖文杉,庹伟,刘飞飞.我国健美操分类的综述 [J].当代体育科技,
2015,5(36):215-216.

［2］肖光来,马鸿韬.健美操 [M].北京：人民体育出版社,2008.

［3］李朝辉.教学论 [M].北京：清华大学出版社,2010.

后记

有氧健身操运动作为一项深受大众喜爱的群众体育运动，在运动过程和运动效果上有着其他运动项目不可替代的作用。作为有志于成为一名有氧健身操教练的你来说，应在不断丰富自身专业知识的同时勇于创新和实践，要有勇攀高峰的决心，也要有不惧艰难险阻的信心，更要有厚积薄发前的耐心。作为本书作者，同时也是健身行业的从业者，健身行业是我本人愿意为之付出所有和倾尽一生去追求的事业。自 2008 年从业至今，本人有幸亲眼见证了我国健身行业发展的跌宕起伏，也经历了健身行业在我国快速发展的"黄金期"。如今随着行业制度和各项法律、法规的不断完善和健全，健身行业的发展也趋于稳定和成熟，这就如同我们每个人的成长，在褪去了年轻时的青涩和莽撞之后，进入中年让我们的思想变得更为成熟和饱满。回看曾经健身行业的发展，内心百感交集，对健身行业带给我的一切心怀感恩，对那些曾经帮助过我的贵人心存感激，对那些不畏艰难险阻依旧投身于健身行业发展的人心生感动。随着我国在国家政策方针制定中对全民健身和全民健康相关领域顶层设计的不断完善，全民健身和全民健康的理念早已深入群众内心，作为健身行业的一分子，感到肩上的担子和责任重大，时刻告诫自己有义务将自身所学知识不断运用到具体实践中去，充分体现出自身的社会价值，为早日实现"健康中国"和"全民健身"两大国家战略贡献自身绵薄之力。

最后感谢河北省体育局办公室张建江主任、陈立明副主任；河北省教育厅刘江义处长；新疆师范大学体育学院庞辉院长、刘洋副院长、阿力木江老师、况明亮老师、任奇红老师、马嵘老师、唐若兰老师；河北师范大学体育学院刘志红老师、姜涛老师、王淑英老师、赵丽娜老师、白柳珉老师；石家庄职业技术学员魏烨老师、张斌老师、李爱君老师、耿明琴老师、李亚洁老师、杨俊堂老师、曹磊老师；石家庄市第二十中学姜丽老师；河北医科大学董玫老师；中国踏板操队教练步建军老师；河北传媒学院杨菲老师、刘江波老师；沈阳体育学院冯晓辉老师、赵雪峰老师；华中师范大学周燕老师、熊德良老师；河北医科大学郝丽娜老师；河北金融学院任芳老师；河北乐涛教育集团黄乐董事长；河北体育学院蓝涛老师；石家庄学院王晶老师；河北广电中心领导白存辉、张博；河北哈尔滨菲特健身学院院长潘华俊、副院长马凤武；西安瑞德健身学院院长苏林、副院长江月；河北大唐辉煌游泳健身集团董事长刘志兴、总经理马子龙；河北盛邦游泳健身俱乐部总经理孙乃娟以及我的小学挚友张双喜、赵安、李耀霖，初中挚友王帅，高中挚友梁宏、高天涯、赵玉，大学期间挚友刘海峰、高振华、王辉、苏伟、黄文月、牛诗然、刘宝帝，研究生期间挚友王凯歌、牛常欢、孟浩、李细玲、马倩倩、王哲、张奇桐、李淼、张亚光、张平，以及胡晓亮、赵宇、赵亚超医生、张玉柱律师等在我成长路上给予的帮助和指导。